Touren für Genießer

Südtirol
für Wandermuffel

Gemütlich unterwegs auf 30 leichten und kurzweiligen Bergtouren

J. BERG

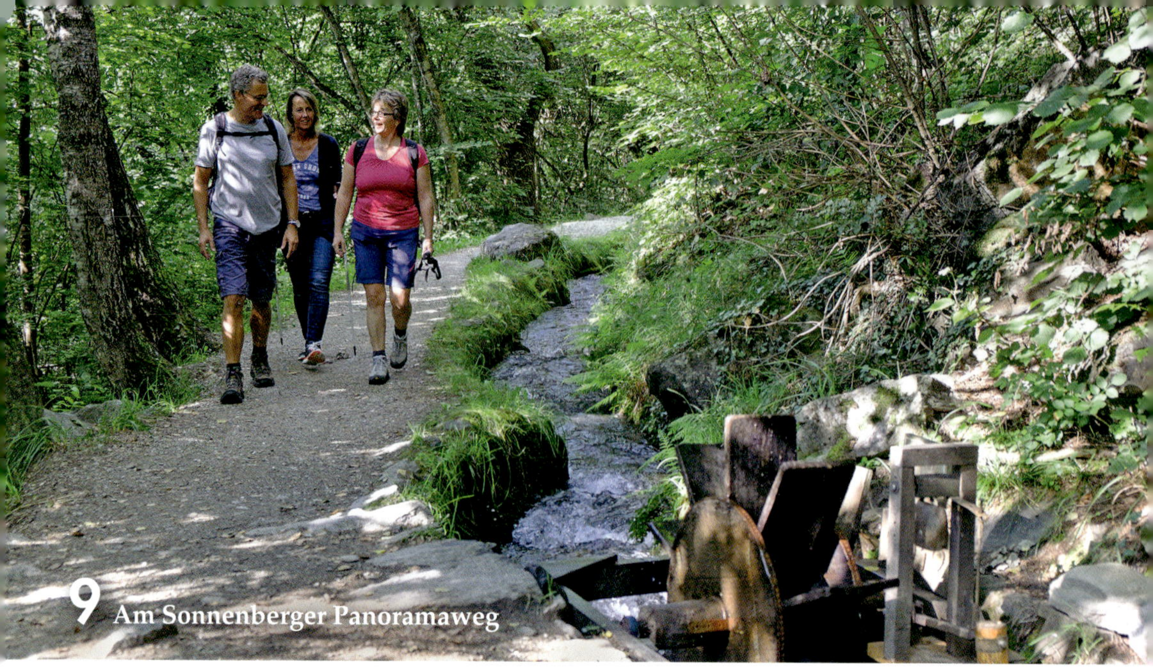

9 Am Sonnenberger Panoramaweg

Inhalt

Tourenüberblick 5

Vorwort 6

Südtirol – Land der Berge, Land der Träume 8

1 Der Höhenweg zur Weißkugelhütte 14

Gletscherwelt im Langtauferer Tal

2 Auf dem Schöneben-Höhenweg 16

Panoramaweg über dem Reschensee

3 Wanderung auf den Watles 20

Aussichtsgipfel im Obervinschgau

4 Auf den Tellakopf 24

Stiller Gipfel über dem Münstertal

5 Auf dem Morosiniweg zur Hintergrathütte 26

Am Fuße der Königsspitze

6 Der Plima-Schluchtenweg zur Zufallhütte 30

Über wilden Wassern

7 Über die Göflaner Scharte 34

Auf den Spuren des weißen Marmors

8 Almenweg am Vinschger Nödersberg 38

Gemütliche Almen und ein lieblich gelegener See

9 Am Sonnenberger Panoramaweg 42

Nomen est omen – Sonne satt!

10 **Von Hochmuth zur Leiteralm** 46
Eindrucksvoll im Meraner Land

11 **Zum St.-Vigilius-Kirchlein** 48
Am Glaubensweg

12 **Die Stoanernen Mandln** 52
Ein Hauch von Mystik

13 **Von Terlan zur Ruine Neuhaus** 54
Die Wohnung der Maultasch

14 **Eppaner Burgenrunde** 58
Drei auf einen Schlag

15 **Zu den Eislöchern** 62
Ein eiskaltes Wandervergnügen

16 **Mendel und Penegal** 66
Kammwanderung über Lärchenwiesen

17 **Zum Castelfeder** 70
Sagen, Legenden und Geschichte

18 **Von Feldthurns nach Säben** 74
Keschtn, Kirchen und eine Klosterburg

19 **Über das Astjoch zur Kreuzwiesenalm** 78
Aussichtsgipfel mit beliebter Alm

20 **Über den Adolf-Munkel-Weg** 82
Unter den Geißlerspitzen

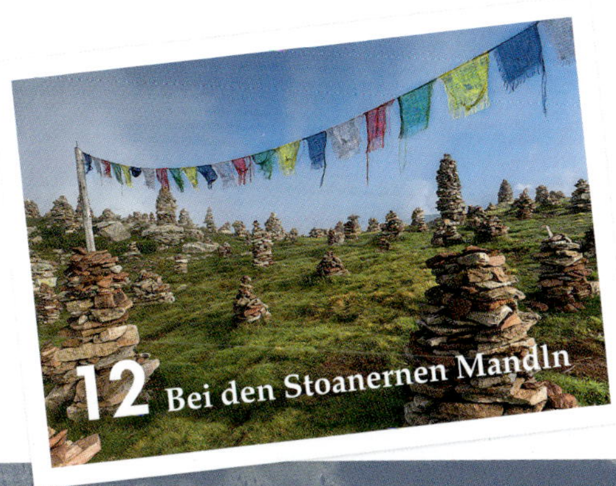

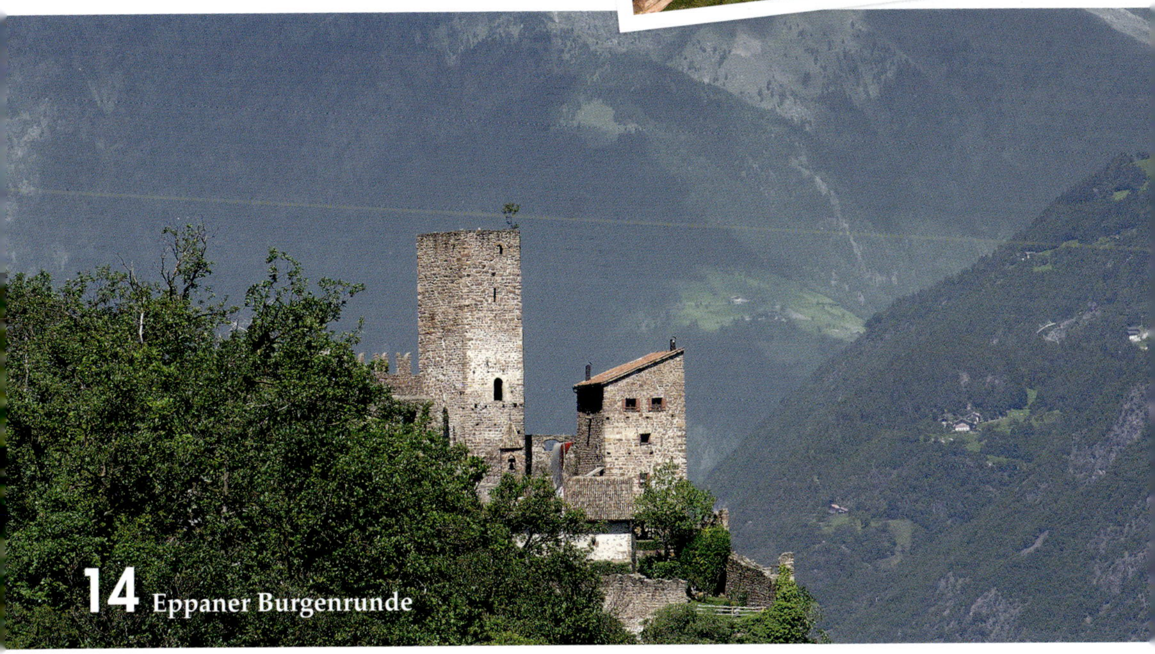

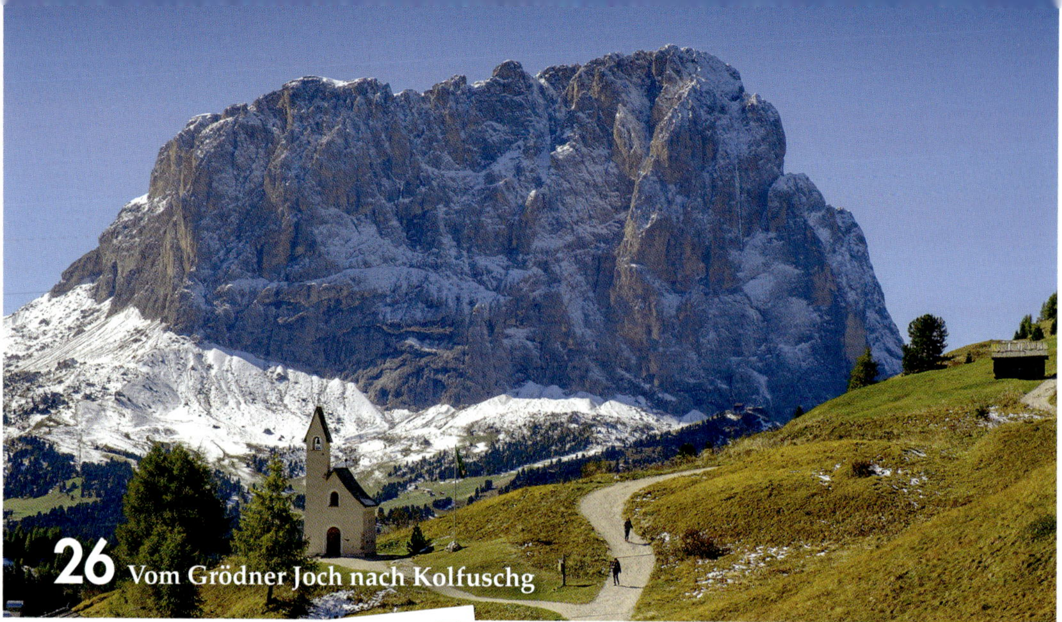

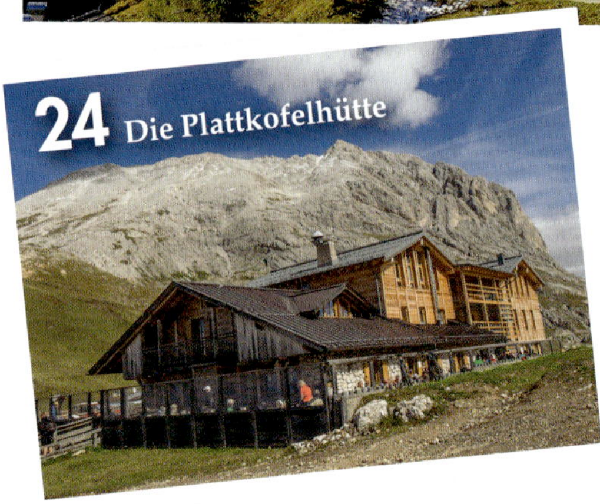

21 Auf den Raschötz 86
Aussichtsplateau im Gadertal

22 Rundwanderung im Norden der Seiser Alm 90
Aussichtspunkte und Kultstätten

23 Am Hirzelweg zwischen Rotwandhütte und Kölner Hütte........... 92
Auf der Westseite des Rosengartens

24 Über den Friedrich-August-Weg zur Plattkofelhütte............... 96
Auf der Südseite des Langkofelmassivs

25 Vom Sellajoch zur Comici-Hütte 100
Kann denn Luxus Sünde sein?

26 Vom Grödner Joch nach Kolfuschg................. 104
Unter der Cirspitze durch das Edelweißtal

27 Über die Pralongià-Hochebene..................... 108
Aussichtsplateau im Gadertal

28 Col da Lè 112
Sanfte Gipfel, einsame Bergseen

29 Über den Kronplatz............. 116
Panoramawege und Bergmuseen

30 Über die Dürrensteinhütte zum Strudelkopf 120
Am Fuße des mächtigen Dürrensteins

Zugabe 124
Register........................... 125
Impressum 128

Tourenüberblick

	Tour	km	Hm										
1	Weißkugelhütte	11,8 km	650 Hm	4.30 Std.	•	•			•				•
2	Schöneben-Höhenweg	5,9 km	225/190 Hm	4.30 Std.	•	•			•		•		•
3	Watles	7,1 km	415 Hm	3 Std.	•	•			•		•		•
4	Tellakopf	8,5 km	810 Hm	4.30 Std.					•				•
5	Morosiniweg	5,6 km	510/375 Hm	2.45 Std.	•				•		•		•
6	Plima-Schluchtenweg	4,1 km	220 Hm	2 Std.	•	•	•		•				•
7	Göflaner Scharte	12,9 km	900 Hm	6 Std.	•		•		•				
8	Vinschger Nödersberg	11,9 km	800 Hm	5 Std.	•					•			
9	Sonnenberger Panoramaweg	7 km	350 Hm	2.45 Std.	•	•	•	•	•				•
10	Hochmuth zur Leiteralm	9,8 km	280/950 Hm	4 Std.	•				•		•		•
11	St.-Vigilius-Kirchlein	4,5 km	200 Hm	2 Std.	•	•	•				•		•
12	Stoanerne Mandln	6,8 km	400 Hm	3 Std.	•	•							•
13	Ruine Neuhaus	3,6 km	250 Hm	2 Std.	•	•	•	•					•
14	Eppaner Burgenrunde	9,5 km	600 Hm	3 Std.	•		•		•				•
15	Eislöcher	5,5 km	200 Hm	2 Std.	•	•	•	•		•			•
16	Mendel und Penegal	13,5 km	600 Hm	4 Std.	•		•				•		•
17	Castelfeder	3,5 km	180 Hm	1.30 Std.		•	•	•	•			•	•
18	Feldthurns und Säben	9 km	600 Hm	3.45 Std.	•	•	•	•	•				•
19	Kreuzwiesenalm	12,4 km	710 Hm	5 Std.	•				•				
20	Adolf-Munkel-Weg	8 km	450 Hm	3 Std.	•	•			•				•
21	Raschötz	13 km	350/650 Hm	3.30 Std.	•	•	•		•		•		•
22	Seiser Alm	4,5 km	140 Hm	2 Std.	•	•			•		•		•
23	Hirzelweg	10,3 km	330 Hm	3.30 Std.	•	•			•		•		•
24	Friedrich-August-Weg	12,3 km	450 Hm	4.30 Std.	•	•			•				•
25	Sellajoch und Comici-Hütte	5 km	100 Hm	1.45 Std.	•	•	•		•				•
26	Grödner Joch und Kolfuschg	7,5 km	750/280 Hm	2.30 Std.	•	•	•		•				•
27	Pralongià-Hochebene	8,5 km	600 Hm	3.30 Std.	•				•				•
28	Col da Lè	10 km	700 Hm	3.30 Std.	•								•
29	Kronplatz	6 km	220 Hm	2 Std.	•	•	•		•		•		•
30	Strudelkopf	8,7 km	350 Hm	3 Std.	•	•			•				•

Vorwort

In Südtirol bleibt wohl keiner lange ein Wandermuffel, denn zu Südtirol gehört das Wandern wie der Wein zum Törggelen oder der Speck zur Marende. Die herrliche Landschaft weckt einfach alle Lebensgeister. Dabei erwartet uns nicht nur ein Rendezvous mit der fantastischen Natur. Urige Almen, bunte Bergwiesen, kulinarische Gaumenfreuden mit Tiroler Spezialitäten sowie das eine oder andere kulturelle Highlight und jede Menge Aussichtspunkte zaubern selbst dem eingefleischtesten Wandermuffel ein breites Grinsen ins Gesicht.

Alter Hof in Corvara vor dem mächtigen Sassongher

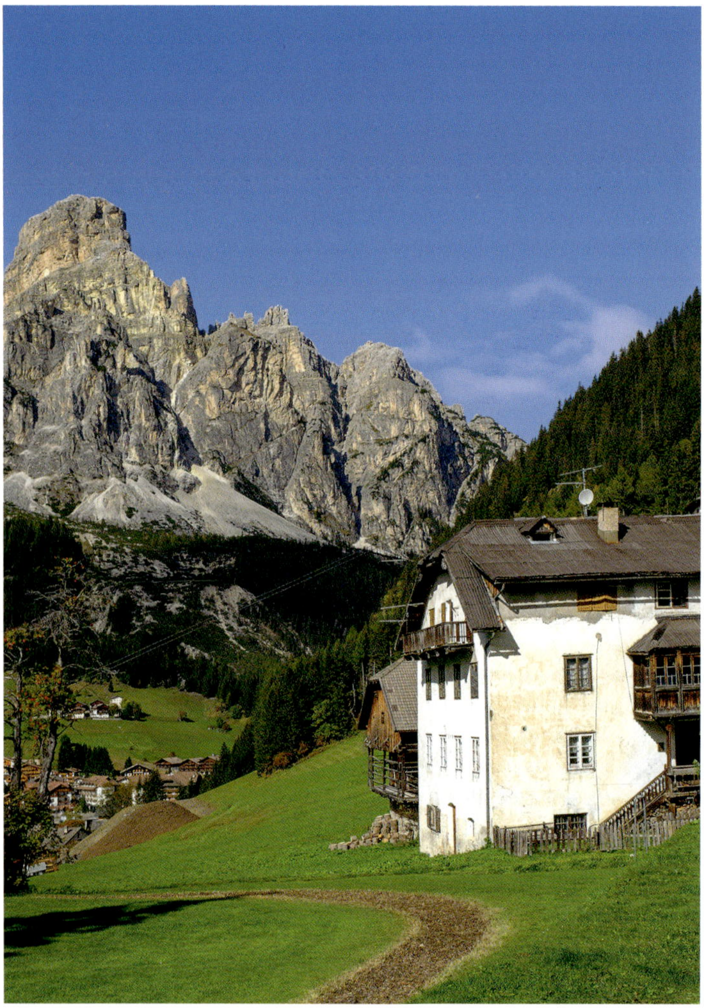

In diesem Buch finden sich viele kürzere, aber dennoch erlebnisreiche und spannende Wanderungen zwischen dem Vinschgau und den Dolomiten. Die Palette reicht von Panoramawegen bis zu schmalen Gipfelsteigen, aber immer locker, schnell und bequem. Probiert es einfach aus! Sie müssen nur noch den Rucksack packen, die Wanderstiefel ins Auto legen oder den nächsten Zug nehmen – und schon geht es los!

Aber Achtung – Südtirol hat einen hohen Suchtfaktor und da reichen 30 Wandertouren eigentlich nicht aus!

Viel Spaß wünschen

Markus und Janina Meier sowie Lisa und Wilfried Bahnmüller

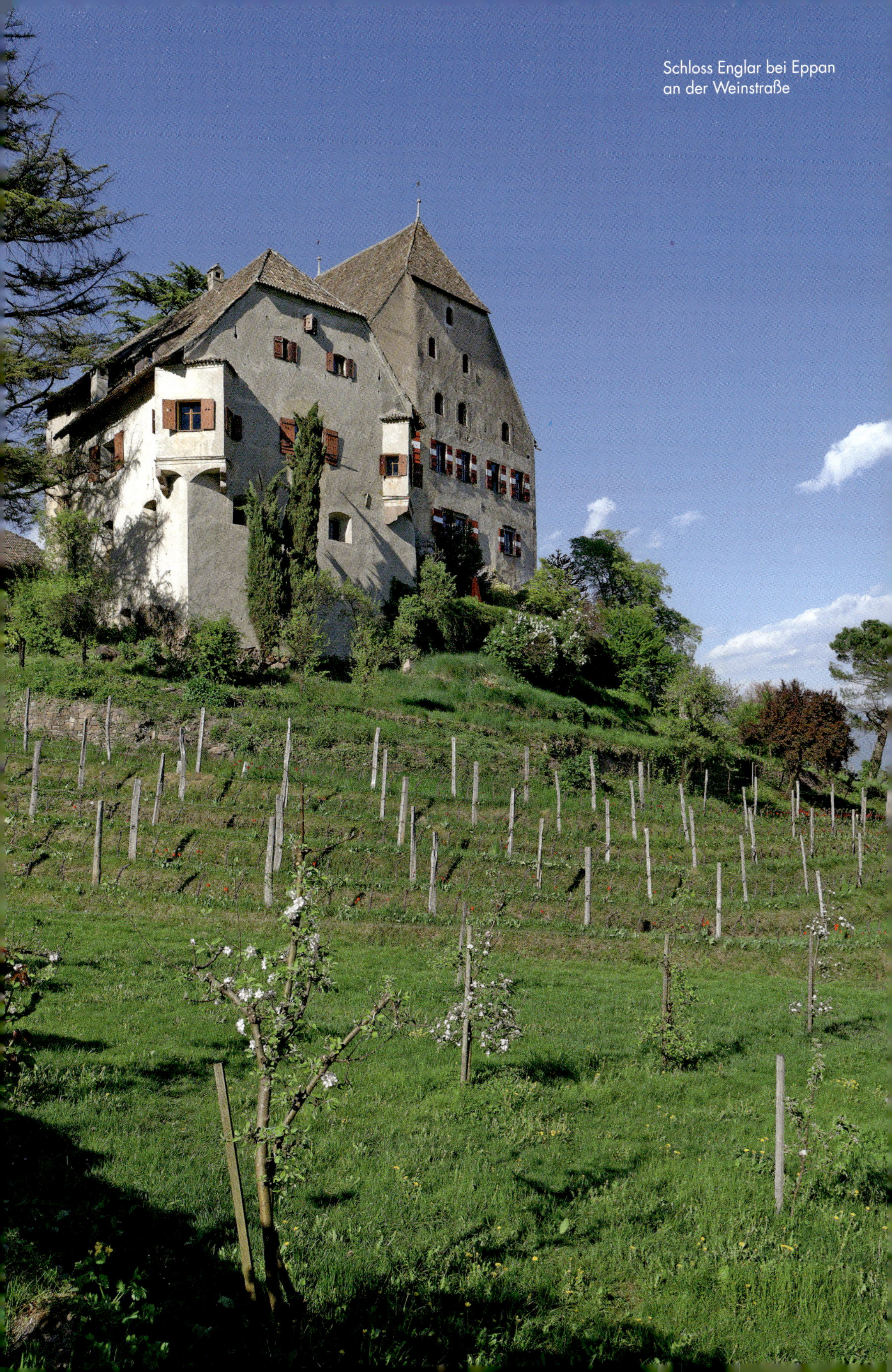

Schloss Englar bei Eppan
an der Weinstraße

Südtirol – Land der Berge, Land der Träume

Südtirol, das Land der Berge. In diesem Satz steckt Sehnsucht und er weckt in jedem von uns andere Erinnerungen: Dolomiten und Waalwege, Täler und Weinberge, Seen, Burgen und Bergbauern, Speckplatten und Grauburgunder, Bozen und Meran, Musikkapellen und Trachten, Andreas Hofer und Reinhold Messner – und natürlich Berge, Berge und nochmals Berge.

Da gehört das Wandern selbstverständlich dazu, auch wenn man normalerweise nicht besonders wandermotiviert ist. Die vorgestellten 30 Touren für Wandermuffel sind deshalb allesamt nicht sehr schwer, aber trotzdem handelt es sich nicht um Spaziergänge, die nur über gemütlich breite Wege führen. Viele Tipps über das richtige Verhalten beim Wandern am Berg kann man sich auf der Homepage des Deutschen Alpenvereins (www.alpenverein.de) holen.

Südtiroler Alphornbläser vor dem Langkofel am Sellajoch

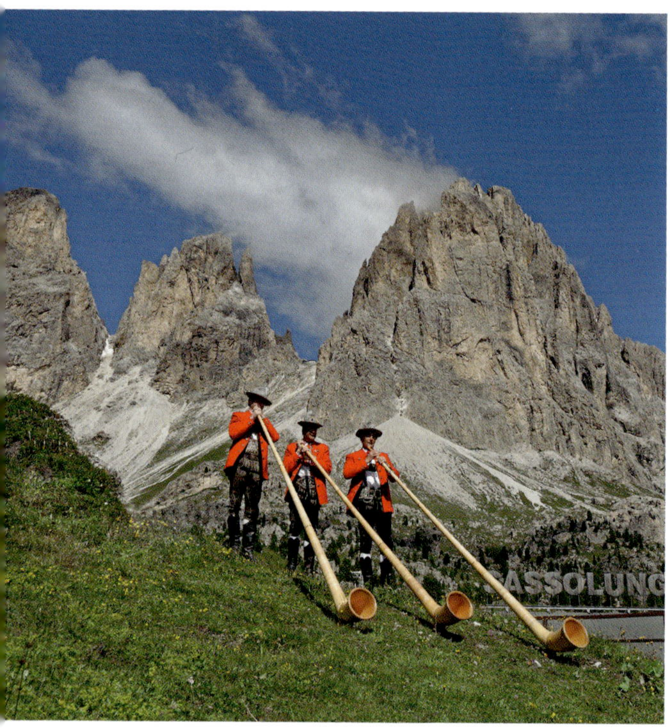

Wir wollen den Umfang dieses Buchs nicht sprengen und versuchen, nur auf die für uns wichtigsten Hinweise einzugehen.

Gehzeiten und Höhenangaben

Wir haben uns sehr bemüht, genaue Zeit- und Höhenangaben zu machen. Aber unsere Schwierigkeitseinstufung »leicht mittel, schwer« ist natürlich sehr vom individuellen Empfinden abhängig und nicht gleichzusetzen mit der gängigen Einteilung des Alpenvereins. Alle aufgeführten Zeiten verstehen sich als reine Gehzeit. Rechnen Sie daher bei der Tourenplanung immer noch Ihre Pausen und die Schaurast bzw. Brotzeit am Gipfel mit ein. Berücksichtigen Sie vor allem auch ein ausreichendes Zeitfenster für unvorhersehbare Änderungen wie Wettersturz, geänderte oder ungeplante Umwege mit ein. So kommen Sie sicher vor Einbruch der Dunkelheit wieder ins Tal.

Wanderkarten

Die Karten im Buch zusammen mit der Beschreibung im Text sind eigentlich ausreichend genug. Wer aber die Tour verlängern oder abkürzen will, sollte eine zusätzliche Wanderkarte zur Orientierung in den Rucksack packen. Wir haben sehr gute Erfahrungen mit den Kompass-Wanderkarten gemacht, die auch in Südtirol erhältlich sind.

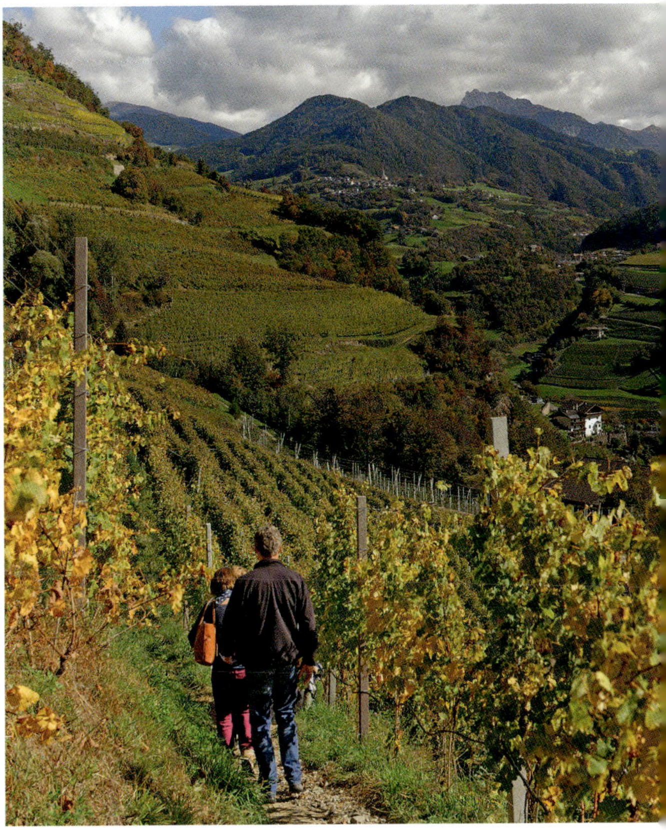

Wanderung durch die Weinberge zum Kloster Säben

Ausrüstung

Feste Wanderstiefel (Trekkingschuhe) sind Grundvoraussetzung für sicheres Wandern in den Bergen. Falsches Schuhwerk (Halbschuhe, Turnschuhe etc.) bieten niemals genügend Halt und sind die Ursache für viele Unfälle im Gebirge. Teleskopstöcke sind vor allem beim Abstieg bequem und entlasten die Gelenke. Gut, wenn sie klein und leicht sind und an den Rucksack gebunden werden können, denn manchmal braucht man auch seine Hände zum sicheren Absteigen. Sonnen- und Regenschutz sollte man immer dabeihaben. Vernünftig ist auch ein kleines Erste-Hilfe-Täschchen mit Rettungsfolie (Fachhandel), das gut im Rucksack liegt, kaum etwas wiegt und nicht viel Platz wegnimmt. Bequeme Wanderkleidung aus technischem Funktionsmaterial ist praktisch und spart durch das ausgeklügelte Material Ersatzwäsche. Besonders im Herbst sollte man unbedingt eine wärmende Jacke oder sogar eine Mütze dabeihaben – auf 2500 Metern kann Mitte September der Wind bitterkalt pfeifen.

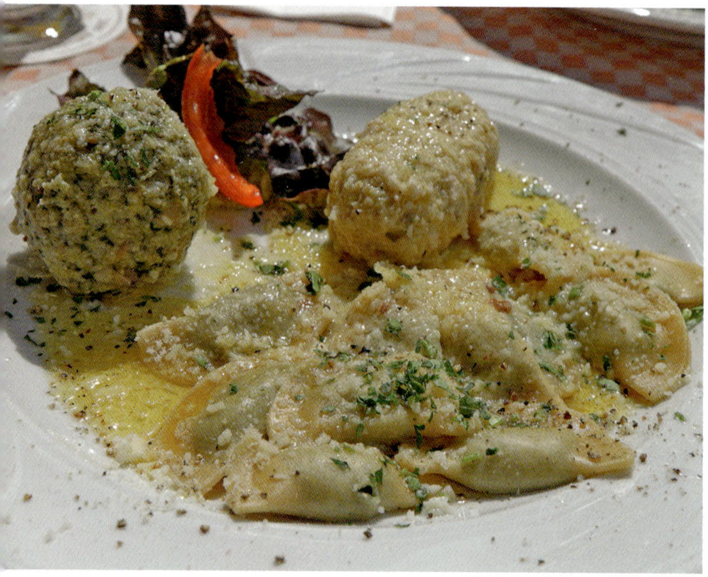

Das Beste aus der Südtiroler Küche – eine Tris aus Schlutzkrapfen, Speckknödeln und Kasnockn

Wer mit Kindern unterwegs ist, dem sei unbedingt eine mittellange Reepschnur empfohlen. Wie an einer Leine führt man damit seine Sprösslinge sicher über ausgesetzte Wegabschnitte.

Sicherheit

Bereits bei der Auswahl der Touren sollte man seine eigene Leistungsfähigkeit – und auch die der Begleiter – kritisch mit in die Überlegungen einbeziehen. Die Wanderungen, die in diesem Buch beschrieben werden, sind zwar verhältnismäßig kurz, was aber nicht bedeutet, dass sie nicht oft auch einiges an Kondition und/oder Schwindelfreiheit fordern. Viele Unfälle passieren aufgrund mangelnder Erfahrung und Selbstüberschätzung. Gehen Sie im Gebirge nie allein auf eine Wanderung! Falls Ihnen etwas zustößt, kann Ihre Begleitung Hilfe holen. Sinnvoll ist daher auch die Mitnahme eines Handys, da die Alpen mittlerweile zum Großteil mit einem sehr zuverlässigen und vor allem flächendeckenden Empfangsnetz überzogen sind.

Wenn die moderne Technik nichts mehr nützt, gibt es immer noch das alte, aber bewährte alpine Notsignal. Es besteht aus sechs optischen oder akustischen Signalen in der Minute (Rufen, Pfeifen oder Winken, alle 10 Sek.). Dann folgen drei Minuten Pause bis zu einer erneuten Wiederholung. Antwort: dreimal pro Minute ein Signal.

Wichtig bereits vor der Tourenplanung: das Wetter. Wetterumschwünge sind in den Bergen nicht selten, und vor allem im Sommer muss man ab Mittag mit Gewittern rechnen. Wer von einem Gewitter überrascht wird, sollte exponierte Wegstellen unbedingt meiden! Allein stehende Bäume, Gipfel und deren Kreuze sowie Drahtseilsicherungen stellen tödliche Gefahrenquellen da. Am besten wird die Tour unverzüglich abgebrochen, oder man sucht zusammengekauert Schutz in Senken oder Mulden.

Einkehr und Verpflegung

Zu einer Wanderung gehört eine Brotzeit. Es gibt zahllose wunderschöne Picknick- und Raststellen neben den Wegen, von denen man oft noch Jahre später verträumt erzählt. Fast jede Wanderung führt aber auch an einer Jausenstation oder Alm vorbei, sodass die Einkehr nicht zu kurz kommt. Nehmen Sie sich dennoch immer ausreichend zu trinken und etwas Notproviant mit (bei uns sind das meist ein paar Äpfel oder Müsliriegel), denn auch Berggasthäuser haben Ruhetage oder können aus sonstigen Gründen geschlossen sein.

Anfahrt

Viele Ausgangspunkte zu den Touren lassen sich mit öffentlichen Verkehrsmitteln erreichen – das ist umweltverträglicher und erspart einem den Blechlawinenstau am Abend. Besonders in der Hochsaison werden oft extra Wanderbusse eingesetzt. Die fahren dann auch in die entlegensten Täler. In den anderen Monaten ist man aber eher auf die normalen Verbindungen angewiesen und die richten sich dann vor allem nach den Schulbussen.

Im Südtiroler Herbst lässt sich die Wandersaison gut verlängern, besonders der Keschtnweg bei der Kapelle in Pardell lohnt sich.

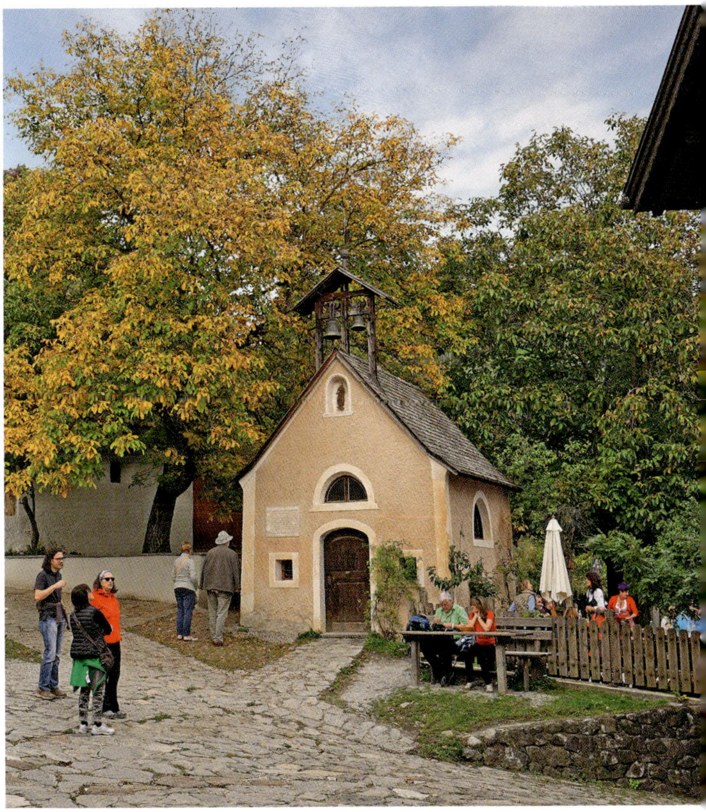

Ein sehr lohnender Autoersatz ist in Südtirol die »Mobilcard«. Mit ihr kann man alle öffentlichen Verkehrsmittel des Südtiroler Verkehrsverbunds, also Bahn und Busse, frei nutzen (es sind sogar schon einige Liftkarten enthalten). Man erhält sie u. a. in den Tourismusbüros und in den Hotels, wo sie manchmal bei der Übernachtung inbegriffen ist.

Nur die Ausgangpunkte zu den Touren 7, 8 und 19 muss man mit eigenem Pkw ansteuern.

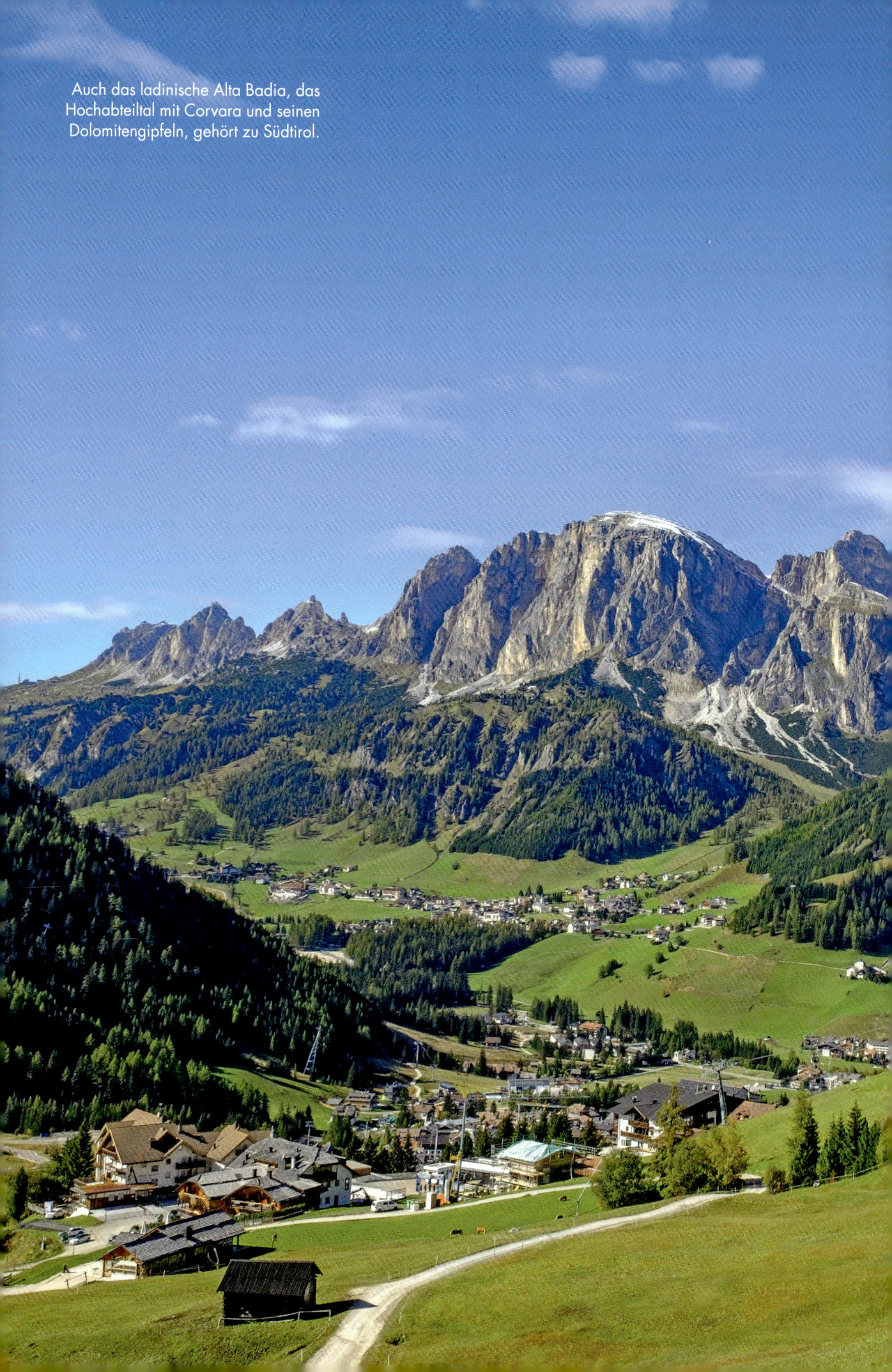

Auch das ladinische Alta Badia, das Hochabteiltal mit Corvara und seinen Dolomitengipfeln, gehört zu Südtirol.

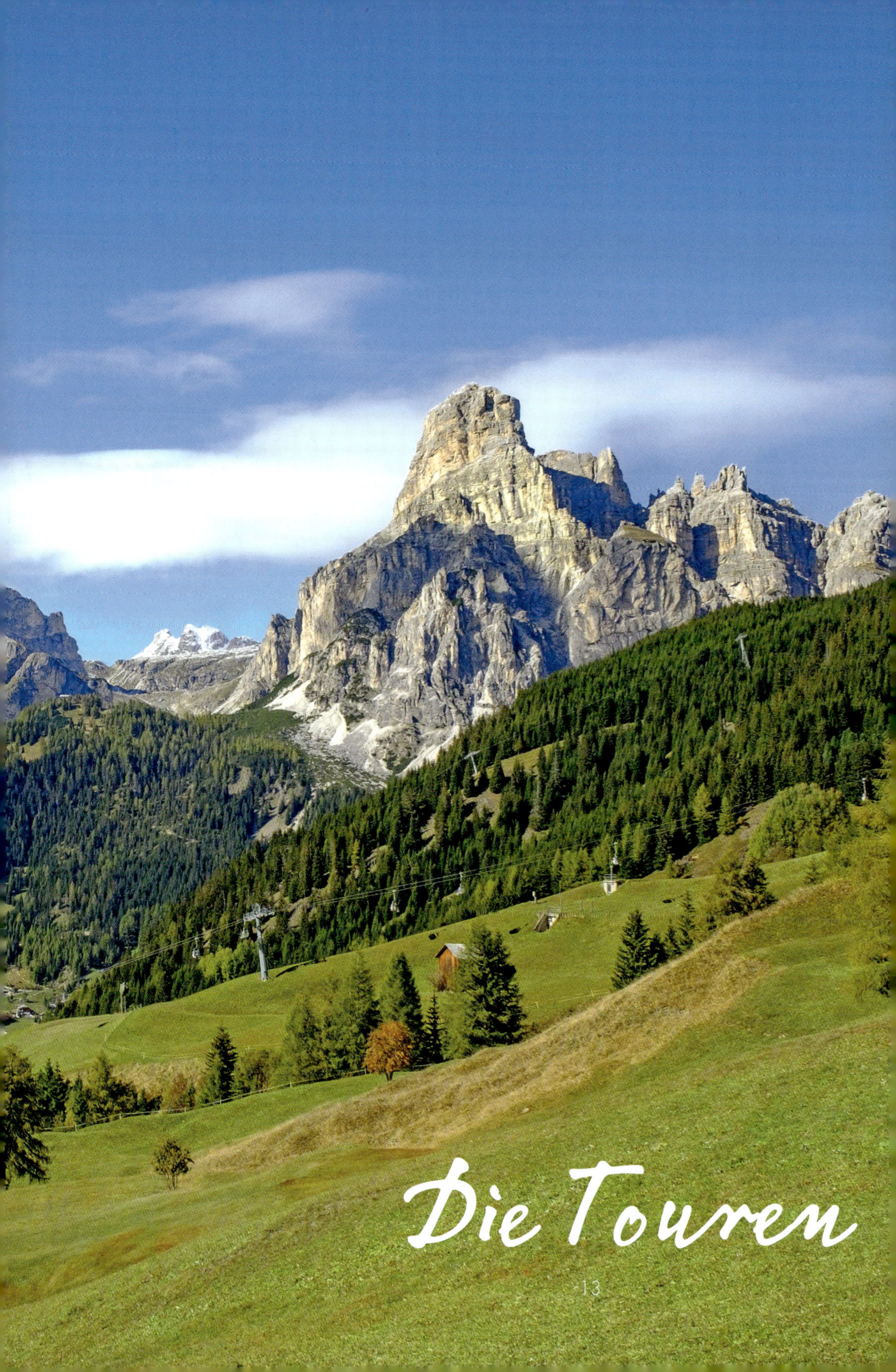

Die Touren

1 Der Höhenweg zur Weißkugelhütte

Gletscherwelt im Langtauferer Tal

mittel | 11,8 km | 650 Hm | 4.30 Std.

Tourencharakter
Panoramareicher Höhenweg, etwas Trittsicherheit erforderlich

Ausgangs-/Endpunkt
Melag (1970 m)

GPS-Daten
46.837148, 10.6553485

Anfahrt
Auto: Von Norden über Landeck zum Reschenpass. Weiter nach Graun im Vinschgau. Hier nach links ins Langtauferer Tal bis zum Parkplatz in Melag
Bahn und Bus: Mit dem Zug nach Landeck und weiter mit dem Bus zum Reschenpass. Dort umsteigen und mit dem Bus nach Melag. Alternativ mit dem Zug über Meran nach Mals und mit dem Bus nach Melag

Einkehr
Weißkugelhütte, www.ferienwohnung-reschenpass.com/de/weisskugel-huette

Karte
Tabacco Wanderkarte 1:25 000, Blatt 043, Vinschgauer Oberland

Information
Ferienregion Reschenpass, www.reschenpass.it

Die alte Weißkugelhütte liegt unterhalb der Weißkugel und ihren großen Gletschern. Von Melag führt ein nicht zu langer Wanderweg zur Hütte. Schöner und nicht viel anstrengender ist der aussichtsreiche Panoramahöhenweg, der immer wieder großartige Ausblicke bietet.

Panoramahöhenweg Vom Parkplatz in Melag gehen wir zwischen den Häusern hindurch und folgen dem Weg Nr. 1 in nördlicher Richtung zu einem Wegkreuz. Hier wandern wir weiter auf dem Weg Nr. 1A zum Melagbach, den wir auf einem Steg überqueren. Der Weg bringt uns weiter zum Rastlegg und quert anschließend die steilen Hänge unterhalb der Nockspitze. Immer wieder begeistert uns die Sicht hinüber zur mächtigen Weißkugel mit ihren eindrucksvollen Gletschern. Wir bleiben immer wieder stehen, um auf die andere Talseite zu schauen. Der Blick

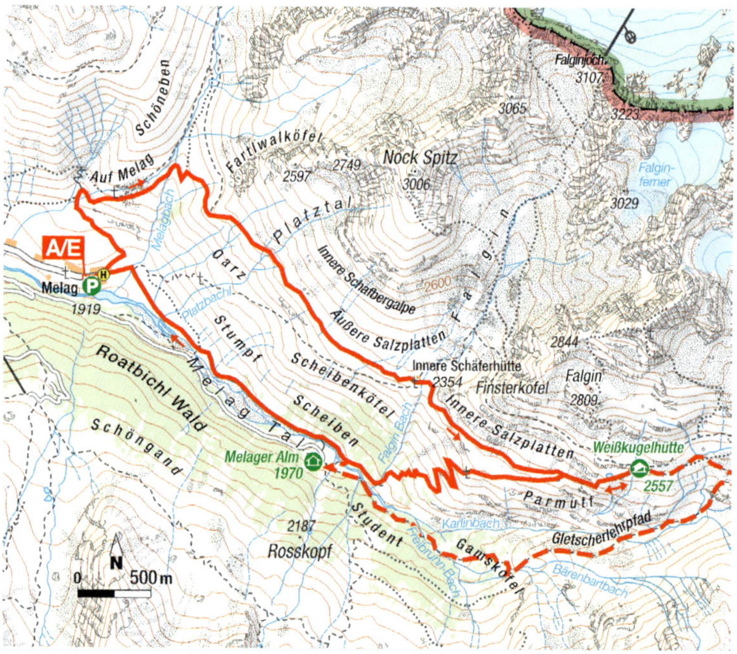

ist einfach faszinierend. Wir erreichen eine Hirtenhütte. Unweit von dieser steht eine Bank an einem Kreuz und lädt zu einer kleinen Pause ein. Anschließend setzen wir unseren Höhenweg fort und treffen bald auf den direkten Hüttenweg zur Weißkugelhütte. Auf diesem wandern wir weiter zur altehrwürdigen Weißkugelhütte (2542 m). Jetzt kehren wir gemütlich ein und setzen uns auf eine der Bänke im Umfeld der Hütte.

Historisch: die Weißkugelhütte

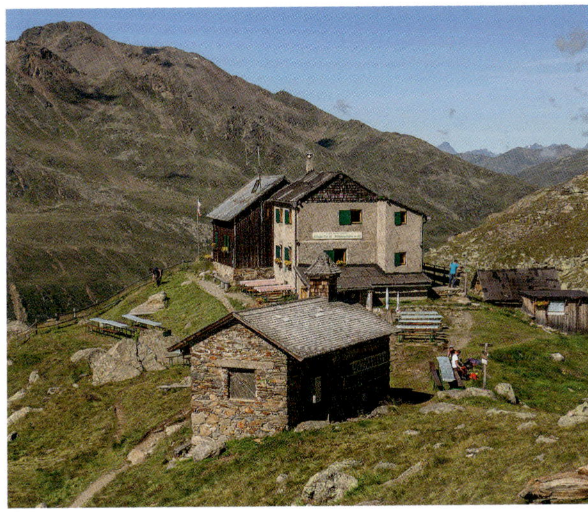

Direkter Abstieg Am schnellsten gelangen wir auf dem normalen Hüttenweg nach Melag zurück. Hierfür gehen wir am bekannten Weg ein Stück zurück und folgen dann dem nach links abzweigenden Weg Nr. 2. Dieser führt unter der Seilbahn talauswärts. Er biegt nach links ab und schlängelt sich in einigen Kehren bergab in den Talboden des Karlinbachs. Wir spazieren talauswärts zu einer Brücke. Hier könnten wir nach links zur Melager Alm hinübergehen und noch einmal eine kleine Pause einlegen. Ansonsten wandern wir über die herrlichen Wiesen des hinteren Langtauferer Tals bis zu unserem Parkplatz in Melag.

Apfelstrudel

Wir sind richtige Apfelstrudel-Fans in Südtirol. Positiv überrascht waren wir von dem Apfelstrudel in der kleinen Bar am Parkplatz in Melag. Es ist auch ein schöner Abschluss, hier auf der Terrasse in der Sonne zu sitzen und einen Cappuccino mit leckerem Apfelstrudel zu genießen.

Gletscherlehrpfad Etwas weiter zu gehen, aber ebenfalls sehr schön und vor allem sehr interessant ist der Gletscherlehrpfad, der von der Weißkugelhütte zur Melager Alm zieht. Noch ein Stück taleinwärts zur Moräne des Langtauferer Ferners gehen wir den Weg entlang. In einem weiten Bogen spazieren wir hinüber zur südlichen Seitenmoräne. Auf dieser nimmt uns der Weg mit hinunter in den Talboden. Immer wieder sind Informationstafeln aufgestellt, die Interessantes über die Gletscherwelt an der Weißkugel erzählen. An der Alm überqueren wir die Brücke und erreichen so den Hüttenweg, der von der Weißkugelhütte herunterkommt.

2 Auf dem Schöneben-Höhenweg

Panoramaweg über dem Reschensee

leicht | 5,9 km | 225/190 Hm | 4.30 Std.

Tourencharakter
Leichte, gut markierte Wanderwege

Ausgangspunkt
Bergstation Schöneben (2087 m), Seilbahn vom Nordwesten des Reschensees

Endpunkt
Bergstation Haideralm, Gondelbahn von St. Valentin a. d. Haide (2120 m)

GPS-Daten
46.804723, 10.491745 (Ausgangspunkt)

Anfahrt
Auto: Von Norden über Landeck zum Reschenpass. Weiter nach Reschen und hier rechts ab zum Lift
Bahn und Bus: Mit dem Zug nach Landeck und weiter mit dem Bus zum Reschenpass. Dort umsteigen und mit dem Bus über Reschen nach Schöneben. Alternativ mit dem Zug über Meran nach Mals und mit dem Bus nach Schöneben

Einkehr
Bergrestaurant Haideralm

Karte
Tabacco Wanderkarte 1:25 000, Blatt 043, Vinschgauer Oberland

Information
Ferienregion Reschenpass, www.reschenpass.it

Eine gemütliche und sehr aussichtsreiche Tour ist der Schöneben-Höhenweg, der von der Bergstation Schöneben am nördlichen Ende des Reschensees bis zur Haideralm über St. Valentin führt. Die Wanderung verläuft die ganze Zeit über dem Stausee und bietet eine wunderbare Aussicht.

Panoramahöhenweg Nach der Auffahrt mit der Kabinenbahn vom Reschensee nach Schöneben starten wir diese Wanderung, die immer in Südrichtung bis zur Haideralm verläuft. Hier im Skigebiet Schöneben ignorieren wir am besten die Eingriffe in die Natur durch das Skigebiet und wandern möglichst schnell los. Zu Beginn geht es allerdings noch ein Stück über Pistengelände aufwärts, bald aber biegen wir an den Wiesen von Freiten

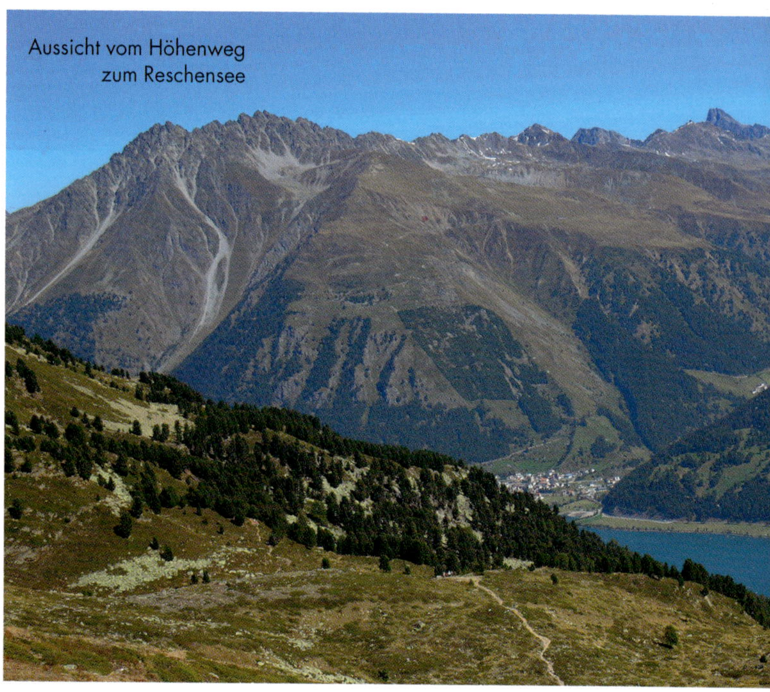
Aussicht vom Höhenweg zum Reschensee

am Weg Nr. 14 nach links ab. Der geradeaus führende Weg zieht hoch zum Gipfel des Zehnerkopfs. Der gesamte Höhenweg verläuft aussichtsreich auf einer Höhe von ca. 2200 Metern, immer im Bereich der Waldgrenze. Gleich zu Beginn des Höhenwegs hat man über den Stausee hinweg einen großartigen Blick ins Langtauferer Tal, das sich von Graun ostwärts in die Ötztaler Berge hineinzieht. Die höchsten Gipfel oberhalb des Tals sind die Gletscherberge Weißseespitze, Langtauferer Spitze und Weißkugel, die besonders beeindruckend herübergrüßen.

Der gut markierte Steig führt weiter in südlicher Richtung. Immer wieder wandern wir vorbei an knorrigen Zirbelkiefern und Lärchen und durch große Alpenrosenfelder. Im Frühsommer, wenn die Alpenrosen blühen, ist diese Wanderung besonders reizvoll. Tief im Tal der große blaue Reschensee,

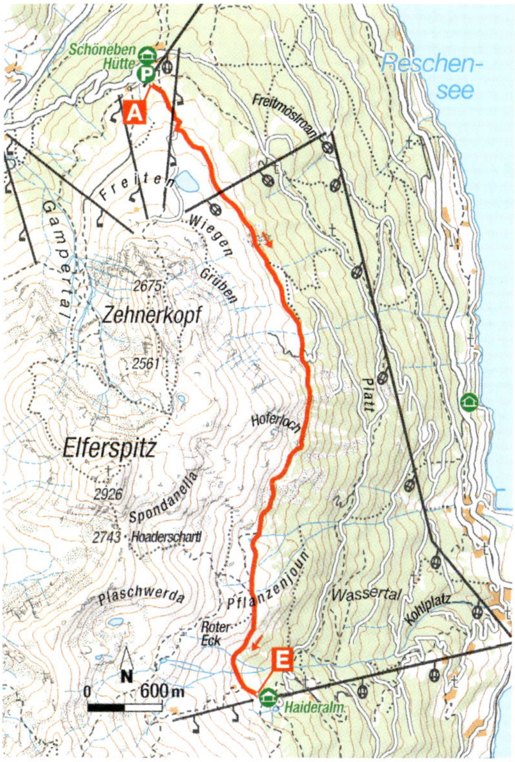

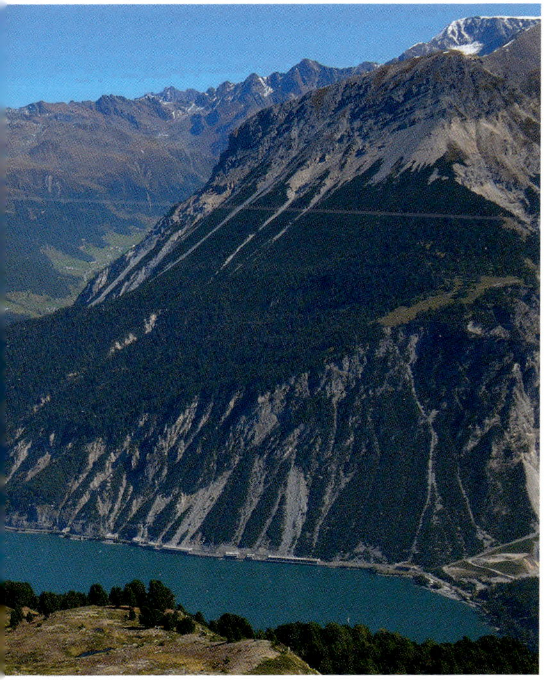

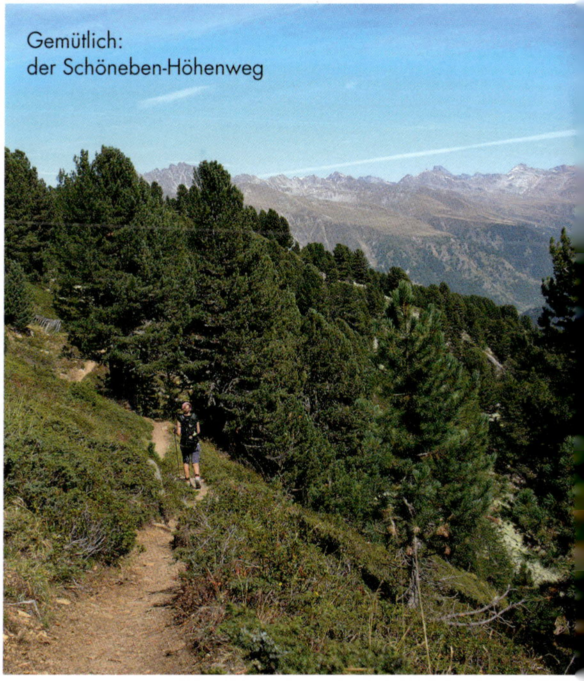

Gemütlich:
der Schöneben-Höhenweg

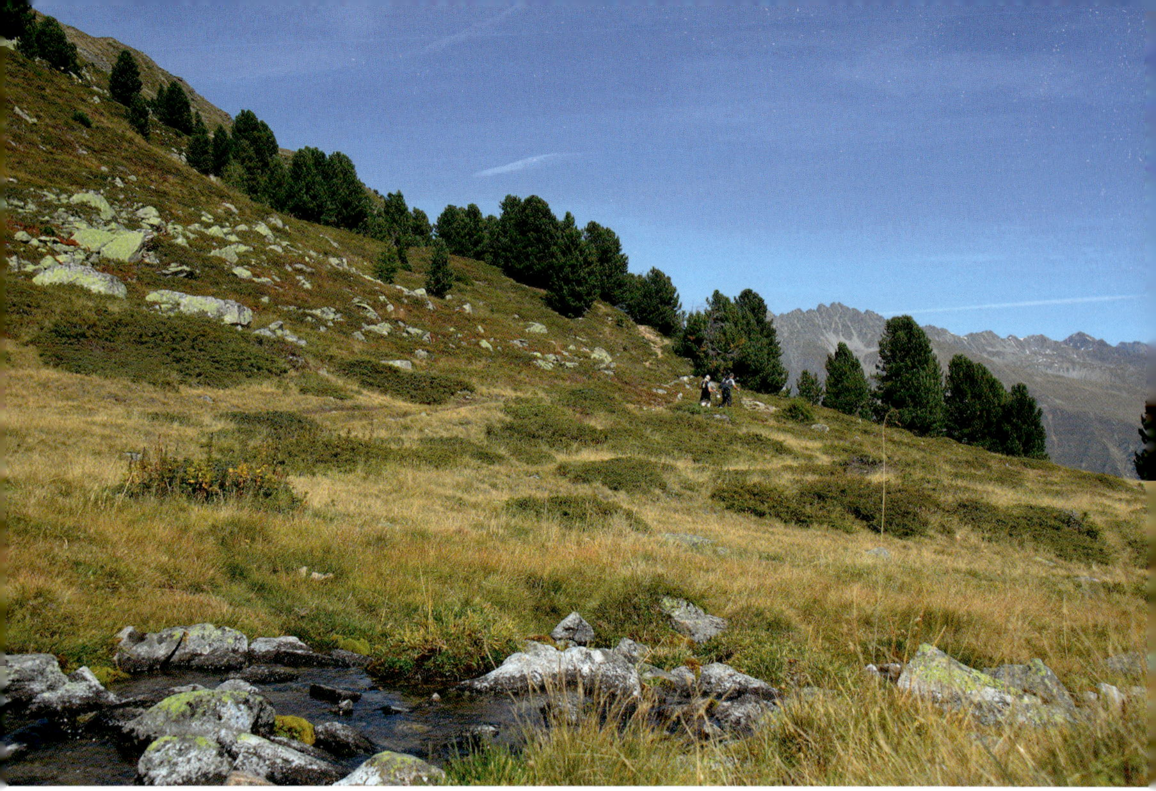

Schönes Wandergelände

in der nahen Umgebung rosarot leuchtende Alpenrosenfelder und die grandiose Aussicht auf die zahlreichen Dreitausender. Eine Abzweigung nach links ignorieren wir und kommen zu einigen Quellen, den Sieben Brunnen. Kurz darauf stehen wir an einer Wegverzweigung. Hier wenden wir uns nach rechts vom Höhenweg weg in Richtung der Anstiege zur Elferspitz und zur Seebodenspitz. Der Weiterweg zur Haideralm ist nicht mehr besonders lang.

Wir müssen allerdings zuerst ein wenig aufsteigen, um dann über die freien Wiesen hinab zur Haideralm (2120 m) zu wandern. Im zweiten Abschnitt des Höhenwegs ist neben dem Reschensee auch der Haidersee ins Blickfeld geraten. Natürlich darf man nicht die herrliche Aussicht zum höchsten Südtiroler Gipfel, dem Ortler, verschweigen, der sich im Süden majestätisch aufbaut. Neben ihm erkennen wir seine Nachbargipfel Königsspitze, Cevedale und Zufallspitzen mit ihren weiß leuchtenden Gletscherhängen.

In Richtung Seebodenspitz

Wer höher hinauswill, kann von der Bergstation an der Haider Alm auf die Seebodenspitz wandern. Die Rundtour mit ihren etwas über 700 Höhenmetern dauert fünf Stunden. Sollte dies zu weit sein, kann man auch nur bis zum schön gelegenen Grünen See auf 2441 Metern wandern.

Bevor wir mit der Seilbahn ins Tal fahren, werden wir an der Alm noch eine zünftige Brotzeit genießen. Anschließend schweben wir von der Bergstation bei der Alm mit der Kabinenbahn hinab nach St. Valentin auf der Haide. Mit dem Bus fahren wir zurück nach Reschen und zur Talstation von Schöneben.

Traurige Vergangenheit Während der gesamten Wanderung blicken wir hinunter auf den märchenhaften Reschensee. Dieser schmiegt sich schön in die Landschaft und hat sich auch zu einem beliebten Erholungsgebiet entwickelt. Jogger und Radfahrer sausen an den Ufern entlang – Kitesurfer auf dem Wasser. Der aus dem Wasser ragende Kirchturm bei Graun zeugt allerdings von einem traurigen Kapitel. 1949/1950 versanken die Orte Graun und Reschen in den Fluten des neu aufgestauten Reschensees. 163 Häuser und 523 Hektar fruchtbarer Boden wurden vernichtet, 1000 Menschen waren von der von Menschen gemachten Katastrophe betroffen. Die Bevölkerung erhielt nur einen sehr kleinen Ausgleich für ihr verlorenes Hab und Gut. Der Reschensee ist 6 Kilometer lang und hat ein Fassungsvermögen von 116 Millionen Kubikmetern. Die jährliche Stromleistung von 250 Millionen kWh Strom war aber sehr teuer erkauft.

Der Ausblick reicht bis zur Ortlergruppe.

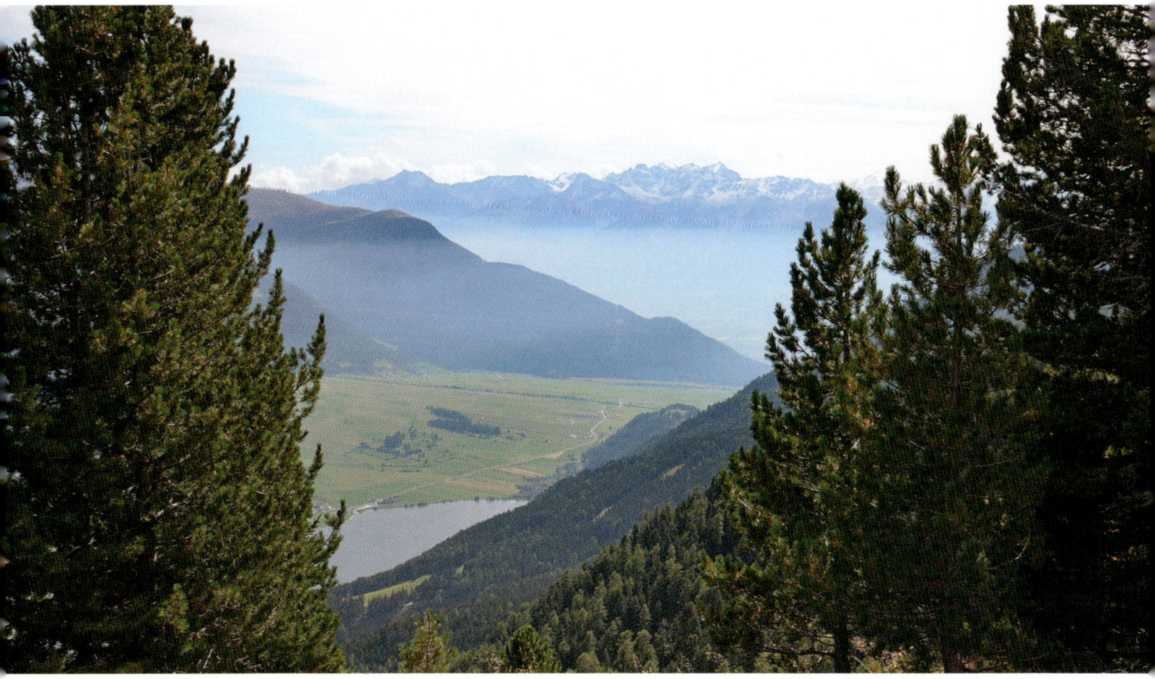

3 Wanderung auf den Watles

Aussichtsgipfel im Obervinschgau

leicht | 7,1 km | 415 Hm | 3 Std.

Tourencharakter
Einfache Wanderung auf guten Wanderwegen

Ausgangs-/Endpunkt
Bergstation des Watles-Sessellifts (2150 m)

GPS-Daten
46.707629, 10.492913

Anfahrt
Auto: Von Norden über Landeck zum Reschenpass. Weiter nach Burgeis und in Richtung Schlinig. Abzweig nach Prämajur und weiter zur Talstation
Bahn und Bus: Mit dem Zug nach Landeck und weiter mit dem Bus über den Reschenpass nach Mals. Dort umsteigen in den Bus nach Prämajur. Alternativ mit dem Zug über Meran nach Mals und mit dem Bus nach Prämajur

Einkehr
Plantapatschhütte

Karte
Tabacco Wanderkarte 1:25 000, Blatt 043, Vinschgauer Oberland

Information
Ferienregion Obervinschgau, www.ferienregion-obervinschgau.it

Der Watles ist ein wunderschöner Aussichtsberg im Obervinschgau. Wir genießen von dem frei stehenden Gipfel ein großartiges Panorama, sind doch die umliegenden Berge und das Vinschgau zum Greifen nah. Durch den Sessellift ist die Wanderung einfach und genussvoll. Beim Rückweg kommen wir noch am schönen Pfaffensee vorbei.

Unterstützung durch den Sessellift Vom Sessellift lassen wir uns von der Talstation in Prämajur bequem zur Bergstation an der Plantapatschhütte (2150 m) hochbringen. Von der Bergstation des Watles-Sessellifts folgen wir den Wegmarkierungen in Richtung Watles und wandern auf breitem Weg hoch zu einer ersten Wegverzweigung. Hier verlassen wir den breiten Weg, der geradeaus weiter zum Pfaffensee führt.
Wir halten uns links und folgen dem Weg Nr. 3. Dieser nun schmalere Steig verläuft durch schöne Wiesen entlang des Sessellifts aufwärts. Dieser ist im Sommer außer Betrieb. Nach

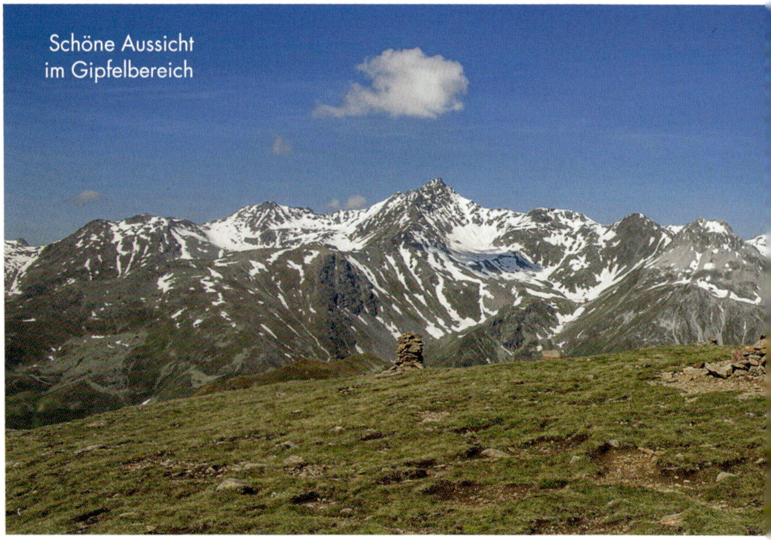
Schöne Aussicht im Gipfelbereich

der Bergstation des Sessellifts lassen wir den Abzweig zur Sesvennahütte unberücksichtigt und wandern weiter geradeaus auf den Gipfelkamm des Watles zu. Bereits von hier ist das große Gipfelkreuz sichtbar. Über den unschwierigen, breiten Kamm spazieren wir hinauf zum Gipfel des Watles (2555 m). Hier bietet sich ein malerischer Blick hinüber zum Ortler, dem höchsten Gipfel Südtirols. Aber auch der Tiefblick ins Vinschgau und nach Norden zum Haidersee ist besonders schön. Der aussichtsreiche Gipfel lädt zu einer längeren Pause ein, vor allem weil wir bei dieser gemütlichen Wanderung kaum unter Zeitdruck stehen.

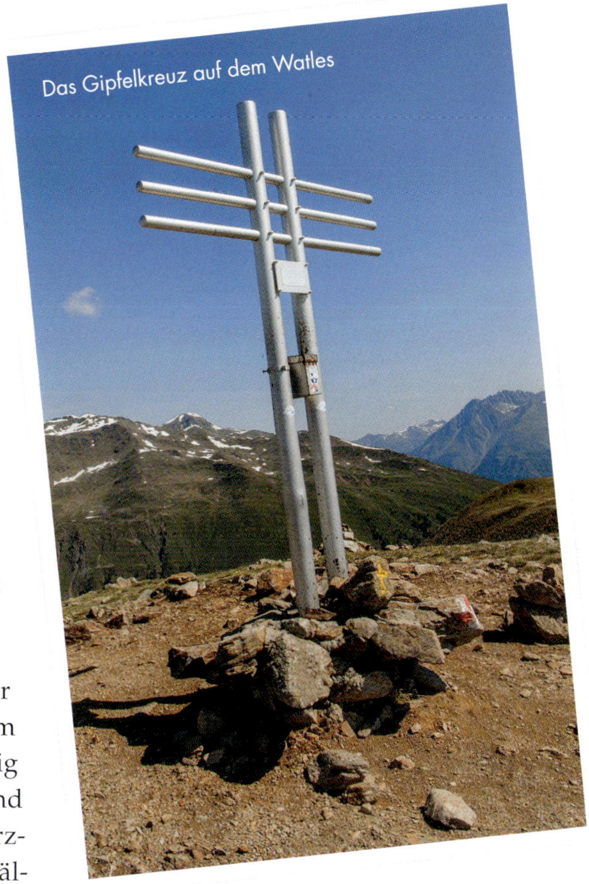
Das Gipfelkreuz auf dem Watles

Weiterweg zum Pfaffensee Nach der ausgiebigen Gipfelrast wandern wir am Kamm weiter nach Norden. Der Steig mit der Nr. 4 führt in schönem Auf und Ab über den Nordostkamm dahin. Kurzzeitig spazieren wir durch ein kleines Täl-

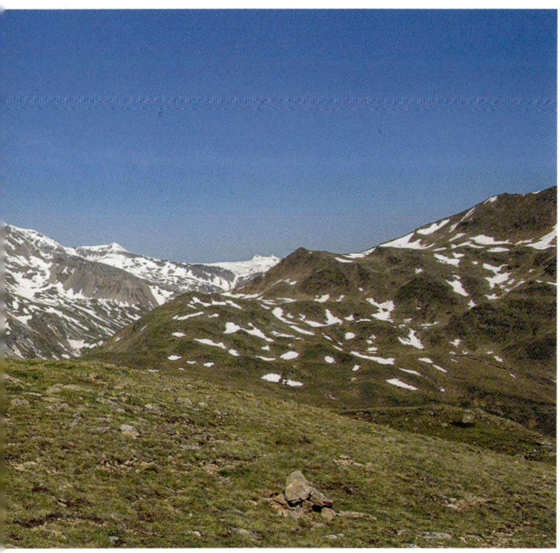

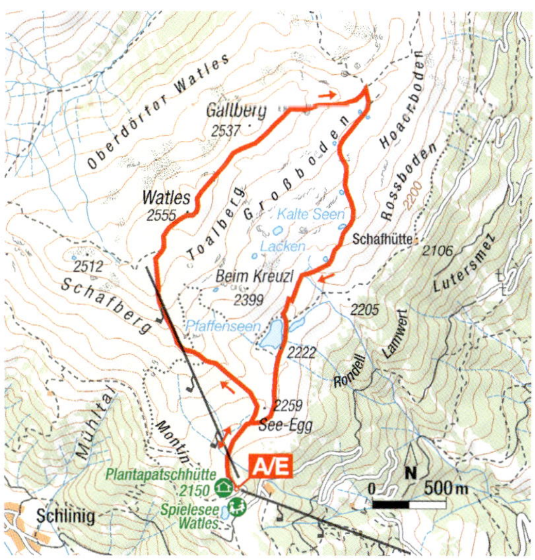

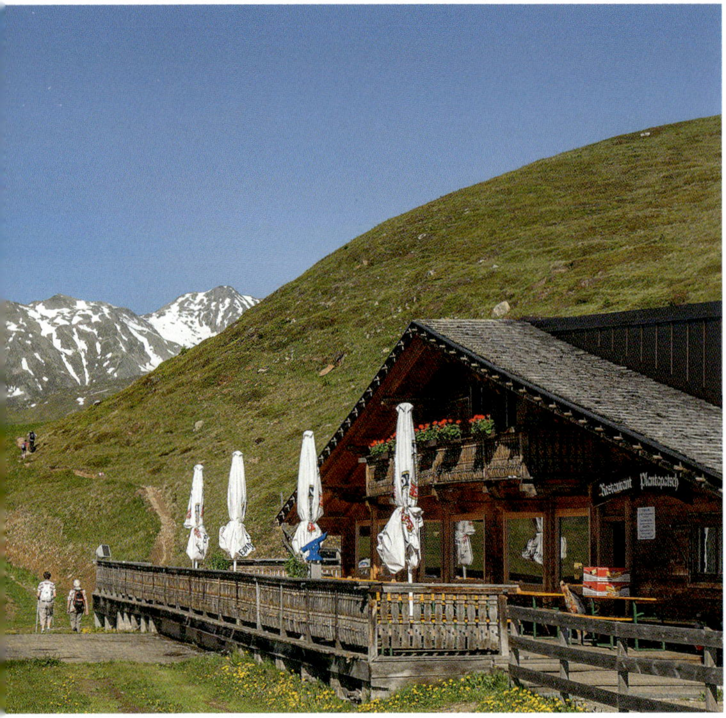

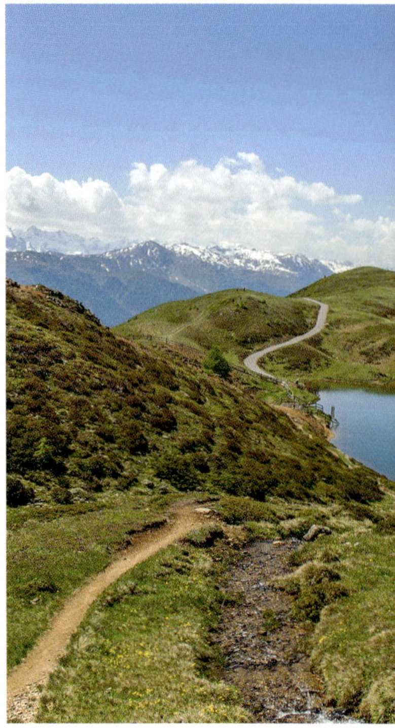

Links: Die Plantapatschhütte lädt zur Einkehr.

Mitte: Der kleine Pfaffensee

chen, bald schon steigt der Weg aber wieder auf den breiten Kamm hinauf und bringt uns hinunter zu einer Wegverzweigung. Hier halten wir uns rechts und können noch in wenigen Minuten die breite Kuppe des Schafbergs (2411 m) besteigen. Hier legen wir noch einmal eine gemütliche Rast ein und bestaunen die fantastische Aussicht. Am Weiterweg wandern wir nun unterhalb des Watles hinab bis zum Pfaffensee. Wir steigen über die Bergwiesen hinunter bis in ziemlich flaches Gelände. Hier dreht der Weg nach rechts ab und bringt uns hinüber zum Pfaffensee. Schön eingebettet liegt der See inmitten der grünen Bergwiesen. Am Ufer legen wir nochmals eine kleine Rast ein und genießen die Natur. Der Weg hinüber zur Bergstation (Weg-Nr. 4A) wird nun deutlich breiter. Es folgt ein kurzer Gegenanstieg, und wir kommen zur Abzweigung vom Aufstiegsweg. Auf dem

Sesvennahütte

Kein Panoramaweg erwartet uns, dafür aber eine gemütliche Hütte, die von Schlinig auf gutem Wanderweg zu erreichen ist. Nach dem flachen Anfang über die Schlinger Alm meistern wir ein kurzes Steilstück bei der Schwarzen Wand, und schon stehen wir auf den Wiesen vor der Hütte des Südtiroler Alpenvereins.

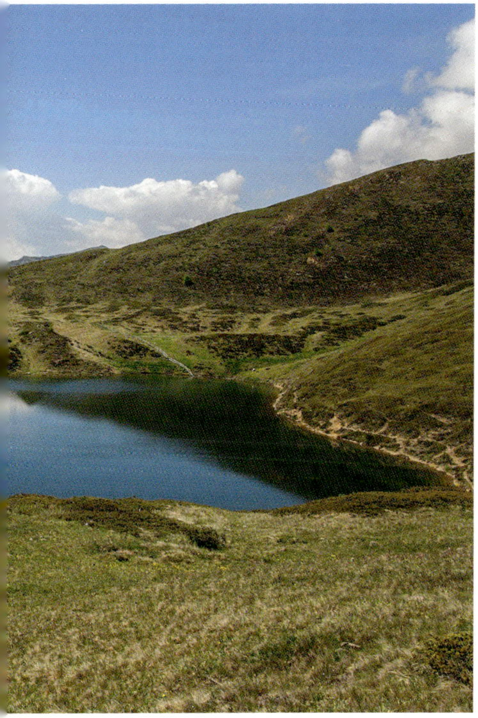

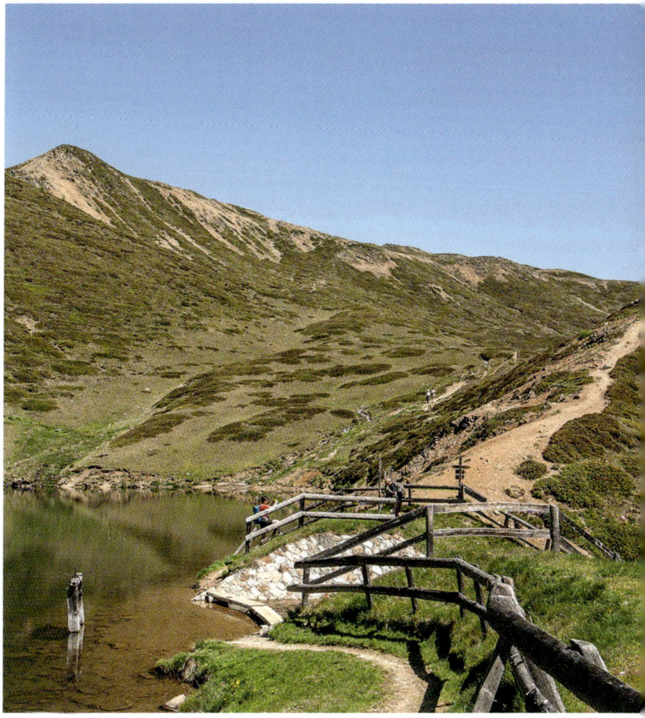

breiten, bereits bekannten Wanderweg spazieren wir hinab zur Plantapatschhütte (2150 m). Auf der Terrasse der Hütte lohnt es sich, einzukehren und wiederum die faszinierende Aussicht auf den Ortler zu bewundern. Anschließend fahren wir gemütlich und knieschonend mit dem Sessellift hinunter zur Talstation bei Prämajur.

Rechts: Pause am Pfaffensee

Aufstieg zur Bergstation Alternativ kann man natürlich zu Fuß von Prämajur zur Bergstation des Sessellifts aufsteigen. Wir wandern an der Talstation vorbei auf Weg Nr. 3 zur Forststraße, die von Burgeis heraufkommt. Hier halten wir uns links und steigen auf dem breiten Weg Nr. 3 bergauf zu einer weiteren Wegteilung. Jetzt geht es kurz nach rechts und gleich wieder nach links. Wir erreichen bald danach die schön gelegene Höfer Alm (2068 m). Von dieser spazieren wir unter dem Sessellift hindurch und wandern hinauf zur Plantapatschhütte (2150 m), an der wir endlich eine Einkehr verdient haben. Vor der Einkehr oder danach gehen wir noch hinauf zum Watles oder hinüber zum Pfaffensee. Der Abstieg erfolgt dann bequem mit dem Sessellift.

4 Auf den Tellakopf

Stiller Gipfel über dem Münstertal

leicht | 8,5 km | 810 Hm | 4.30 Std.

Tourencharakter
Gut bezeichnete Wanderwege. Zuerst Forstwege, dann schmale Steige

Ausgangs-/Endpunkt
Parkplatz am Egghof (1723 m), von Taufers auf schmaler Bergstraße erreichbar

GPS-Daten
46.48705, 10.68505

Anfahrt
Auto: Nach Mals und weiter nach Taufers. Im Ort rechts ab Richtung Tella bis zum Egghof (beschränkte Parkmöglichkeit)
Bahn und Bus: Mit dem Zug nach Mals und weiter mit dem Bus nach Taufers. Zu Fuß zum Egghof (1.30 Std.)

Einkehr
Keine Einkehrmöglichkeit

Karte
Tabacco Wanderkarte 1:25 000, Blatt 044, Vinschgau, Mals, Sesvenna

Information
Touristinformation Obervinschgau, www.ferienregion-obervinschgau.it

Rechte Seite oben: Kurz unter dem Gipfel

Rechte Seite unten: Die unbewirtschaftete Tellaalm

Der Tellakopf ist der östlichste Gipfel des Kamms, der das Münstertal im Norden begrenzt. Sein Gipfel ist ein herrlicher Aussichtspunkt, der vom hohen Ausgangspunkt über einen schönen Wanderweg gut erreichbar ist.

Erster Abschnitt Bei der Anreise mit öffentlichen Verkehrsmitteln wandern wir von Taufers im Münstertal auf dem Weg Nr. 6 in anderthalb Stunden zum Egghof (1723 m). Der Weg verläuft dabei teilweise auf der Straße, teilweise auf einem Wanderpfad. Während des Anstiegs kommen wir an der Burgruine Rotund vorbei. Vom Parkplatz am Egghof gehen wir auf der breiten Almstraße hoch zu einer kleinen Kapelle. Die Schotterstraße steigt nun ordentlich an, führt abwechselnd ein Stück durch den Wald und dann wieder an Almwiesen vorbei zur schönen Tellaalm (2098 m), die leider nicht bewirtschaftet ist.

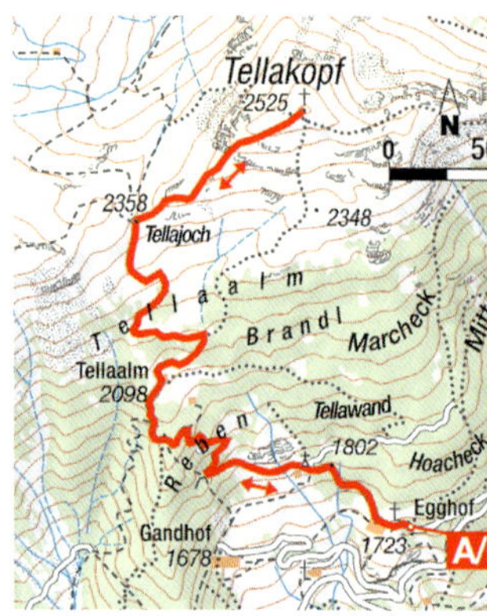

Aussichtsgipfel Wir gehen links an den Gebäuden der Alm vorbei, ziehen nach rechts hinüber und durchqueren ein kurzes Waldstück. Der Weg führt nun wieder etwas nach links und steigt dann etwas steiler über die schönen, freien Südhänge zum Tellajoch (2358 m) hinauf. Der Steig ist zwar recht schmal, aber gut zu erkennen. Es sind zahlreiche Markierungen vorhanden, die allerdings ab und zu etwas abseits der deutlichsten Wegspuren sind. Im Tellajoch wenden wir uns nun nach rechts und wandern über den breiten Gratrücken in Richtung Tellakopf. Kurz vor dem Gipfel wird der Rücken nochmals etwas steiler, er bringt uns aber problemlos hinüber zum großen Kreuz auf dem Tellakopf (2525 m). Durch die freie Lage bietet der Gipfel einen schönen Tiefblick hinab ins Münstertal und

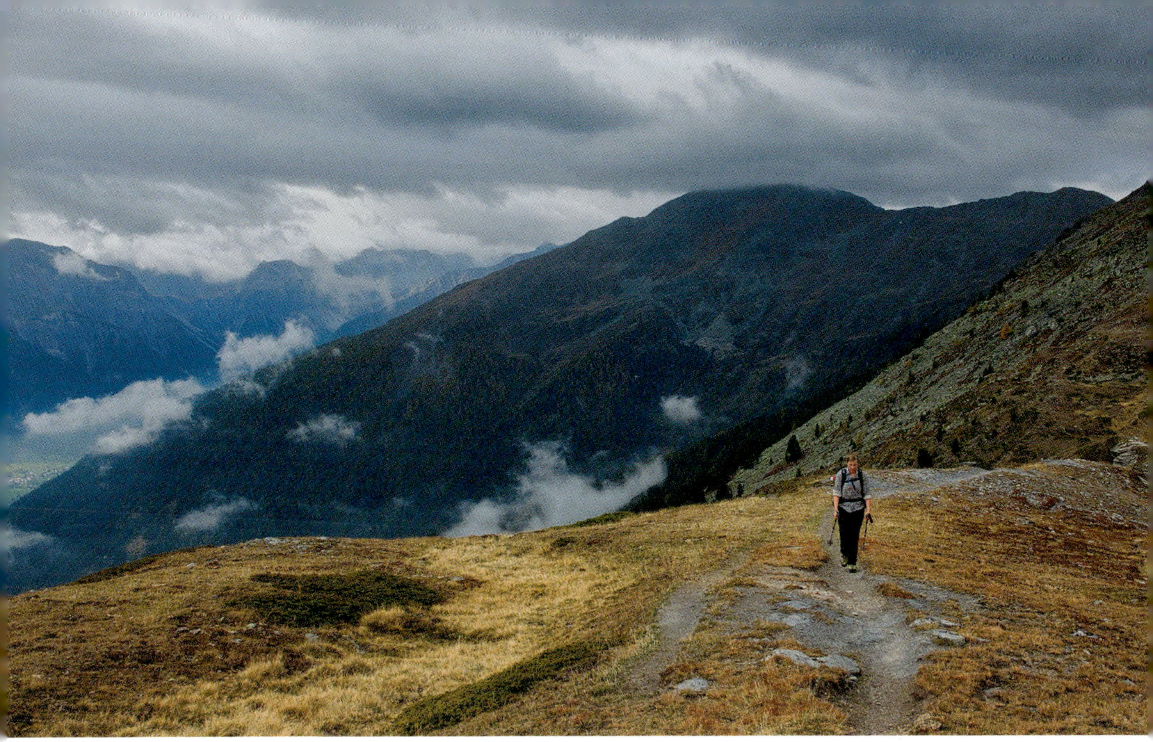

hinaus nach Glurns im Vinschgau. Südlich des Münstertals ragt der Piz Chavalatsch in die Höhe, dessen Nordostkamm bis zum Glurnser Köpfl gut zu erkennen ist. Besondere Begeisterung löst aber die Sicht zum mächtigen Ortler aus, dem höchsten Gipfel Südtirols.

Abstieg Nach einer gemütlichen Gipfelpause wandern wir über den Kamm zurück zum Tellajoch. Über die südseitigen Wiesen geht es zunächst wieder hinab zur Tellaalm und weiter über die Almstraße bis zum Egghof. Hat man hier geparkt, fährt man auf der schmalen Straße hinab. Ansonsten wandern wir am Anstiegsweg zu Fuß hinab nach Taufers im Münstertal.

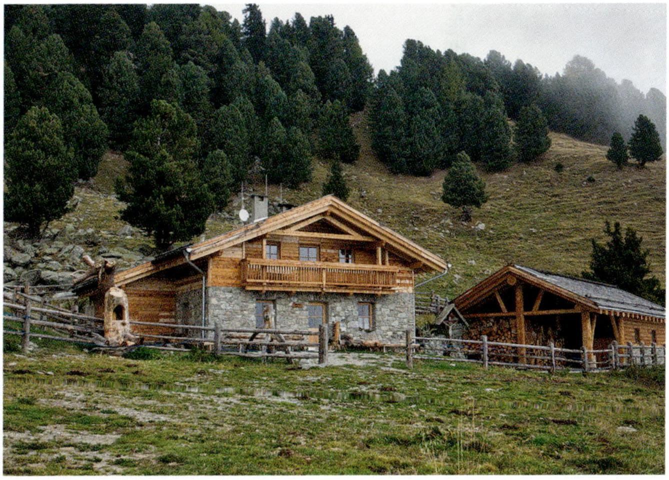

Acht-Kirchen-Wanderung

Eine lohnenswerte Wanderung im Münstertal ist die Acht-Kirchen-Wanderung. Sie startet in Taufers im Münstertal und bringt uns zu acht Kirchen im Tal. Kurz vor der Schweizer Grenze kehren wir um und gehen über den Ortsteil Rifair zurück nach Taufers.

5 Auf dem Morosiniweg zur Hintergrathütte

Am Fuße der Königsspitze

mittel | 5,6 km | 510/375 Hm | 2.45 Std.

Tourencharakter
Gute, schmale Wanderwege zur Hütte. Übergang zum Sessellift kurzzeitig ausgesetzt und an einer Stelle versichert

Ausgangspunkt
Mittelstation der Suldener Seilbahn (2172 m)

Endpunkt
Bergstation des Langenstein-Sessellifts

GPS-Daten
46.503217, 10.597579 (Ausgangspunkt)
46.503217, 10.597579 (Endpunkt)

Anfahrt
Auto: Von Norden über Landeck zum Reschenpass. Weiter nach Mals bis Spondinig. Abzweig nach Prad. Weiter über Gomagoi nach Sulden
Bahn und Bus: Mit dem Zug nach Landeck und dem Bus über den Reschenpass nach Mals. Von dort mit dem Bus nach Sulden. Alternativ Zug über Meran nach Spondinig und Bus nach Sulden

Einkehr
Hintergrathütte, www.hintergrathuette.com

Karte
Tabacco Wanderkarte 1:25000, Blatt 08, Ortlergebiet

Information
Ferienregion Ortlergebiet, www.ortlergebiet.it

Ortler, Königsspitze und Zebrù sind das berühmte Dreigestirn über Sulden. Zu dessen Füßen verläuft der fantastische Morosiniweg, ein schöner Höhenweg mit Aussicht auf die vielen Dreitausender, die Sulden umgeben.

Stützpunkt für schwere Touren Kurz nach der ersten Begehung des Hintergrats wurde 1805 etwas oberhalb der heutigen Hintergrathütte ein kleiner Unterstand erbaut. Es war die erste Schutzhütte Tirols, die allerdings bald verfiel, da die Route in Vergessenheit geriet. Erst 1892 wurde eine neue Hütte in der Nähe der heutigen Hintergrathütte erbaut. Das Haus wurde finanziert vom russischen Staatsrat Carl Baeckmann, der es später dem Suldener Bergführerverband schenkte. 1915 während des Ersten Weltkriegs wurde das Haus zerstört. Die heutige Hintergrathütte hat man von 1920 bis 1922 erbaut. Seitdem ist sie immer noch der Stützpunkt für die Besteigung des Ortlers über den anspruchsvollen Hintergrat. Wir aber wollen nur die Hütte erwandern und dafür bietet sich der aussichtsreiche Morosini-

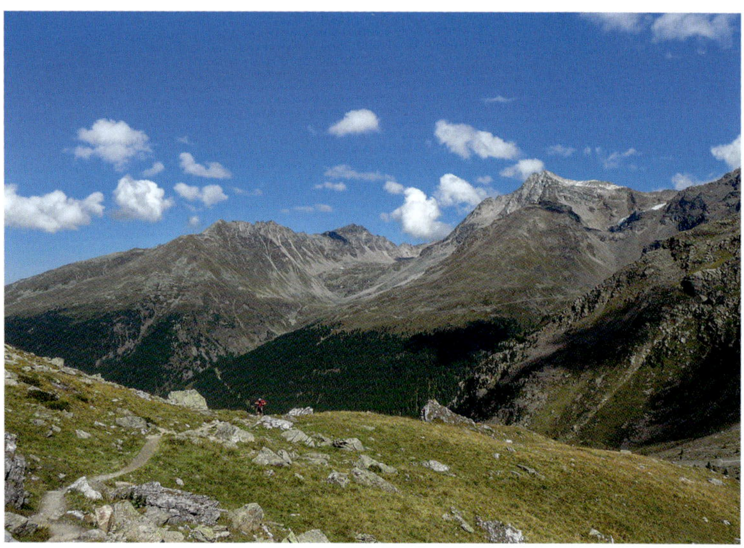

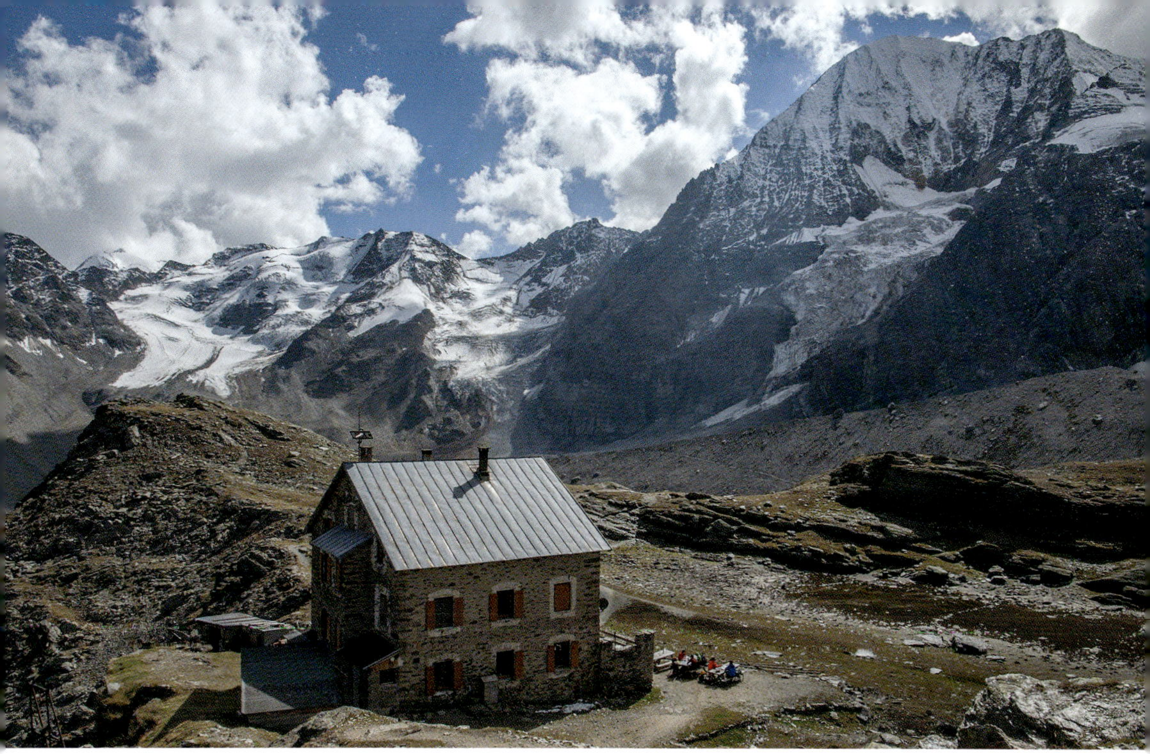

weg an. Die Tour ist nicht sehr lange und für den Abstieg gibt es den knieschonenden Sessellift.

Die Hintergrathütte unter der Königsspitze

Linke Seite: Auf dem Höhenweg, Blick in Richtung Zaytal

Aufstieg zur Hintergrathütte Von Sulden schweben wir gemütlich mit der großen Seilbahn bis zur Mittelstation (2172 m) hinauf. Dort steigen wir nicht in die Gondel zur weiteren Bergfahrt um, sondern steigen über eine Metalltreppe hinab zum breiten Wanderweg. Wir folgen gleich dem nach rechts abzweigenden Weg in Richtung Hintergrathütte. Der Weg führt kurz hinab zum Bach, überquert diesen und zieht über Schottergelände hinüber zu steilen Grashängen. Der gut angelegte Weg schlängelt sich in zahlreichen Serpentinen weiter bergauf. Dabei wandern wir insgesamt wieder ein Stück in Richtung Süden. Wir gehen um eine Gratkante herum und kommen in ein schönes Tälchen. Dort befinden wir uns nun direkt unter der Nordwand der Königsspitze. Beeindruckend ragt die Wand in den Himmel, aber nicht weniger beeindruckend ist der zerrissene Gletscher, der zur Wand führt. Das Gelände wird durch den Gletscherrückgang immer wilder. Wir

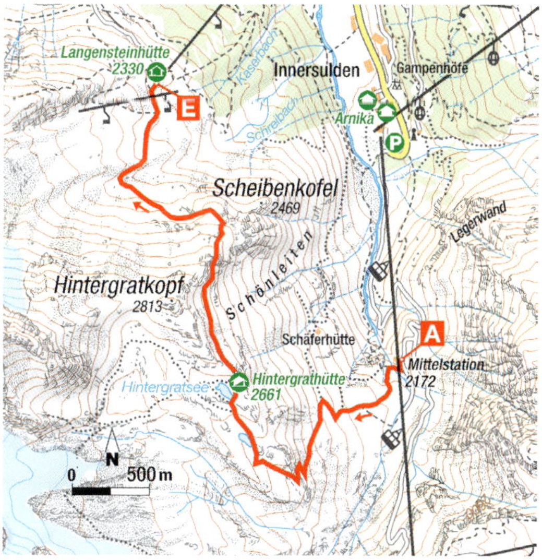

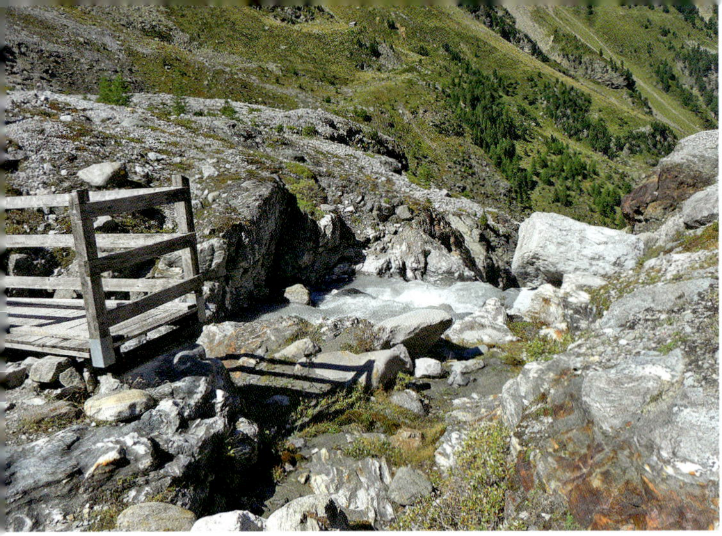

Kleine Bachüberquerung

wandern nun durch das Tälchen sanft ansteigend höher, gewinnen noch kurz über ein paar Serpentinen an Höhe und erreichen einen Rücken. Nur durch eine kleine Senke mit einem kleinen See sind wir von der Hütte getrennt. Wir wandern kurz ein paar Schritte bergab, gehen am See vorbei und stehen schon bald an der Hintergrathütte (2661 m). Diese liegt sehr aussichtsreich am Fuße der Nordwand der Königsspitze. Sehr schön ist der Blick hinüber ins Zaytal zur Düsseldorfer Hütte mit der mächtigen Vertainspitze. Nach dem Anstieg haben wir uns eine Rast auf der sonnigen Terrasse der Hütte verdient.

Rechte Seite: Blick vom Morosini-Höhenweg in die Nordwand der Königsspitze

Anschließend wandern wir von der Hütte noch kurz ein paar Meter bergauf, bevor der Weg nach rechts abbiegt. Es folgt nun eine ziemlich lange Querung durch die etwas abschüssige Flanke des Hintergratkopfs. Der Weg ist an einigen Stellen etwas ausgesetzt und auch kurz versichert. Es lohnt sich, immer wieder stehen zu bleiben und die fantastische Aussicht hinüber Richtung Düsseldorfer Hütte und Vertainspitze, aber auch hinab nach Sulden zu bestaunen. Am Ende der Traverse zieht der Weg um eine Kante und verliert dann relativ schnell an Höhe. Anschließend queren wir wieder nach links, um in einem weiten Bogen ein Kar auszugehen. Dabei kommen wir am Ende des Kars in den Moränenschutt des End-der-Welt-Ferners, der vom Ortler herabzieht. Nach Überqueren einer Moräne gehen wir in das nächste Kar hinein, das ebenfalls von Schutt gefüllt ist, und wandern unter einem Sessellift hindurch. Kurz darauf betreten wir wieder grünen Wiesenboden und gelangen in wenigen Minuten hinüber zur Bergstation des Langenstein-Lifts (2330 m). Mit dem Sessellift fahren wir hinunter nach Sulden, dann wandern wir entlang des Suldenbachs zur Talstation der Suldener Seilbahn (ca. 1900 m).

Messner Mountain Museum Ortles

Nach der Wanderung zur Hintergrathütte bietet sich ein Besuch des Messner Mountain Museum Ortles in Sulden an. Das Museum beherbergt die Dauerausstellung »Im End' der Welt«. So wurde in einer Karte von 1774 der Ortlergletscher bezeichnet, unter dem das Museum steht (www.messner-mountain-museum.it/ortles/museum).

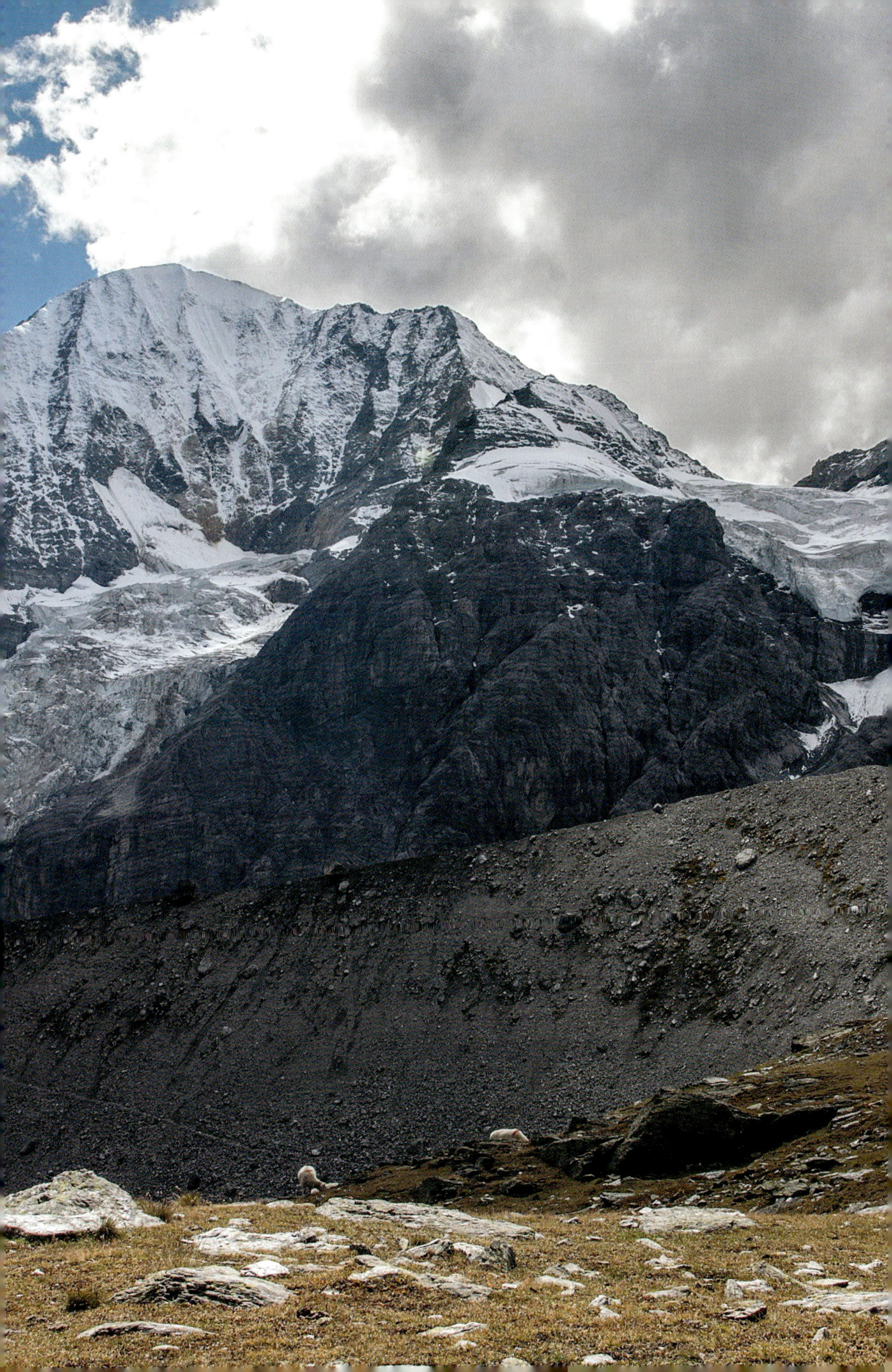

6 Der Plima-Schluchtenweg zur Zufallhütte

Über wilden Wassern

leicht | 4,1 km | 220 Hm | 2 Std.

Tourencharakter
Gut bezeichnete Wanderwege, die kurzzeitig etwas steiler sind

Ausgangs-/Endpunkt
Parkplatz am Ende des Martelltals bei der Enzianhütte (2051 m)

GPS-Daten
46.488414, 10.687277

Anfahrt
Auto: Von Mals durch den Vinschgau bis Goldrain, dort rechts ab ins Martelltal bis zum Straßenende
Bahn und Bus: Mit der Vinschger Bahn bis Goldrain und mit dem Bus ins Martelltal.

Einkehr
Zufallhütte, www.zufallhuette.com

Karte
Tabacco Wanderkarte 1:25000, Blatt 045, Latsch, Martell, Schlanders

Information
Touristinformation Latsch-Martelltal, www.latsch.it

Das Martelltal mit seinem herrlichen Talschluss gehört zu den schönsten Wanderregionen im westlichen Südtirol. Durch die Einrichtung des Plima-Schluchtenwegs gewann die Gegend zusätzlich an Attraktivität, wodurch die Wanderung zur Zufallhütte ein besonderes Erlebnis wird.

Aussichtsplattformen und Hängebrücke Von der Enzianhütte (2051 m) gehen wir auf der Fahrstraße über den Plimabach und weiter bis kurz vor das ehemalige Hotel Paradiso. Hier biegen wir auf den Weg Nr. 12–37 nach rechts ab und gelangen bald zum ersten Erlebnispunkt des neuen Schluchtenwegs. Der »Erlebnis-

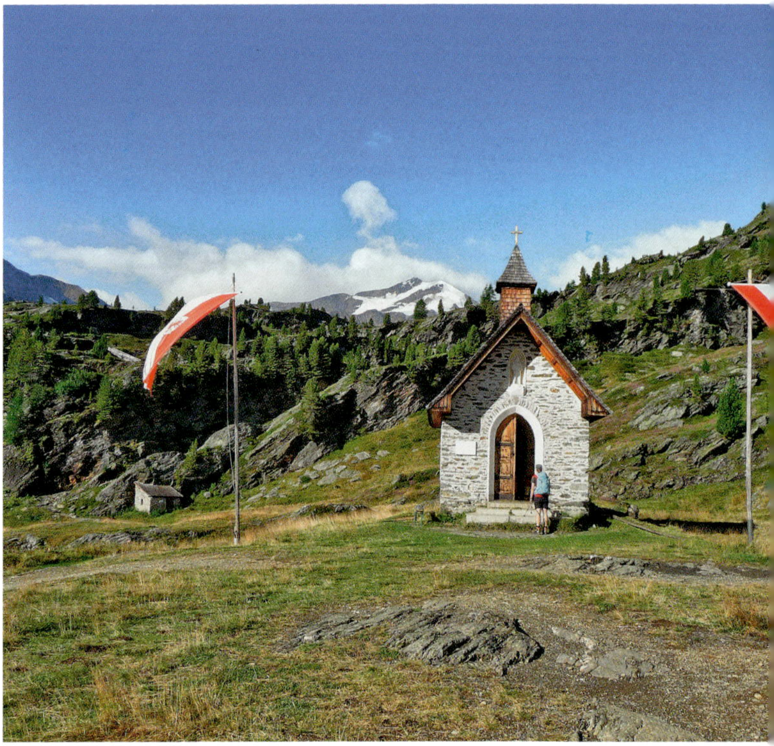

Die Kapelle an der Zufallhütte

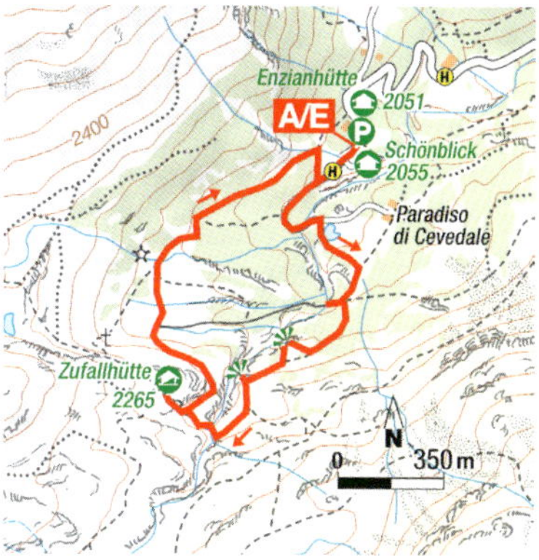

punkt Kelle in der Klamm« ragt weit in die Schlucht hinein und bietet einen grandiosen Tiefblick zum rauschenden Bach.

Von hier wandern wir wieder ein Stück zurück und biegen dann nach rechts ab. Der Weg führt hinauf zum zweiten Erlebnispunkt »Panoramasichel«. Hier umfließt der Bach einen Geländevorsprung, auf dem sich der Aussichtspunkt befindet. Wir genießen einen wunderbaren Blick zum Hotel Paradiso und zur Zufallhütte.

Nun gehen wir weiter zur »Aussichtskanzel«, die weit in die Schlucht ragt und einen fantastisch schaurigen Tiefblick garantiert. Es geht weiter hinauf zur eindrucksvollen Hängebrücke, von der wir tief in die eindrucksvolle Schlucht blicken.

Leckere Einkehr Wir gehen über die schwankende Brücke und wandern hinauf zur nahen Zufallhütte (2265 m). Hier oben lassen wir uns gemütlich auf der Sonnenterrasse nieder und genießen die leckere Südtiroler Küche der Hütte.

Links: Der Weg bietet schöne Aussichtspunkte.

Rechts: Die Hängebrücke über die Plimaschlucht

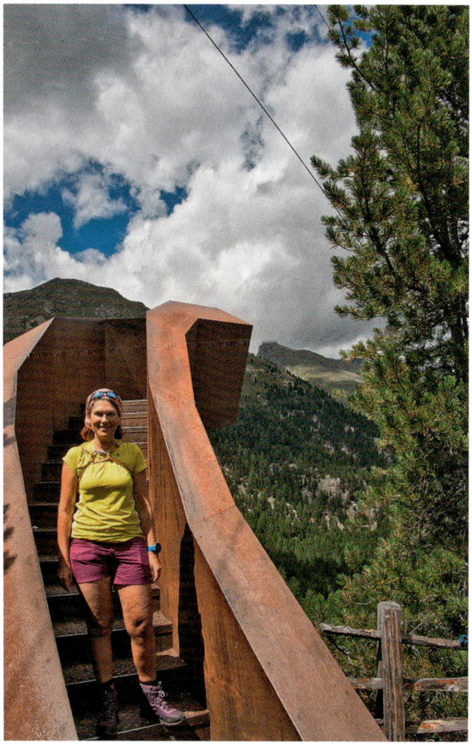

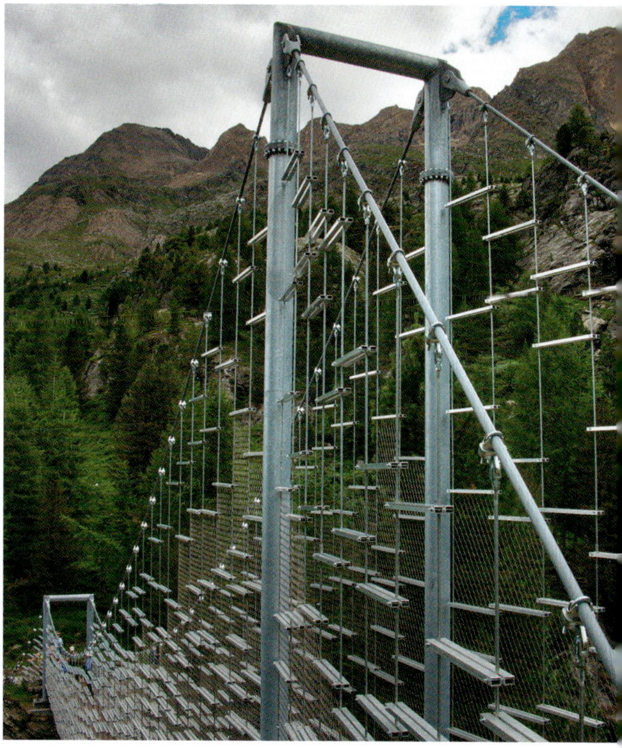

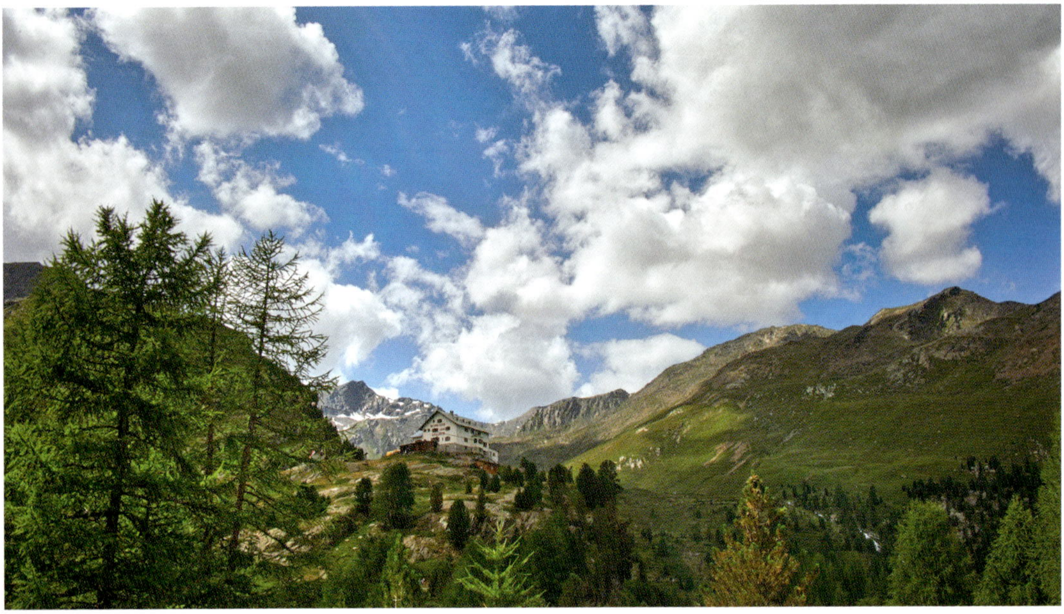

Auf der gegenüberliegenden Talseite erblicken wir die Zufallhütte.

Abstieg ins Tal

Von der Hütte gehen wir auf dem Weg Nr. 36–103 unter der Hütte hindurch und wandern über freies Gelände zum Wald. Durch diesen spazieren wir gemütlich zum Parkplatz an der Enzianhütte.

Marteller Gletscherpfad

Wer die Tour ausdehnen möchte, der kann noch den Marteller Gletscherpfad begehen. Hierfür gehen wir nicht über die Hängebrücke zur Zufallhütte. Stattdessen wandern wir ein Stück zurück und folgen dem Panoramaweg Nr. 40 hinauf zur Staumauer des Plimabachs. Hier wenden wir uns nach links in Richtung Marteller Hütte. Der Weg läuft nun hinüber zum Bach direkt unter dem eindrucksvollen Wasserfall. Nach der Brücke folgen wir ein wenig

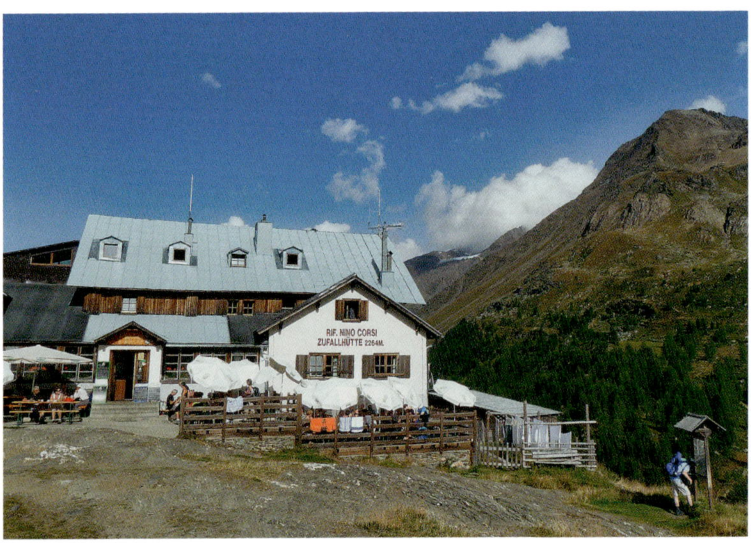

Lohnendes Ausflugsziel: die Zufallhütte

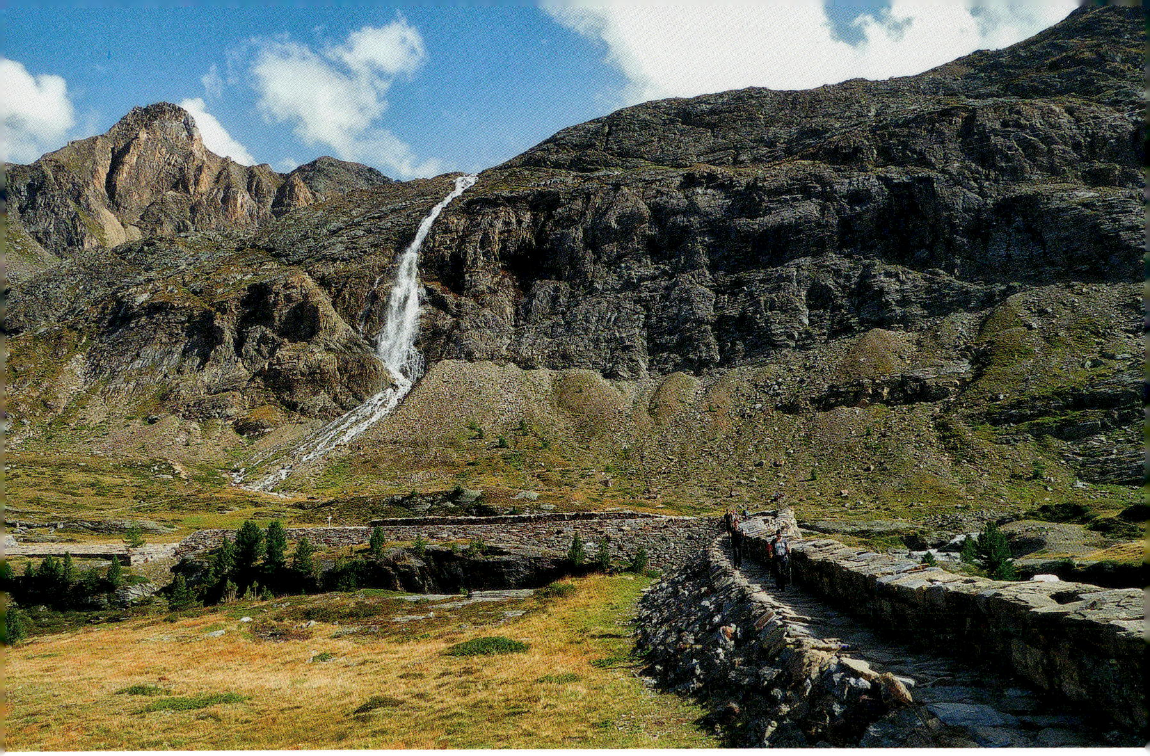

dem Bachlauf nach rechts, bis der Weg nach links abknickt. Deutlich steiler windet sich der Steig nun in zahlreichen Kehren hoch zur aussichtsreich gelegenen Marteller Hütte (2610 m).

An der Staumauer blicken wir zum Wasserfall.

Beim Aufstieg bleiben wir immer wieder stehen, um die aufschlussreichen Hinweistafeln des Gletscherlehrpfads zu studieren. Der Lehrpfad (Weg Nr. 37) führt noch weiter, sodass wir in einer schönen Rundtour zur Zufallhütte absteigen können. Von der Marteller Hütte gewinnen wir kurz ein wenig an Höhe, um dann auf einem flachen Weg nach links in ein Tälchen zu wandern. Anschließend fällt der Weg zum Bach ab, der vom Hohenferner herabfließt. Die Route bringt uns nun hinüber zur großen Moräne. Auf dieser biegen wir nach links ab und wandern weiter zu einem schönen Aussichtspunkt.

Der Weg schlängelt sich nun steil in zahlreichen Kehren rechts vom Wasserfall hinab und wir gelangen hinüber zur Staumauer über den Plimabach. Auf dem Weg Nr. 103–150 gehen wir hinunter zur nahen Zufallhütte.

Lyfialm

Eine zweite schöne und einfache Wanderung vom Talschluss des Martelltals führt zur Lyfialm. Hier geht es aber nicht in Richtung Zufallhütte, sondern von der Enzianhütte kurz auf der Straße zurück und dann auf dem leicht ansteigenden Forstweg nach links und in 45 Minuten zur gemütlichen Alm. Der Weg kann sogar mit dem Kinderwagen zurückgelegt werden.

7 Über die Göflaner Scharte

Auf den Spuren des weißen Marmors

mittel | 12,9 km | 900 Hm | 6 Std.

Tourencharakter
Schmale, aber unschwierige Steige. Eine Stelle ist mit Drahtseilen versichert. Dies ist eine der längsten Touren im Buch. Daher gute Kondition erforderlich. Kürzer ist es, wenn man nur zur Göflaner Alm wandert.

Ausgangs-/Endpunkt
Gasthof Haslhof (1574 m) am Nödersberg

GPS-Daten
46.596299, 10.779609

Anfahrt
Auto: Zum Reschenpass, weiter über Mals bis nach Schlanders und von dort zum Haslhof
Bahn und Bus: Der Ausgangspunkt ist mit dem ÖPNV nicht erreichbar.

Einkehr
Göflaner Alm, https://goeflaneralm.jimdofree.com; Haslhof

Karte
Tabacco Wanderkarte 1:25 000, Blatt 045, Latsch, Martell, Schlanders

Information
Tourismusverein Schlanders-Laas, www.schlanders-laas.it

Im Göflaner Steinbruch wird der berühmte Marmor aus der Region abgebaut. Diese Tour führt uns nah an den Steinbruch heran. Bis es aber so weit ist, genießen wir einen grandiosen Panoramagang zur Göflaner Scharte. Zum Abschluss lädt die Göflaner Alm noch zur Einkehr ein.

Göflaner Scharte Vom Parkplatz am Haslhof (1574 m) wandern wir auf der Teerstraße zurück bis zu den Wegweisern im Wald. Dort biegen wir nach rechts ab und steigen auf dem Wanderweg entlang an ein paar Häusern vorbei aufwärts zu einigen im Wald stehenden Hütten. Im Gegensatz zum Vinschgauer Sonnenberg auf der anderen Talseite ist der Nödersberg auf der Südseite des Tals deutlich stärker bewaldet. Diese Tatsache macht die Tour vor allem für heiße Sommertage interessant.
Am Steig steigen wir nun nach links im Wald aufwärts. Der ganze Abschnitt im Wald bis zum Kreuzjöchl (2053 m) ist ordentlich steil, sodass wir rasch Höhenmeter gewinnen und ein paar Schweißtropfen verlieren. Am Kreuzjöchl lichten sich die Bäume

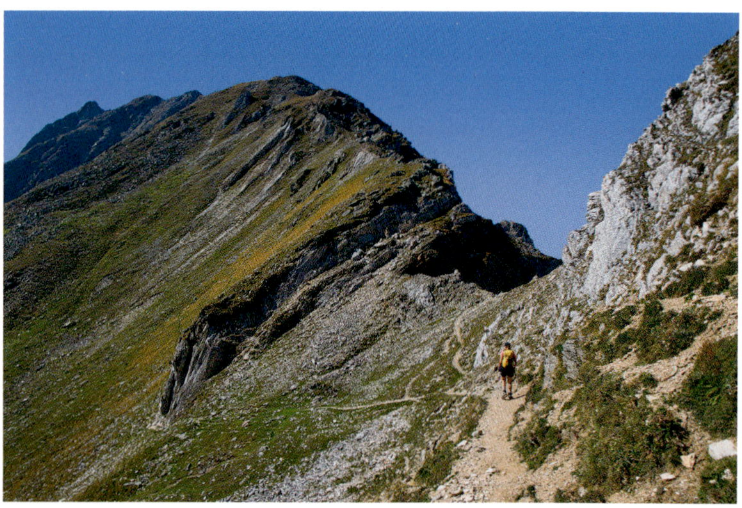

Auf dem Weg zur Göflaner Scharte

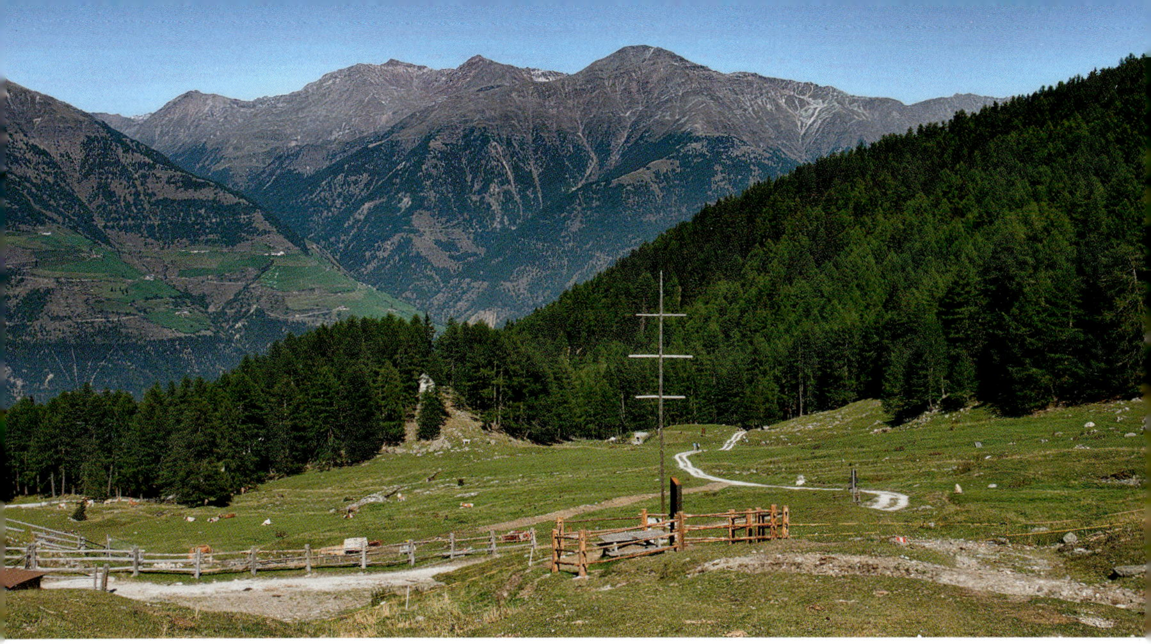

Schönes freies Gelände an der Göflaner Alm

ein wenig und wir erhalten schöne Blicke hinab ins Martelltal und zu den über dem Tal aufragenden Gipfeln von Hasenöhrl, Zufrittspitze und Zufallspitze. Die kleinen Wiesen zwischen den Bäumen laden zu einer kurzen, aussichtsreichen Pause ein.
Vom Kreuzjöchl wandern wir zuerst noch im lichten Wald über den Kamm auf dem Weg Nr. 23 in Richtung Göflaner Scharte. Der Wald wird immer lichter, und bald haben wir die Baumgrenze überschritten. Auf einem richtigen Panoramaweg spazieren wir nun aufwärts. Links das Martelltal, rechts der Vinschgau und darüber die Dreitausender der südlichen Ötztaler Alpen. Was kann herrlicher sein? Wir gelangen zu einem

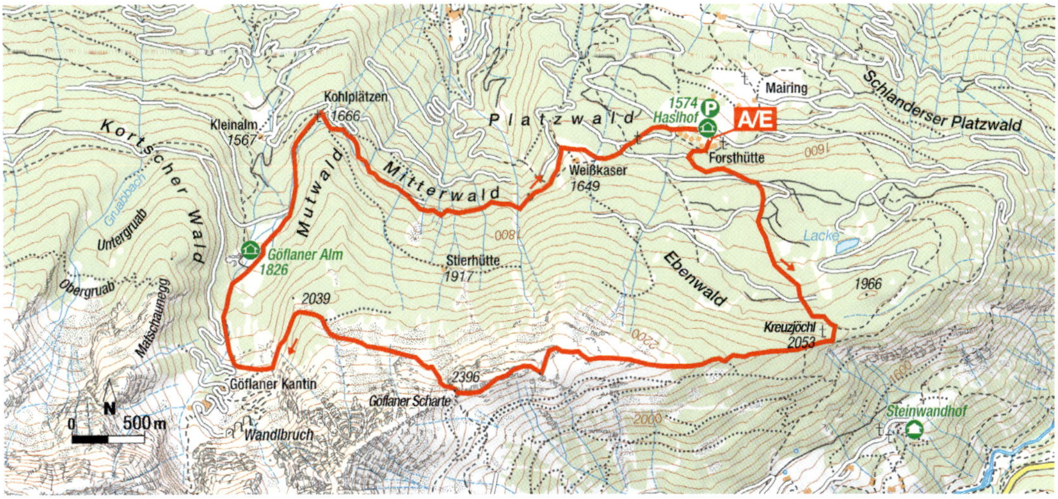

Kreuz, das direkt über dem Martelltal steht. Es lohnt sich, noch die paar Meter hinüberzugehen und von dem kleinen Kopf die Aussicht hinab ins Tal zu genießen. Genauso verhält es sich mit dem Kreuz, das kurz danach über Schlanders steht. Auch hier empfiehlt es sich, nach den wenigen Schritten hinüber den Tiefblick zu bestaunen. Anschließend steigen wir noch ein paar Meter bergauf zum höchsten Punkt der Wanderung und gehen dann an großen Lawinenverbauungen vorbei hinüber zur Göflaner Scharte (2396 m). Kurz vor der Scharte sind ein paar Meter mit einem Drahtseil versichert, wirklich schwer ist die Passage aber nicht, sodass sie niemanden abhalten wird, die Scharte zu erreichen.

Göflaner Marmorweg

An den Kohlplätzen beginnt der Göflaner Marmorweg. Der Themenweg zeigt auf elf Stationen die Geschichte des Göflaner Marmors. Höhepunkt sind die schon oben beschriebenen Bremsrutschen, an denen wir vorbeikommen, wenn wir von der Göflaner Scharte zur Göflaner Alm wandern. Der Marmorweg endet in der Nähe des Mitterwandlbruchs, des höchsten Marmorbruchs Europas. Der Marmorbruch selbst kann aus Sicherheitsgründen leider nicht besichtigt werden. Der Marmorweg hat einen Höhenunterschied von 500 Metern und eine Länge von 6,5 Kilometern (hin und zurück). Die Wanderung dauert insgesamt drei Stunden.

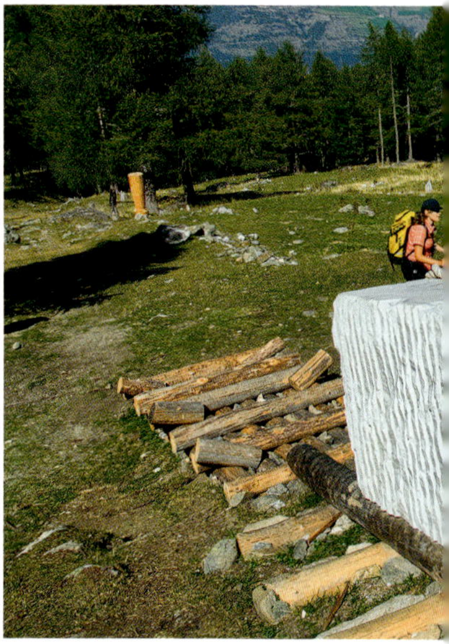

Einkehr in der Göflaner Alm Von der Scharte steigen wir nun steil nach Norden ab. Nachdem wir dadurch ordentlich an Höhe verloren haben, quert der Weg nach links in ein schönes Waldstück. Es geht kurz wieder ein paar Meter aufwärts, gleich danach fällt der Steig im Wald aber wieder ab. Wir gelangen in einem Bogen zur Wegverzweigung unterhalb des Göflaner Marmorbruchs.

Hier halten wir uns rechts (Wegweiser »Göflaner Alm«) und wandern über liebliche, mit einzelnen Bäumen aufgelockerte Wiesen bergab in Richtung Alm. Wir befinden uns nun auf einem Teilstück des Göflaner Marmorwegs. Besonders beein-

druckend ist ein Marmorblock, an dem gezeigt wird, wie die Blöcke früher ins Tal transportiert und mithilfe von Seilen abgebremst wurden.
Haben wir den Block genug bestaunt, wandern wir weiter talwärts zur Göflaner Alm (1826 m), die sich noch im Waldbereich befindet, aber bereits eine wunderbare Aussicht auf den gegenüberliegenden Vinschgauer Sonnenberg bietet mit den beiden Wandergipfeln Vermoispitze und Zerminiger Spitze. Ihre aussichtsreiche Lage wollen wir für eine kleine Rast nutzen.
Die Alm diente während der Anfangszeit des Marmorabbaus als Unterkunft. Dementsprechend ist in ihren Mauern Marmor verbaut worden.

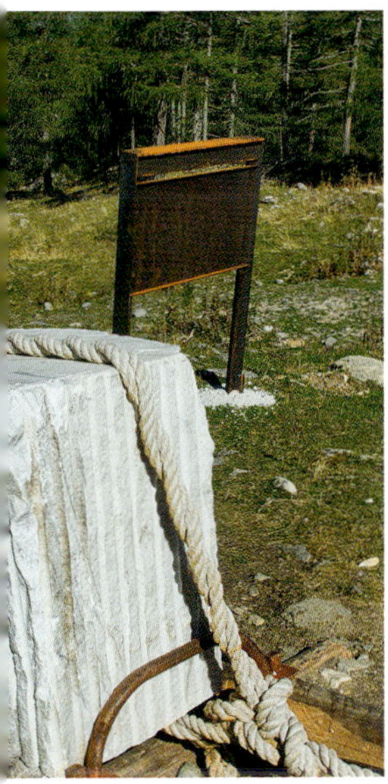

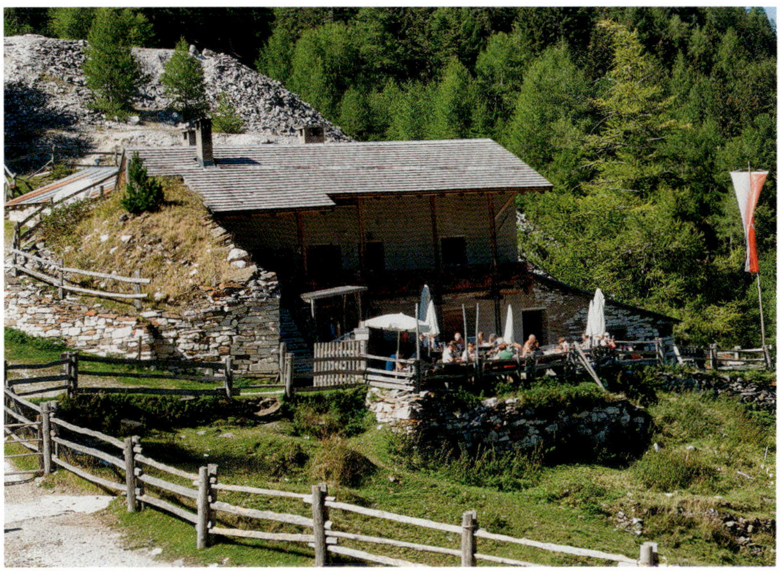

Links: Der historische Transport der Marmorblöcke wird dargestellt.

Rechts: Die Göflaner Alm

Rückkehr zum Haslhof Von der Alm spazieren wir auf der breiten Forststraße über die Wiese zum Beginn des Walds. Durch den Wald geht es auf dem Fahrweg steil hinab zu den Kohlplätzen (1666 m). Dort biegen wir nach rechts ab (Wegweiser »Haslhof«) und wandern ohne Höhenverlust nach Osten. Der breite Weg geht bald in einen schmalen Steig über, wir queren einige Bachrinnen und gelangen letztendlich zum Weißkaser (1649 m), einer schönen Almwiese mit ein paar alten Almhütten. Wir tauchen nochmals in den Wald ein und gehen das letzte kurze Stück hinab zum Haslhof (1574 m), der sehr aussichtsreich am Nödersberg oberhalb von Göflan liegt.

8 Almenweg am Vinschger Nödersberg

Gemütliche Almen und ein lieblich gelegener See

mittel | 11,9 km | 800 Hm | 5 Std.

Tourencharakter
Gute Almwege, zum Zirmtalsee etwas steiler und steiniger. Abkürzung möglich

Ausgangs-/Endpunkt
Parkplatz an der Freiberger Säge, 1480 m

GPS-Daten
46.601790, 10.925919

Anfahrt
Auto: Zum Reschenpass, weiter über Mals bis nach Kastelbell und auf schmaler Straße über Freiberg zum Parkplatz an der Freiberger Säge
Bahn und Bus: Der Ausgangspunkt ist mit dem ÖPNV nicht erreichbar.

Einkehr
Marzoner Alm, www.marzoneralm.it; Zirmtalalm; Latschiniger Alm; Freiberger Alm

Karte
Tabacco Wanderkarte 1:25 000, Blatt 045, Latsch, Martell, Schlanders

Information
Feriengebiet Kastelbell-Tschars, www.kastelbell-tschars.com

Der Vinschger Nödersberg steht etwas im Schatten des Vinschger Sonnenbergs auf der anderen Talseite. Trotz der schattigen Lage erwartet uns hier eine herrliche Almwanderung, die uns zudem zum traumhaft gelegenen Zirmtalsee bringt.

Gemütlicher Auftakt Vom überraschend geräumigen Parkplatz an der Freiberger Säge wandern wir auf dem breiten Forstweg (Weg Nr. 7) sanft ansteigend in Richtung Marzoner Alm. Leider steht der Wald recht dicht, doch immer wieder erlaubt er einen Blick auf die gegenüberliegende Sonnenseite des Vinschgaus. Kurz vor der Alm verlassen wir den Forstweg, der nach rechts umbiegt, und spazieren geradeaus auf einem Steig in wenigen Minuten hinüber zur wirklich großartig gelegenen Marzoner Alm (1595 m). Von der Terrasse genießen wir einen wunderba-

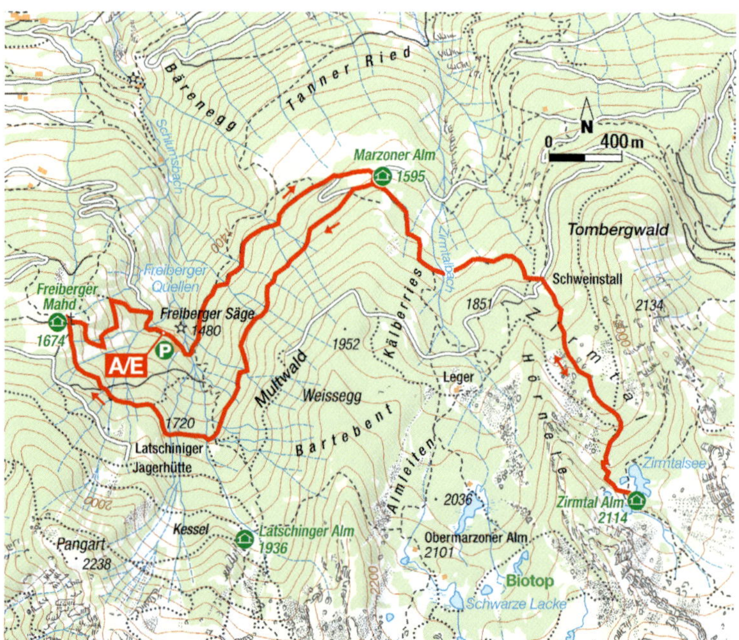

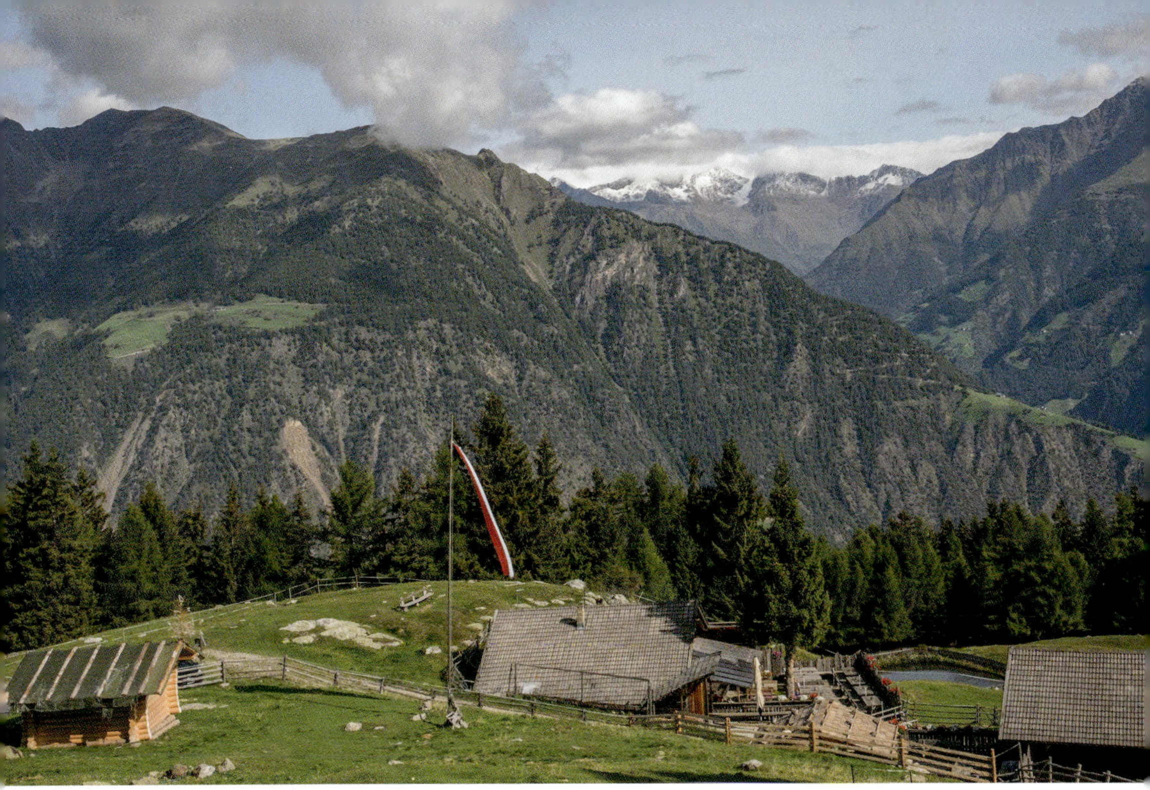

ren Blick auf den Vinschgau. Obwohl wir noch nicht lange unterwegs sind, erquickt eine kurze Pause auf der gemütlichen Almterrasse.

Blick zum Sonnenberg

Die Marzoner Alm

Ein traumhafter See Bald schon geht es wieder weiter auf den direkt an der Alm abzweigenden Weg 9A. Dieser führt ziemlich direkt in den Wald hinein. Der zu Beginn breite Weg verengt sich bald zu einem Steig und bringt uns zu einer Wegverzweigung. Hier wenden wir uns zusammen mit dem Weg Nr. 18 nach links und gehen bis zum Schweinstall. Dieser wirklich nette Rastplatz lädt zu einer weiteren kurzen Pause ein. Schließlich wandern wir weiter und

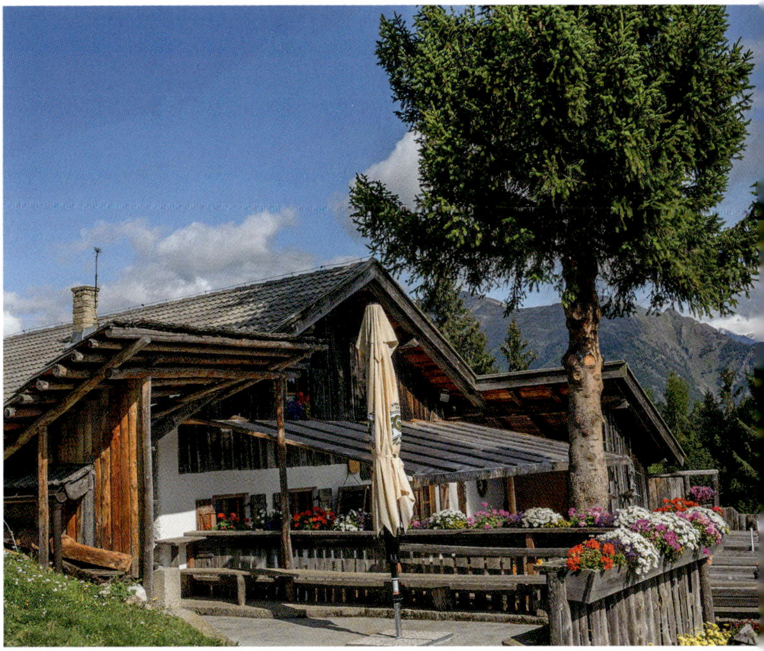

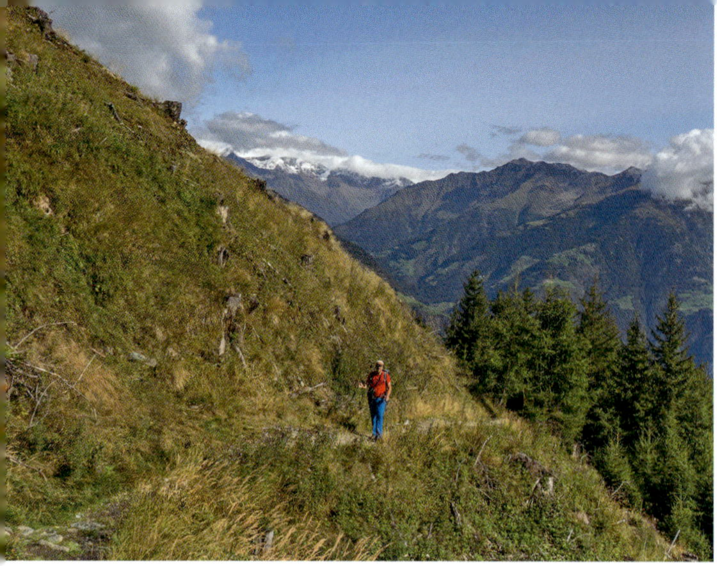

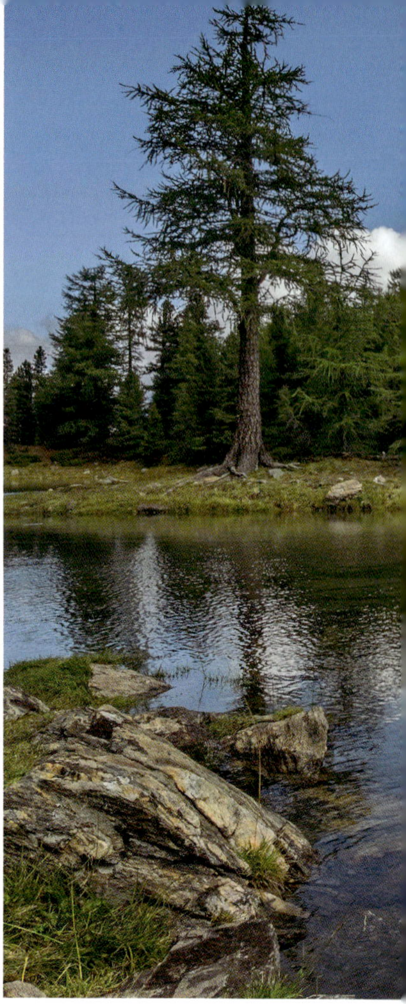

Verkürzen der Tour

Wem der Aufstieg zur Zirmtalalm zu anstrengend und lang ist, der kann die Tour verkürzen: Wir lassen einfach den Aufstieg zur Zirmtalalm und dem Zirmtalsee aus. Wir wandern dann von der Marzoner Alm wie beschrieben zur Freiberger Alm und lassen uns von den Wirten mit kulinarischen Genüssen verwöhnen. Insgesamt »sparen« wir uns dadurch anstrengende 500 Höhenmeter.

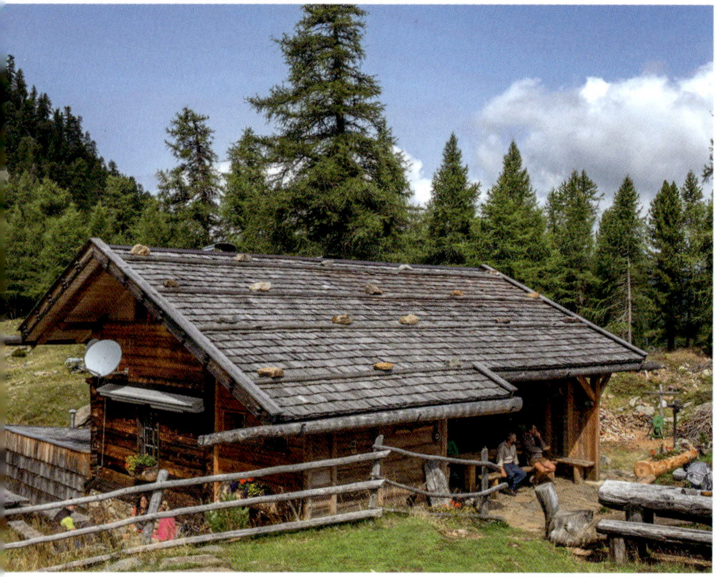

überqueren den Forstweg. Schon taucht der Steig wieder in den Wald hinein. Durch diesen mühen wir uns nun schweißtreibend und steil hinauf bis zur schön gelegenen Zirmtalalm (2114 m) am Zirmtalsee. Der idyllische See ist wunderbar klar und lädt zum Baden ein. Aber Vorsicht, das Wasser ist unglaublich kalt. Eine ausgiebige Rast auf der herrlich gelegenen Alm lässt genug Zeit, die Schönheit der Natur zu bewundern. Schließlich machen wir uns an den Weiterweg.

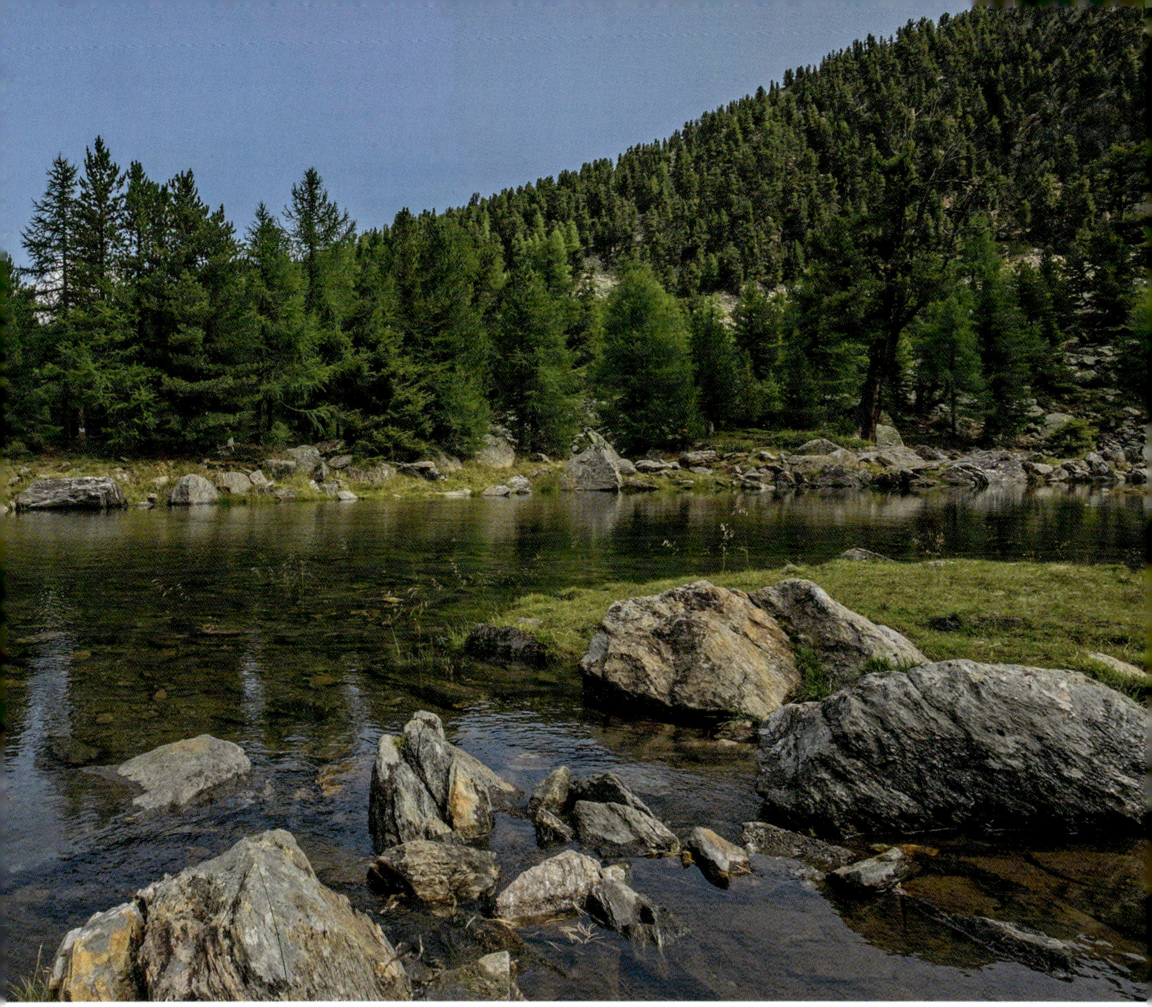

Der Zirmtalsee

Linke Seite oben: Am Weg ins Zirmtal

Linke Seite unten: Die gemütliche Zirmtalalm

Ende der Almenrunde Wir wandern nun auf dem bekannten Weg zurück zur Marzoner Alm. Von hier könnten wir nun auf dem bekannten Forstweg zurück zur Freiberger Säge absteigen. Viel schöner ist es aber, auf dem Almenweg noch eine kleine Rundtour zu unternehmen. Ziemlich eben verläuft der Weg durch den Wald, bis wir zu einer Wegkreuzung oberhalb der Freiberger Säge gelangen. Hier ginge es links zur Latschiniger Alm. Der Almenweg zieht allerdings geradeaus weiter. Auf diesem wandern wir zur Latschiniger Jägerhütte und weiter zur Freiberger Alm (1674 m), die herrlich auf einer freien Wiesenfläche liegt.

Nach der Einkehr in der Alm spazieren wir auf einem Steig direkt hinunter zur Fahrstraße und auf dieser letztlich zurück Richtung Freiberger Säge. Auf der Forststraße wenden wir uns nach rechts und erreichen nach ein paar Minuten wieder den Parkplatz.

9 Am Sonnenberger Panoramaweg

Nomen est omen – Sonne satt!

leicht | 7 km | 350 Hm | 2.45 Std.

Tourencharakter
Eine leichte Bergwanderung im steten Auf und Ab auf gut beschilderten Wanderwegen und Pfaden. Viel Sonne – unbedingt etwas zum Trinken mitnehmen. Etwas trittsicher muss man sein. Die Rückfahrt ab Naturns erfolgt mit dem Bus.

Ausgangspunkt
Talstation Texelbahn Partschins

Endpunkt
Busbahnhof Naturns

GPS-Daten
46.679354, 11.064343 (Ausgangspunkt)

Anfahrt
Auto: Partschins liegt am Beginn des Vinschgaus, an der B 38 etwas westlich von Meran. Die Talstation der Texelbahn am Ortsrand Richtung Rabland ist ausgeschildert. Bahn und Bus: Die Texelbahn ist mit dem Bus erreichbar, man kann aber auch bis Rabland mit der Vinschger Bahn fahren und von dort mit ca. 20 Minuten Fußweg zum Startplatz laufen.

Einkehr
Weinberghof. Im Ort Naturns viele Möglichkeiten

Karte
Kompasskarte Nr. 56, Meran und Umgebung

Information
IDM Südtirol, www.merano-suedtirol.it

Die nach Süden ausgerichteten Berghänge der Texelgruppe sind von frühmorgens bis spätabends der Sonne ausgesetzt. Ein Traum für sonnenhungrige Wanderer, aber auch ein extremer Lebensraum für Flora und Fauna, der sich diesem speziellen Mikroklima anpassen muss. Zwischen Partschins und Naturns wandern wir deshalb aussichtsreich auf dem Sonnenberger Panoramaweg.

Über den Rablander Waalweg Wir starten an der Talstation der Texelbahn und wandern zunächst auf der Zielstraße ein Stück Richtung Ortsmitte von Partschins. Am Sportplatz biegen wir rechts in einen Weg ein und verlassen ihn dann vor dem kleinen Bach nach links. Der Sonnenberger Panoramaweg ist ausgeschildert. Kurz vor der kleinen historischen Seilbahn, die früher einmal Gäste hinauf zum Gasthaus Giggelberg transportierte,

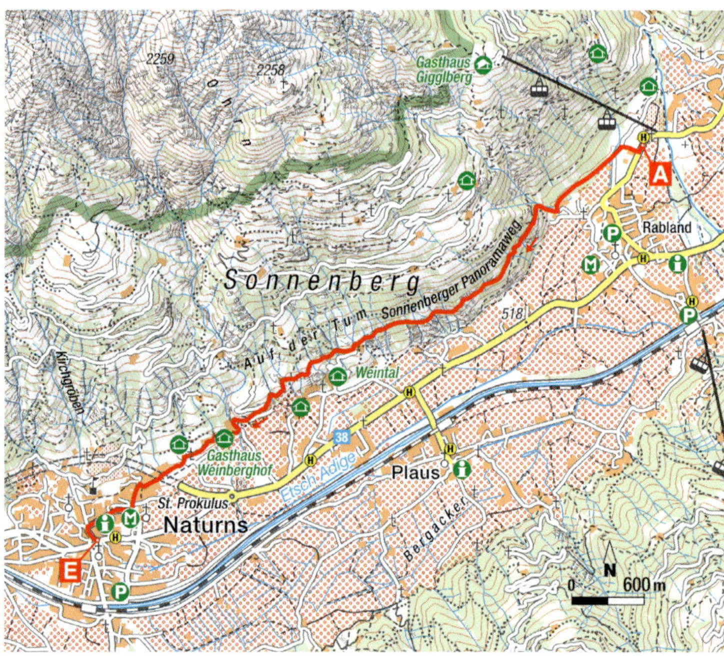

halten wir uns rechts und wandern über ein Brücklein auf den Rablander Waalweg. Das plätschernde Wasser begleitet uns nun in den Wald hinein, eine Waalschelle schlägt gleichmäßig ihren Takt dazu. Viel zu schnell ist der wunderschöne Waalweg zu Ende und schon lotst uns das Wanderschild »Panoramaweg« nach rechts. Jetzt steigt der Weg deutlich an. Steil geht es im Zickzack bergauf. Schon hier merken wir, wie ausgetrocknet die Erde ist. Krüppelige Steineichen, Robinien, Wachholderbüsche und knorrige Kiefern bedecken die Berghänge oder besser gesagt: kämpfen durchaus erfolgreich ums Überleben in der trockenen Gegend. Nach gerade einmal 10 Minuten haben wir es geschafft. Nun beginnt nach links der eigentliche Sonnenberger Panoramaweg.

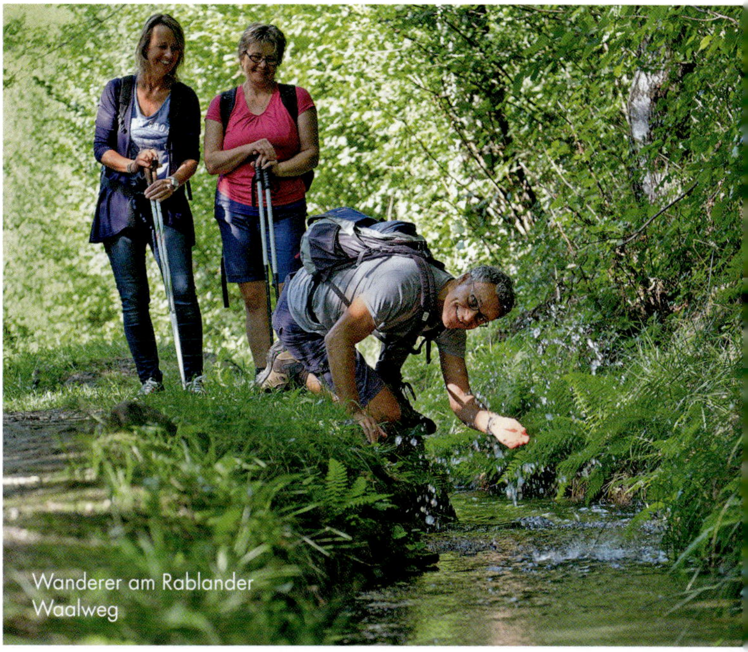

Wanderer am Rablander Waalweg

Atemberaubende Aussicht

Ohne großen Höhenverlust, aber doch mit einigem Auf und Ab geht es nun nach Westen. Immer wieder öffnen sich Ausblicke, die uns atemberaubend schön das breite Vinschgauer Tal zeigen. In Reih und Glied säumen Apfelplantagen die Etsch, die als schnurgerades silbernes Band ihren Lauf durch das Vinschgau diktiert bekommen hat. Auf der anderen Seite stehen die Hänge am Nödersberg im Schatten. Der

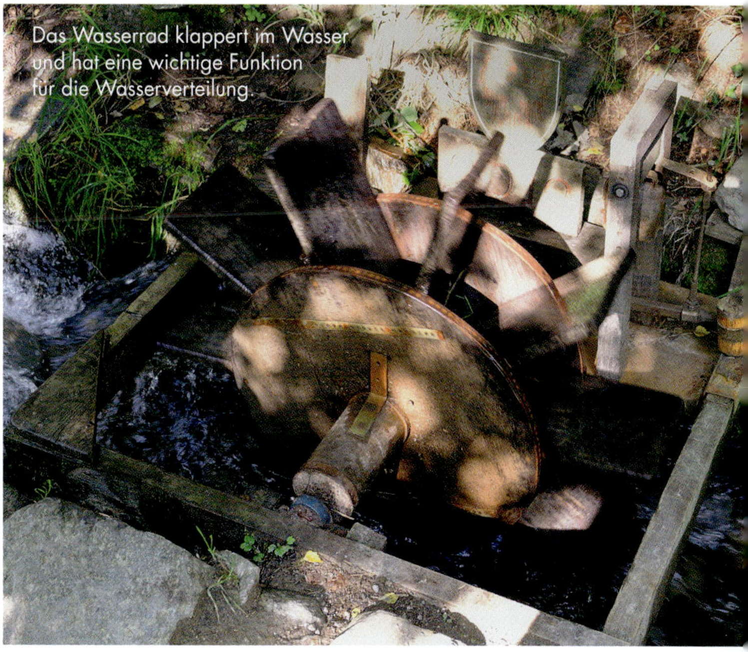

Das Wasserrad klappert im Wasser und hat eine wichtige Funktion für die Wasserverteilung.

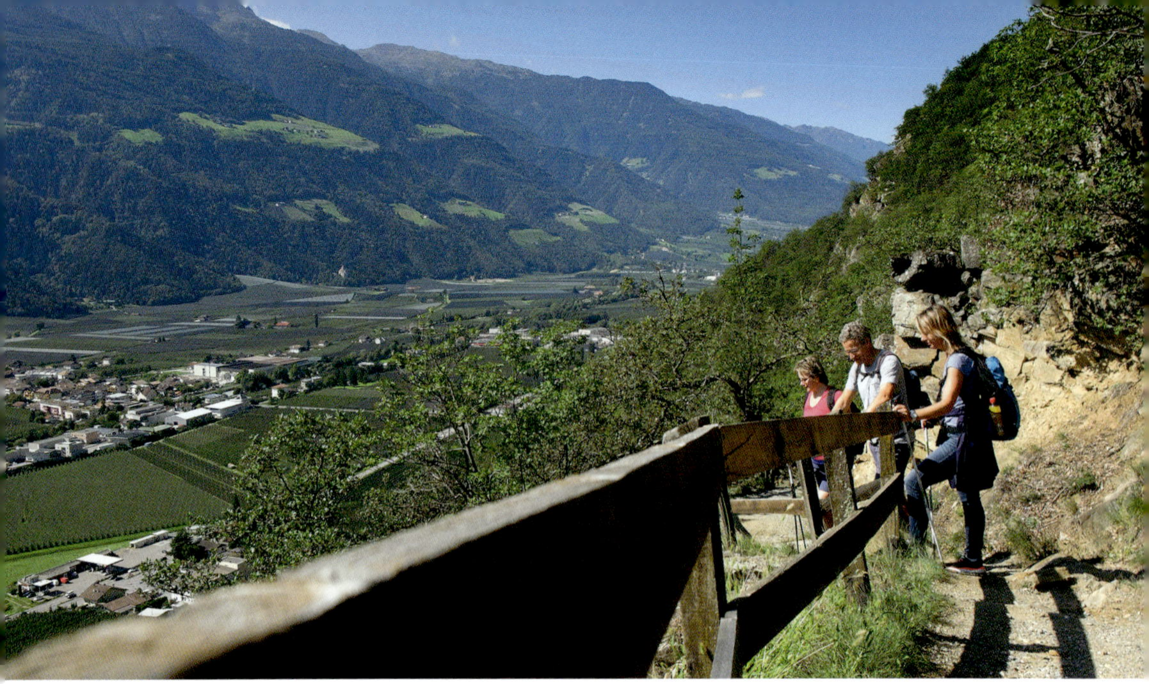

Kritische Stellen sind vorbildlich gesichert und erlauben weite Ausblicke auf das Vinschgau.

Panoramaweg macht nun seinem Namen alle Ehre. An manchen Stellen fällt der Hang steil ab, er ist aber stets vorbildlich gesichert. Vorbei an einigen Blockhalden steigen wir dann ganz langsam abwärts und erreichen dann unweit des Pardelhofs die ersten Apfelplantagen. Noch sind wir aber ein gutes Stück über der Talsohle und da wollen wir auch bleiben. Deshalb biegen wir nach dem Pardelhof auch wieder rechts auf den Wanderweg ein, der uns weiter auf halber Höhe am Hang zum nächsten Bauernhof Pignol bringt. Wenn wir Glück haben, steht auf seiner Terrasse ein Karton mit Apfelsaft zur Selbstbedienung. Eine sehr erfrischende Abwechslung.

Naturwunder

Der Sonnenberg erstreckt sich von Mals im oberen Vinschgau bis nach Partschins und wird nur von wenigen Seitentälern, wie dem Schnalstal, unterbrochen. Die Berghänge sind gänzlich nach Süden ausgerichtet. Je nach Jahreszeit sind Temperaturunterschiede von 50 Grad zwischen Tag und Nacht keine Seltenheit. Zudem fällt im Vinschgau gerade einmal so viel Regen wie in Sizilien. Unter diesen extremen Bedingungen muss sich die Natur anpassen. So gedeihen hier Pflanzen, die man normalerweise nur im zentralasiatischen oder mediterranen Raum vorfindet. Dabei wechselt sich die pflanzliche Vielfalt auf nur wenigen Metern ab. Direkt der flirrenden Sonne ausgesetzt, kämpfen Trockenrasen und Steppengewächse um das Überleben, während an einer feuchteren Stelle Feigenbäumchen gedeihen. Diese unterschiedliche Flora sorgt für faszinierende Lebensräume in der Tierwelt. Nicht nur Schmetterlinge fühlen sich hier wohl. Typisch sind auch die Smaragd- und Mauereidechse oder die Äskulapnatter.

Naturnser Sehenswürdigkeiten

Nach dem Hof geht es weiter abwärts. Wir passieren die restaurierte Runster Mühle und

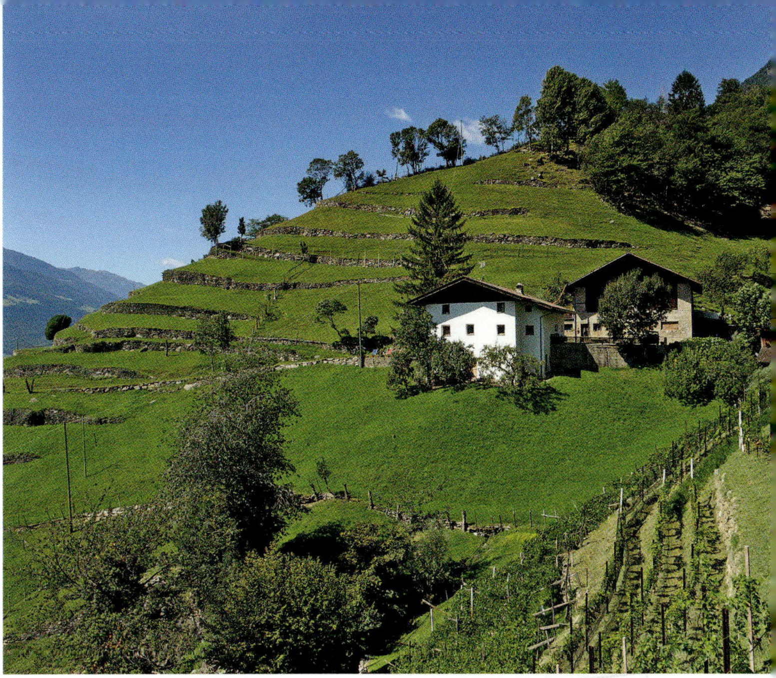

biegen ein Stück später rechts über den Lahnbach. So erreichen wir das Gasthaus Weinberghof, das sich für eine Rast perfekt eignet. Auf der Terrasse sitzen wir einer Aussichtsloge gleich über Naturns und können uns die Speckknödel nebst dem hauseigenen Roten schmecken lassen. So gestärkt und erheitert ist das letzte Stück ein Kinderspiel. Weiter in westlicher Richtung ist Naturns schon ausgeschildert. Eine kleine Straße queren wir – dass wir kurz darauf oberhalb des Naturnser Straßentunnels wandern, merken wir gar nicht. Dann erreichen wir die ersten Häuser.

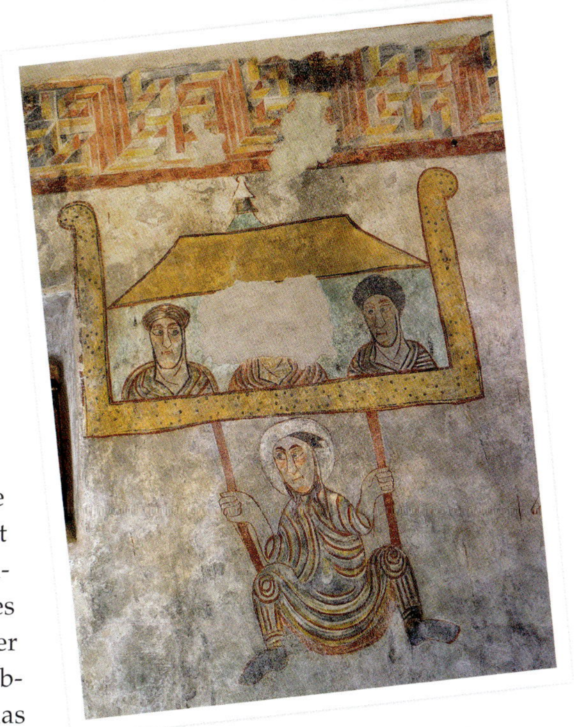

Bevor wir in die Ortsmitte und damit zum Busbahnhof gehen, wollen wir noch das kleine Kirchlein St. Prokulus besuchen. Es liegt in der St.-Prokulusstraße etwas außerhalb des Dorfs und gehört zu den großen kunsthistorischen Sehenswürdigkeiten von Südtirol. Die Kirche stammt aus dem 7. Jahrhundert und beherbergt Fresken aus dem frühen Mittelalter. Berühmt ist das Bild des Heiligen Prokulus, auf dem er bei seiner Flucht aus Verona über die Stadtmauer abgeseilt wurde. Er sitzt auf einem Brett, das wie eine Schaukel von zwei Seilen gehalten wird. Wer Zeit hat, kann natürlich auch noch das dazugehörige Museum besuchen. Danach folgen wir einfach der Feldgasse und biegen dann links in die Rathausstraße ein. Sie bringt uns in die Ortsmitte, der Busbahnhof für die Rückfahrt nach Partschins liegt in der Hauptstraße.

Ganz oben: Alte Bergbauernhöfe liegen verstreut am Weg.

Oben: »Der schaukelnde Heilige« wird das Fresko des Hl. Prokulus in der gleichnamigen Kirche bei Naturns genannt.

10 Von Hochmuth zur Leiteralm

Eindrucksvoll im Meraner Land

km Hm

mittel | 9,8 km | 280/950 Hm | 4 Std.

Tourencharakter
Schmale Steige, die gut ausgebaut, aber teilweise versichert sind

Ausgangspunkt
Bergstation Hochmuthbahn (1400 m)

Endpunkt
Dorf Tirol, Talstation Hochmuthbahn (596 m)

GPS-Daten
46.702287, 11.131549 (Ausgangspunkt)
46.696524, 11.152803 (Endpunkt)

Anfahrt
Auto: Über die Brennerautobahn nach Bozen und weiter über Meran zum Dorf Tirol
Bahn und Bus: Mit dem Zug über Bozen nach Meran und weiter mit dem Bus zum Dorf Tirol

Einkehr
Leiteralm, www.leiteralm.com, Bergstation Hochmuth, Jausenstation Weißgütl, Gasthaus Schneeweisshof, www.schneeweisshof.com

Karte
Tabacco Wanderkarte 1:25 000, Blatt 011, Meran und Umgebung

Information
Tourismusverein Dorf Tirol, www.dorf-tirol.it

Von der Bergstation Hochmuth über dem Dorf Tirol wandern wir auf dem eindrucksvollen Hans-Frieden-Felsenweg bis zur gemütlichen Leiteralm. Nach einer wunderbaren Einkehr geht es hinunter nach Vellau und weiter ins Dorf Tirol. Der erste Abschnitt ist identisch mit dem berühmten Meraner Höhenweg.

Eindrucksvoller Felsenweg Vom Dorf Tirol schweben wir mit der Seilbahn in kürzester Zeit entspannt zur Bergstation Hochmuth (1400 m). Von hier steigen wir steil hinauf zum Gasthof Steinegg, wo der Hans-Frieden-Felsenweg beginnt. Dieser ist teilweise eindrucksvoll in den Fels gesprengt. Der Name geht auf einen von der Landschaft begeisterten Meraner Kurgast zurück, der in den 1920er-Jahren Geld für die Erbauung des Wegs spendete.

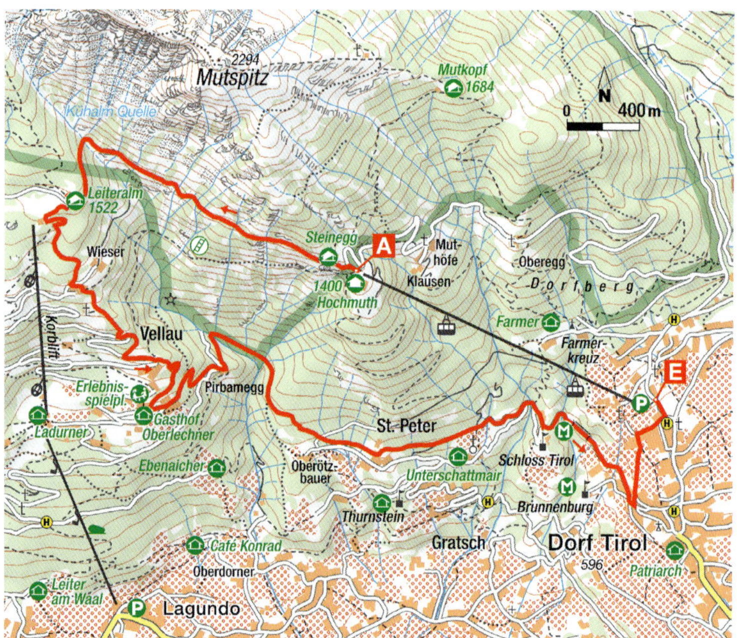

Der Höhenweg ist sehr aussichtsreich. Wir blicken auf das Etschtal, Meran und, wenn wir uns umdrehen, bis zu den Dolomiten.
Bald schon enden die Sicherungen, und wir betreten den Wald. Der Steig führt leicht abwärts zu einer eindrucksvollen Bachschlucht, die wir überqueren. Nun ist es nicht mehr weit bis zur schön gelegenen Leiteralm (1522 m). Hier gönnen wir uns eine Pause auf der herrlichen Terrasse und genießen neben der Aussicht köstliche Südtiroler Spezialitäten.

Nach Tirol An der Leiteralm endet auch der kühne Korblift. Wer möchte, kann den nächsten Abschnitt nach Vellau mit dem Lift abkürzen. Ansonsten wandern wir auf dem Weg Nr. 25 nach Vellau. Dabei treffen wir mehrmals auf eine Straße, die wir abkürzen. In Vellau gehen wir nach Osten und folgen dem Weg Nr. 26. Durch den Wald wandern wir in Richtung St. Peter. Wir gelangen zur Jausenstation Weißgütl und weiter zum Gasthaus Schneeweisshof. Hier besteht zum Abschluss noch einmal die Möglichkeit zur Einkehr.
Vom Hof passieren wir die Burg Tirol und spazieren hinunter ins Dorf Tirol. Im Ort gehen wir nach links zur Talstation der Seilbahn.

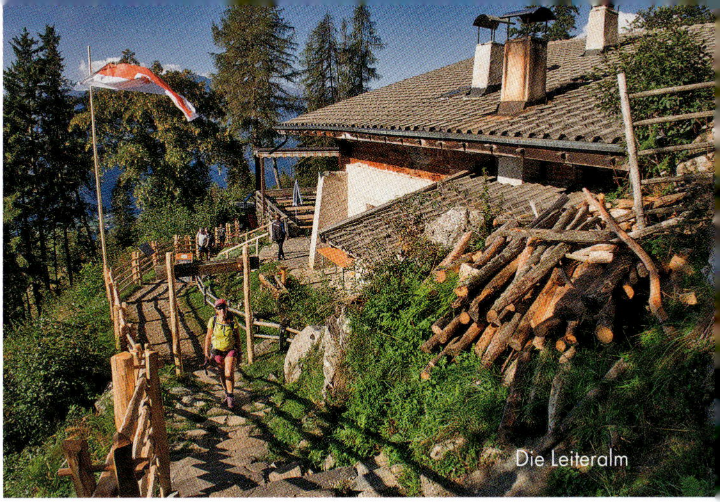
Die Leiteralm

Algunder Waalweg

Vom Dorf Tirol können wir auf dem schönen Algunder Waalweg nach Algund und wieder zurückwandern. Dabei können wir auch einen Abstecher zur Burg Tirol unternehmen. Waale sind Bewässerungssysteme, um die Hänge mit ihren Obstbäumen in Südtirol zu bewässern. Die daneben verlaufenden Waalwege wurden zur Wartung der Waale angelegt. Sie sind heute beliebte, einfache Wanderziele.

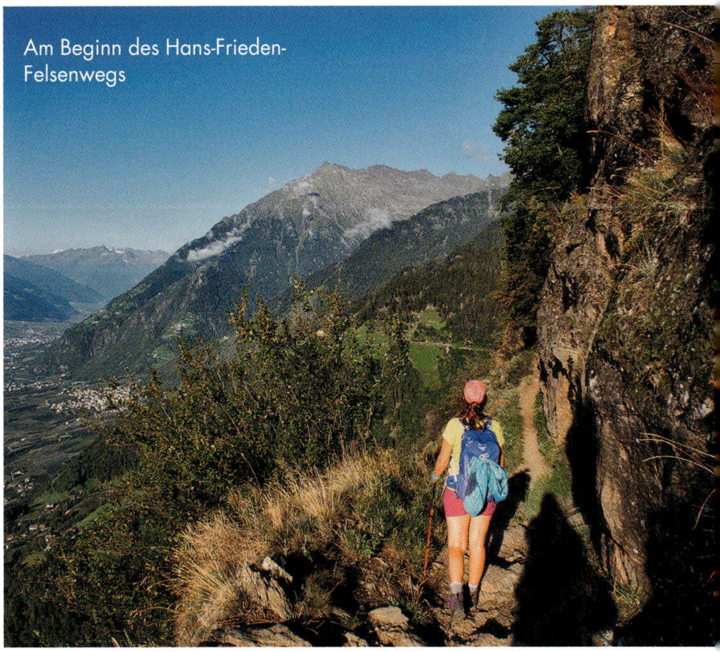
Am Beginn des Hans-Frieden-Felsenwegs

11 Zum St.-Vigilius-Kirchlein

Am Glaubensweg

leicht | 4,5 km | 200 Hm | 2 Std

Tourencharakter
Eine kurze Rundtour, die wir mithilfe der Vigiljochbahn wandermuffelgerecht abkürzen

Ausgangs-/Endpunkt
Vigiljochbahn Lana

GPS-Daten
46.620451, 11.140096

Anfahrt
Auto: Lana liegt etwas südlich von Meran, die Vigiljochbahn ist ausgeschildert. Auf- und Abfahrt bis zum vigilius mountain resort, von dort führt ein Sessellift weiter aufwärts, wobei wir ihn in dieser Wanderung dann nur für die Abfahrt nützen.
Bahn und Bus: Mit dem Zug nach Meran, weiter mit dem Bus nach Lana

Einkehr
Berggasthof Seespitz, Gasthaus Jocher, vigilius mountain resort

Karte
Kompasskarte Nr. 56, Meran und Umgebung

Information
IDM Südtirol, www.merano-suedtirol.it

Rechte Seite unten: Das uralte St.-Vigilius-Kirchlein auf dem Joch ist nicht nur eine Wegmarke, sondern hat vor allem kulturelle Bedeutung.

Als Burggrafenamt wird die Gegend um Meran bezeichnet, das einstige Land der Grafen von Tirol. Das Vinschgau ist das Tal westlich von Meran, das von Partschins hinauf zum Reschenpass verläuft. Eine Bergflanke schiebt sich dabei zwischen beide Gebiete, an deren Spitze der Larchbühel und das Vigiljoch liegen und die wir auf einem schönen Glaubensweg erkunden können.

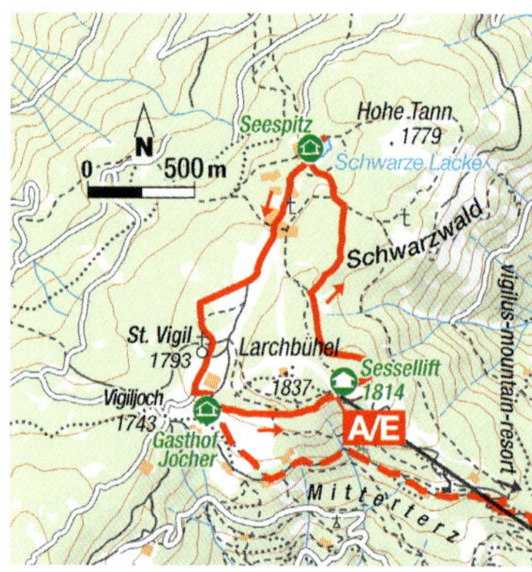

Glücklich durch die Vigiljochbahn Leichter geht es kaum. In wenigen Minuten bringt uns die Vigiljochbahn ohne jede körperliche Anstrengung auf den Berg. Mit ihrer Hilfe ersparen wir uns über 1000 Höhenmeter Aufstieg und damit mehr als drei Stunden Plagerei. Aber das ist noch nicht alles. Wir sind nämlich erst an der Mittelstation. Das bedeutet für uns aussteigen, frische Bergluft atmen und dann die wenigen Meter aufwärtssteigen, um gleich in den nächsten Lift, diesmal einen Sessellift, zu hüpfen. Auf das hübsche und luxuriöse Hotel vigilius mountain resort werfen wir dabei nur einen kurzen Blick und merken es uns für die Unterbrechung bei der Abfahrt vor. Denn vorerst genießen wir weiterhin die angenehm faule Auffahrt mit der Bahn.

Los geht's An der Bergstation angekommen verführen die schönen Sonnenliegen neben dem Gebäude gleich zum Bleiben. Aber ganz so leicht wollen wir es uns dann doch nicht machen. Deshalb folgen wir an der Wiese rechts haltend der Beschilderung auf den Wanderweg Nr. 8 in den Wald hinein, der zur schönen Aussicht ausgeschildert ist. Die große Aussichtsterrasse, die wir bald darauf erreichen, ist Teil des Glaubenswegs am Vigiljoch. Angesichts des großartigen Panoramas auf das Burggrafenamt fühlt man sich lebendig, großartig

Ein Teil des Wegs verläuft über die Stationen des Glaubenswegs.

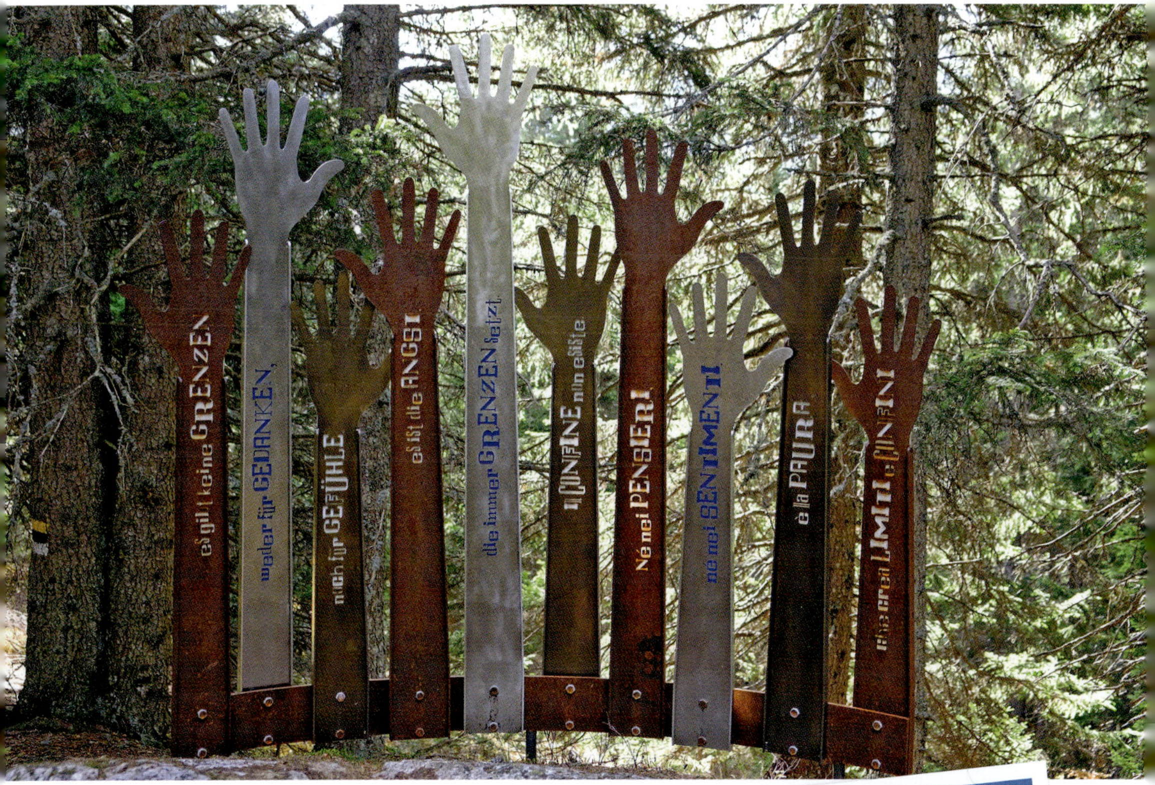

und gleichzeitig klein. Nachdem wir uns sattgesehen haben, geht es weiter, und wir wandern vorbei an den Stationen Freiheit und Entscheidung. Von dort ist es nicht mehr weit zur Schwarzen Lacke, einem kleinen Bergsee. Mit Blick über das Wasser können wir im Gasthof Seespitz einkehren, bevor wir uns auf den Weg zum St.-Vigilius-Kirchlein machen.

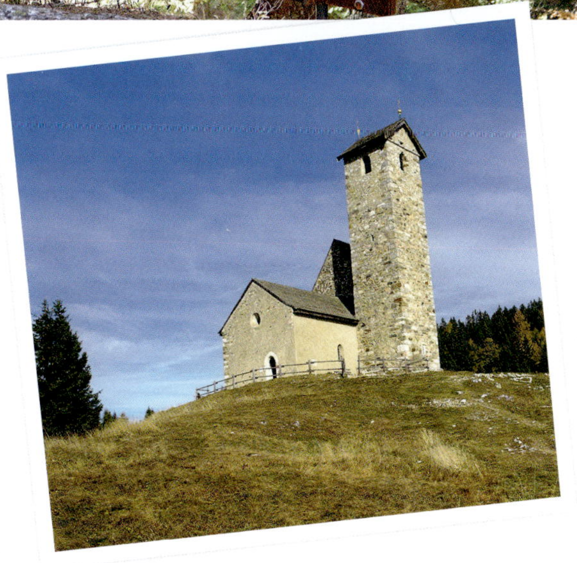

Zur St.-Vigilius-Kirche Nach der Pause folgen wir dem Wanderweg 9, der uns nun in südliche Richtung führt. Über herrliche Almwiesen geht es an zwei Stationen zum Thema Glauben und Werte vorbei leicht bergauf. Schließlich erreichen wir die kleine St.-Vigilius-Kirche am Vigiljoch. Sie thront völlig allein auf einem Hügel, wobei es auf den Almwiesen rundum

Das Gasthaus Jocher liegt schon fast am Ende unserer Tour.

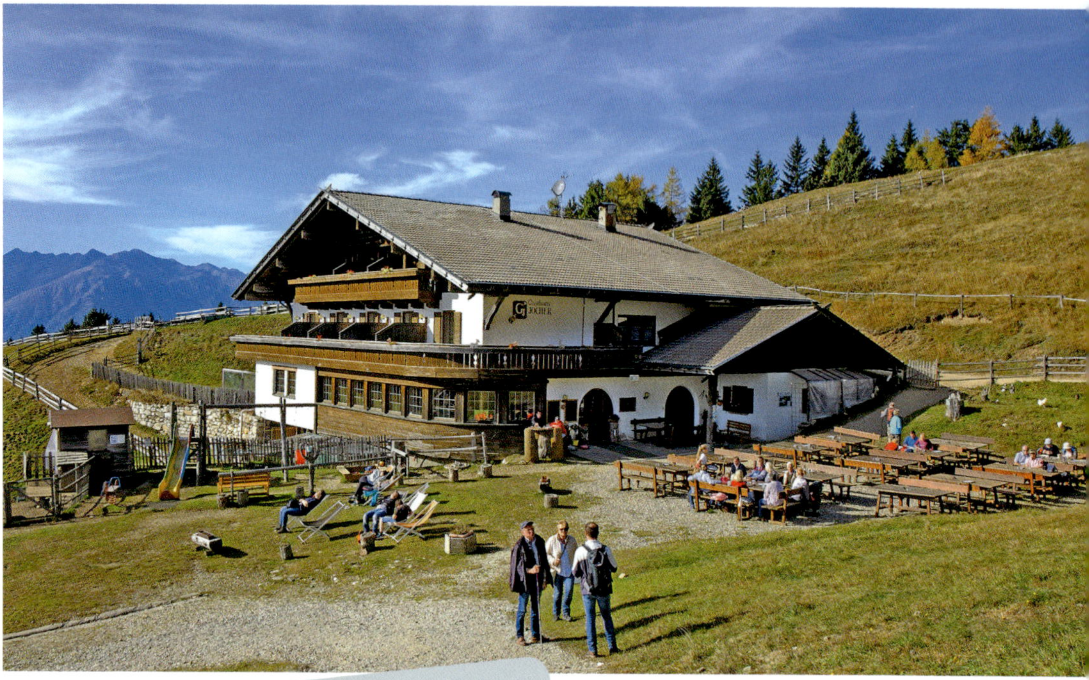

Wandermuffeltipp

Wer möchte, kann auch ab der Mittelstation zu Fuß aufsteigen. Die knapp 400 Höhenmeter lassen sich über den Weg Nr. 7 ab dem vigilius mountain resort leicht schaffen. Der Weg gilt als Panoramaweg und bringt uns direkt zur Schwarzen Lacke, wo die Tour dann wie beschrieben weitergehen kann (zusätzlich 1 Std., 380 Hm).

nicht wirklich einsam ist. Das kleine Gotteshaus ist Ziel vieler Wanderer. In seinem Inneren entdecken wir noch gotische Architekturelemente und Fresken aus dem 14. Jahrhundert. Man vermutet, dass das Kirchlein auf einer vorchristlichen Kultstätte errichtet wurde. Das Vigiljoch selbst liegt etwas tiefer und bildet den Übergang zwischen dem unteren Vinschgau, dem Burggrafenamt und dem Beginn des Ultentals. Feuersteinfunde und Schalensteine bezeugen, dass das Vigiljoch schon in der Steinzeit als Weg benutzt wurde. Der etwas höher gelegene Hügel, auf dem heute das Kirchlein steht, war natürlich auch damals schon eine markante Landmarke.

Abstieg Nach der Besichtigung der Kirche steigen wir die wenigen Meter zum Gasthaus Jocher hinunter, wo wir ebenfalls einkehren können. Danach müssen wir uns entscheiden. Wer noch über Kraft und Kondition verfügt, der folgt dem Wanderweg 34, der sich durch lichten Lärchenwald bald unterhalb des Lifts bis zum Hotel vigilius mountain resort hinunterschlängelt. Dafür müssen wir ca. 45 Minuten zusätzlich einplanen. Wer lieber knieschonend unterwegs ist, folgt der Beschilderung zur Sesselliftbergstation auf dem Wanderweg 4. Dort werden wir noch einmal mit einem herrlichen Dolomitenblick verwöhnt, bevor wir dann gemütlich abwärtsschweben. Egal wie, beide Wege enden am vigilius mountain resort, wo wir zu guter Letzt – denn alle guten Dinge sind drei – ein letztes Mal einkehren können. In der Ida Stube des Luxushotels ist man auch als Wanderer ein gern gesehener Gast.

Aber auch im vigilius mountain resort dürfen wir als Wanderer einkehren. Die Holzbänke vor der Stube Ida sind gemütlich und alles schmeckt ausgezeichnet.

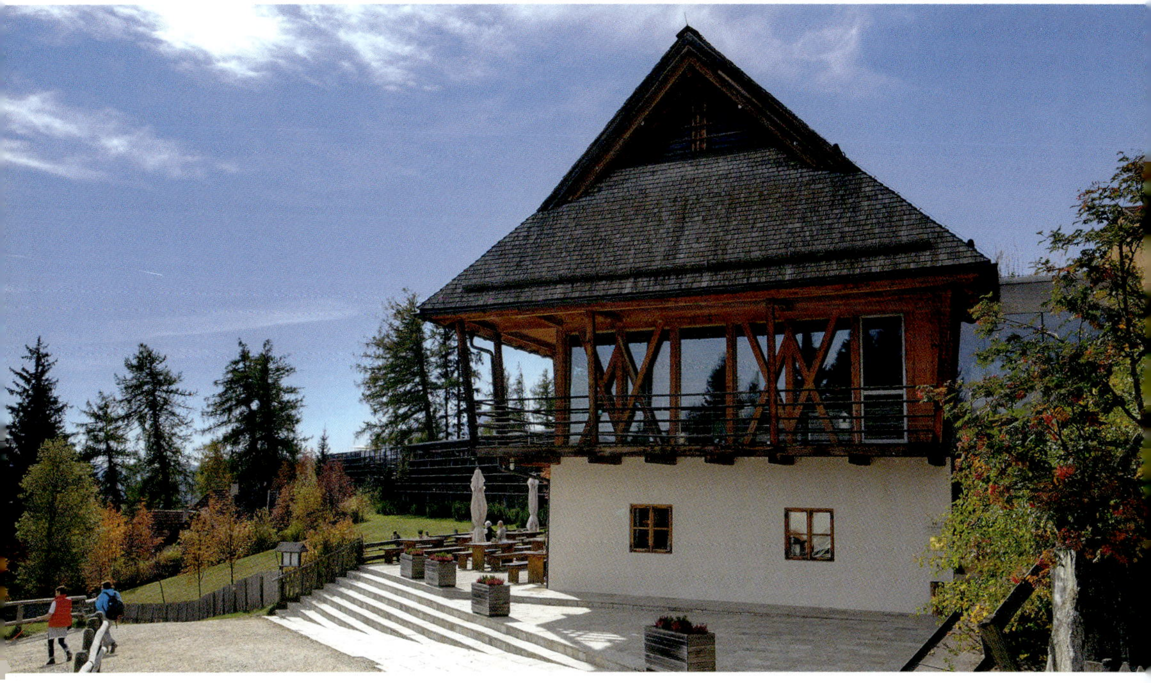

Kulturtipp

In Lana, dem Ausgangsort unserer Wanderung, steht in der Pfarrkirche Mariä Himmelfahrt der weltberühmte Schnatterpeckaltar, eine der größten kunsthistorischen Sehenswürdigkeiten von Südtirol.

12 Die Stoanernen Mandln

Ein Hauch von Mystik

leicht | 6,8 km | 400 Hm | 3 Std.

Tourencharakter
Gute, einfache Wanderwege ohne größere Probleme

Ausgangs-/Endpunkt
Parkplatz an der Sarner Skihütte (1618 m)

GPS-Daten
46.651200, 11.320595

Anfahrt
Auto: Nach Bozen und weiter ins Sarntal bis nach Sarntheim. Von der Kirche auf gut ausgebauter Bergstraße über Rungg bis zur Sarner Skihütte
Bahn und Bus: Mit dem Zug nach Bozen und mit dem Bus ins Sarntal. Weiter mit dem Wanderbus zur Sarner Skihütte

Einkehr
Sarner Skihütte, www.sarner-skihuette.com; Auener Alm

Karte
Tabacco Wanderkarte 1:25 000, Blatt 040, Sarntaler Alpen

Information
Tourismusverein Sarntal, www.sarntal.com

Am Gipfelplateau des Schönecks stehen über 100 »Stoamandln«. Die Wanderung von der Sarner Skihütte ist eher gemütlich und bringt uns an der bewirtschafteten Auener Alm vorbei. Oben vom Gipfelplateau genießen wir eine wunderbare Aussicht.

Der Zustieg Vom Parkplatz an der Sarner Skihütte wandern wir auf dem Fahrweg (Markierung Nr. 2) in westlicher Richtung bis zu einem Bach. Hier biegen wir nach links ab und steigen auf dem steileren Weg hinauf zur Auener Alm (1798 m). Nach einer Verschnaufpause gehen wir durch das Almtal weiter. Wir erreichen freies Gelände und wandern hinauf zum Auener Joch. An der aufgestellten Bank können wir etwas ausrasten. Hier biegen wir nach links ab und folgen dem Wanderweg Nr. 23 hinauf zum Gipfelplateau des Schönecks mit den Stoanernen Mandln (2001 m). Neben

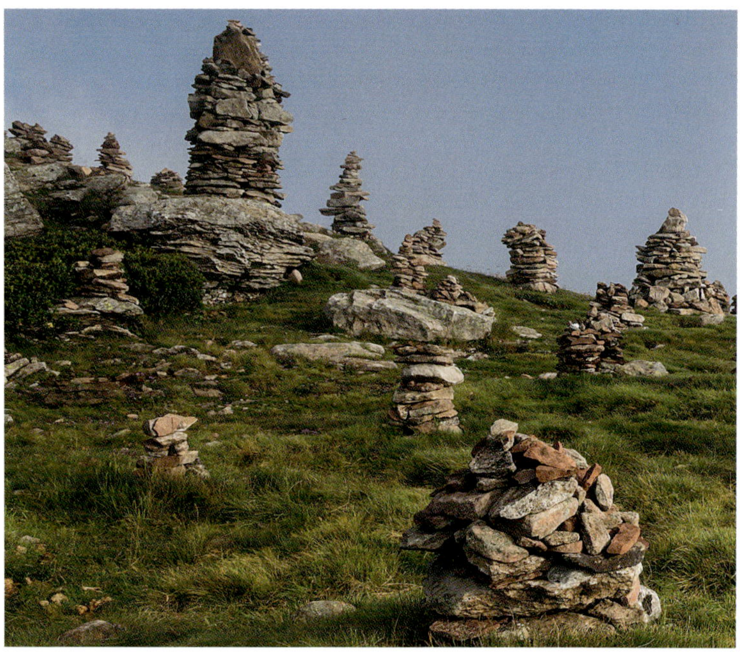

Unzählige Stoanerne Mandln verzieren den Gipfel.

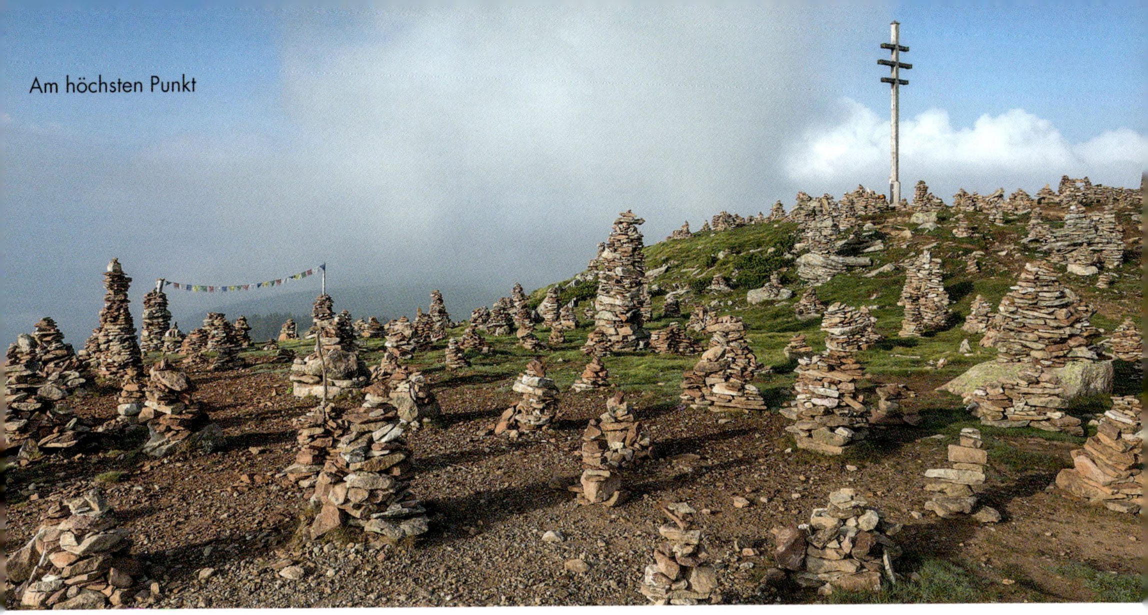

Am höchsten Punkt

den vielen Steinskulpturen ziert auch ein riesiges Gipfelkreuz das Gipfelplateau.

Zum Parkplatz Der Rückweg zur Sarner Skihütte erfolgt am Anstiegsweg über die Auener Alm. Hier können wir einkehren und anschließend auf dem bekannten Weg zurück zum Parkplatz wandern. Alternativ können wir von der Auener Alm auch die Fahrstraße nehmen und den etwas steileren Karrenweg auslassen. Die Straße ist allerdings gut einen Kilometer länger.

Stoanerne Mandln Ziel dieser Wanderung ist die Ansammlung von über 100 Steinmännern auf dem Gipfel des Schönecks. Gemäß alter Gerichtsprotokolle sollen zwischen den Stoanernen Mandln Hexentänze und Teufelsfeiern veranstaltet worden sein. Funde von Felsgravuren und Werkzeugen stützen die Theorie, dass sogar die Kelten den Ort schon genutzt haben. Man spürt regelrecht etwas von dem mystischen Zauber, den dieser Ort ausstrahlt. Aber auch die Aussicht ist wirklich wunderschön. Die Wanderung ist verhältnismäßig kurz und einfach und dementsprechend beliebt.

Möltner Kaser

Südlich der Stoanernen Mandln liegt der Möltner Kaser. Wer will, kann noch zur Almhütte hinuntergehen und in einem Bogen westlich unter den Mandln wieder zurück zum Auener Joch wandern. Am bekannten Weg spazieren wir dann wieder zurück zur Sarner Skihütte.

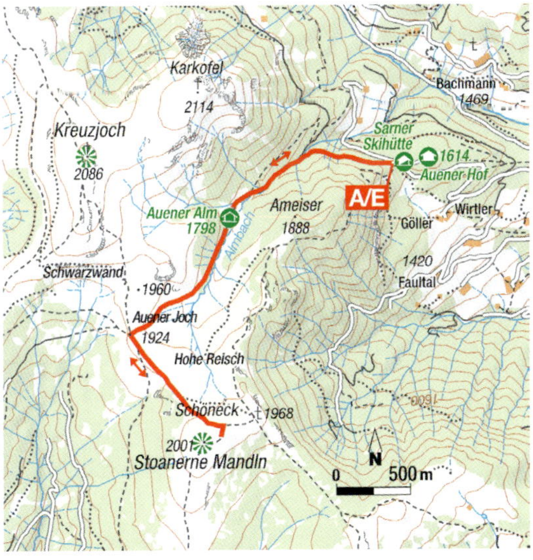

13 Von Terlan zur Ruine Neuhaus

Die Wohnung der Maultasch

leicht | 3,6 km | 250 Hm | 2.00 Std

Tourencharakter
Eine kurze sonnige Wanderung, überwiegend auf Pfaden und kleinen Wanderwegen. Besonders schön Anfang Frühling, denn die Wege sind schnell schneefrei.

Ausgangs-/Endpunkt
Pfarrkirche Terlan

GPS-Daten
46.529531, 11.248609

Anfahrt
Auto: Brennerautobahn A 22, Ausfahrt Bozen Süd. Weiter auf der SS 38 und SP 11 nach Terlan. Auer. Großer Parkplatz am Ortseingang
Bahn und Bus: Mit dem Zug nach Bozen, weiter mit der Regiobahn nach Terlan

Einkehr
Unterwegs keine. Terlan: Trattoria Oberhauser, Pizzeria Ecker. Zur Törggelenzeit hat das Weingut Gasthaus Hochbrunner geöffnet.

Karte
Kompasskarte Nr. 56, Meran und Umgebung

Information
Tourismusverein Terlan, www.terlan.info

Gleich sind wir auf dem Gipfel des Zwiesel.

Herzogin Margarethe Maultasch (1318–1369) war eine der schillerndsten Persönlichkeiten der Tiroler Geschichte. Auf dieser Wanderung besuchen wir die Ruine Neuhaus, auch Ruine Maultasch genannt, den liebsten Wohnsitz der Herzogin.

Margarethe Maultasch Über die Herzogin gibt es viel Geschichten und Legenden. Klar ist, dass sie für die damalige Zeit, für das hohe Mittelalter, eine starke emanzipierte Frau war. Sie bestimmte nicht nur über ihren Titel und ihre Besitztümer, sondern auch über ihre Ehemänner. Ihren ersten Ehemann, mit dem sie nicht sehr zufrieden war, setzte sie vor die Türe. Erst mit ihrem zweiten Mann, Ludwig den Brandenburger, den sie sich selbst aussuchte, war sie glücklich. Solch ein Verhalten war damals völlig ungewöhnlich. Und als es nach ihrem Tod Streit um ihr Erbe gab, wurde über die Herzogin negativ gesprochen. Angeblich war sie ein Ausbund an Hässlichkeit. Ihr schiefer, stets offener Mund wäre weit nach unten gehangen. Zumindest behaupteten das die Verlierer des Erbstreits, die Wittelsbacher und die Luxemburger. Um die Geschichte zu vervollständigen, ihr Erbe ging an die Habsburger, deshalb gehörte Tirol und damit auch Südtirol zumindest bis 1919 zum Haus Österreich.

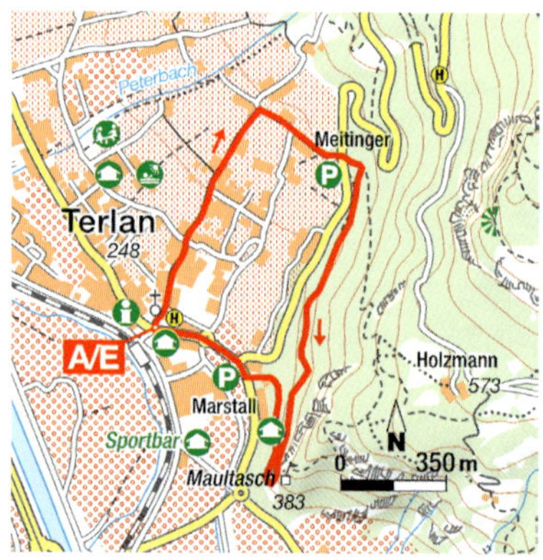

Es gibt aber auch eine zweite Erklärung für ihren Namen Maultasch. Die Herzogin hielt sich gerne in der Burg Neuhaus auf. Unterhalb von Neuhaus war eine Zollstation, mit der die Straße von Bozen nach Meran kontrolliert wurde. Diese wurde ursprünglich *mala tasca* (Mausefalle) genannt und daraus wurde in der Umgangssprache »Maultasch«. Der Name ging auf die Burg über und man kann sich zumindest vorstellen, dass Margarethe wegen ihrer Vorliebe für diese Burg daher ihren Namen erhalten hatte. Nach ihrem Tod verfiel die Burg zur Ruine, deren Reste in den Besitz der Südtiroler Linie der Grafen Enzenberg übergingen.

Unten: Terlan liegt im Etschtal unter der Tschaufenhöhe.

Ganz unten: Der Eingang zur Burgruine Neuhaus, die auch Maultasch genannt wird

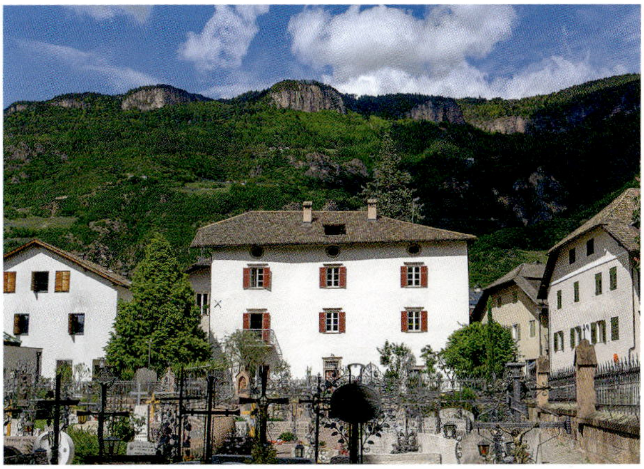

Margarethenpromenade Wir starten an der Pfarrkirche von Terlan und wandern auf der Kirchgasse Richtung Norden. Langsam steigt die Straße an, die Häuser werden weniger und wir wandern durch erste Weinfelder, bis sich die Straße teilt. Hier biegen wir rechts in den Margarethenweg ein und folgen der gelben Wander-

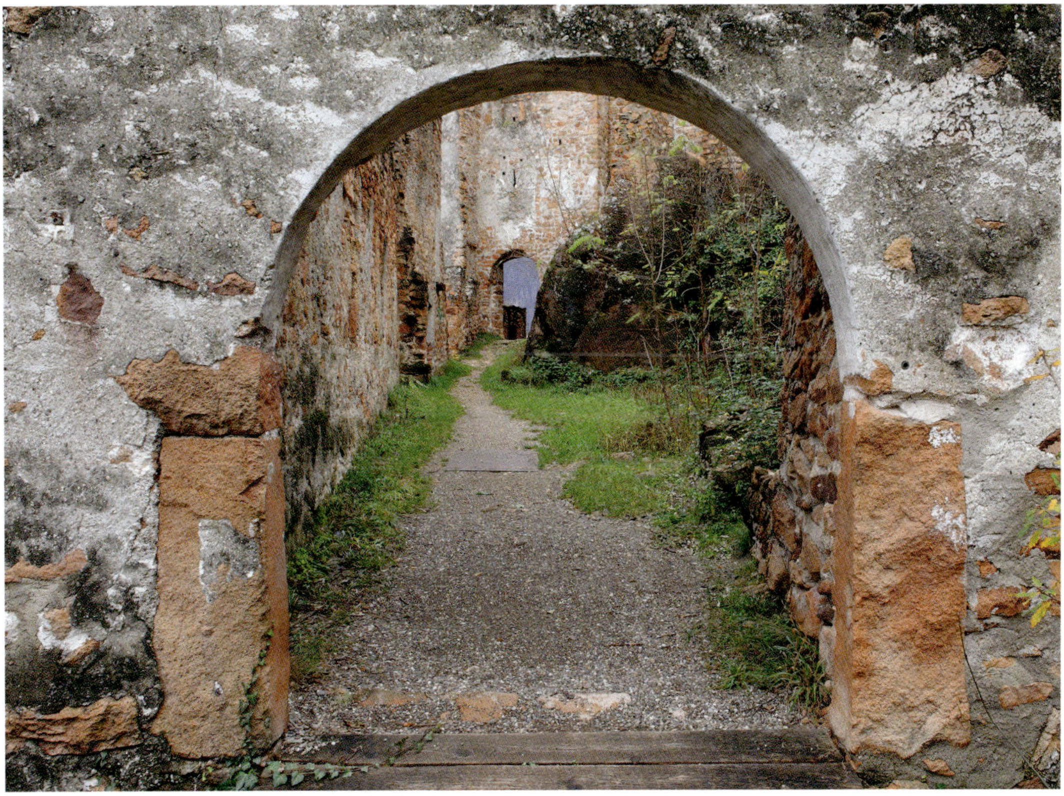

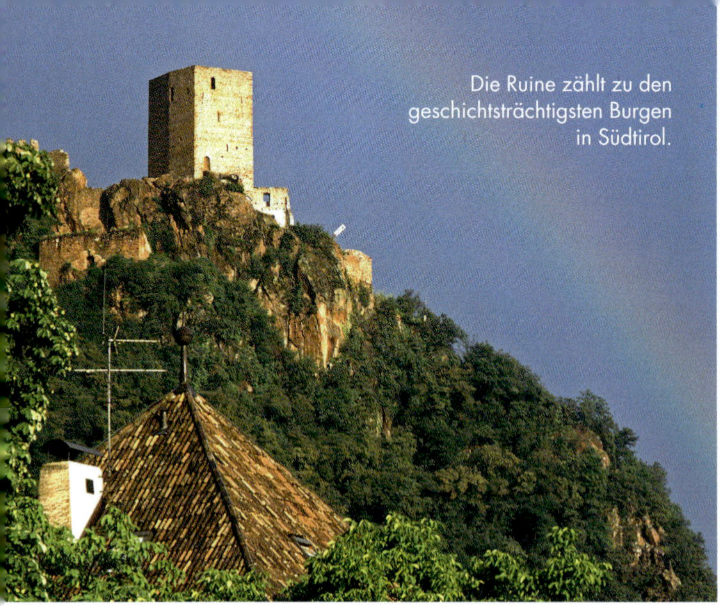

Die Ruine zählt zu den geschichtsträchtigsten Burgen in Südtirol.

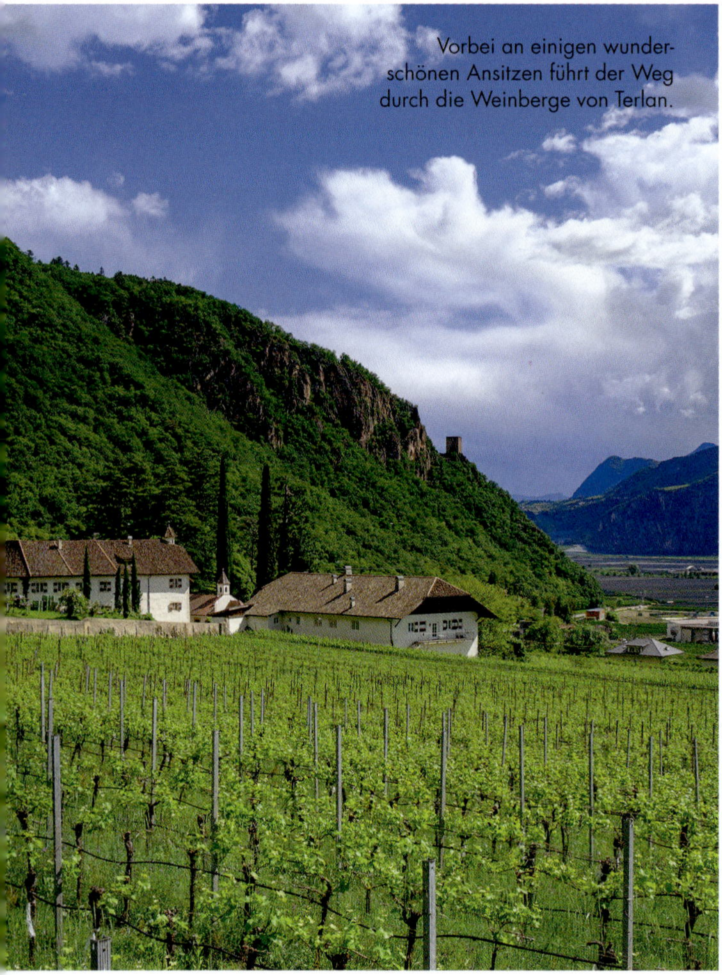

Vorbei an einigen wunderschönen Ansitzen führt der Weg durch die Weinberge von Terlan.

beschilderung. Vorbei am Hochbrunnerhof wird der Weg schmäler und wir erreichen die Straße, die nach Mölten hinaufführt. Wir queren sie und sind wieder auf einem Wanderweg, der sich nach wenigen Schritten teilt. Wir halten uns rechts und sind nun auf der Margarethenpromenade. Sie führt gemütlich und fast eben durch den Wald. Von rechts stößt schließlich ein weiterer Wanderweg zu uns, diesen werden wir anschließend für den Rückweg benützen.

Ruine Maultasch Nun steigt der Weg steiler an, wir umrunden die Hangkante und nähern uns der Ruine, die wir schließlich über einen verfallenen Halsgraben betreten. Durch das östliche Burgtor kommt man in die Vorburg, eine zweite Vorburg sollte zusammen mit einem zinnenbewehrten Eckturm einen Angriff von der Bergseite her erschweren. Deutlich sind in den Außenmauern noch die Balkenlöcher sichtbar, die früher den Wehrgang trugen. Solche vorgelagerten Burgteile waren im 14. Jahrhundert modernste Wehrtechnik. Das Tor zur Hauptburg ist eingebrochen. Die Kernburg wird vom mächtigen Bergfried dominiert.
Grandios ist die Aussicht von der Ruine über das Etschtal auf

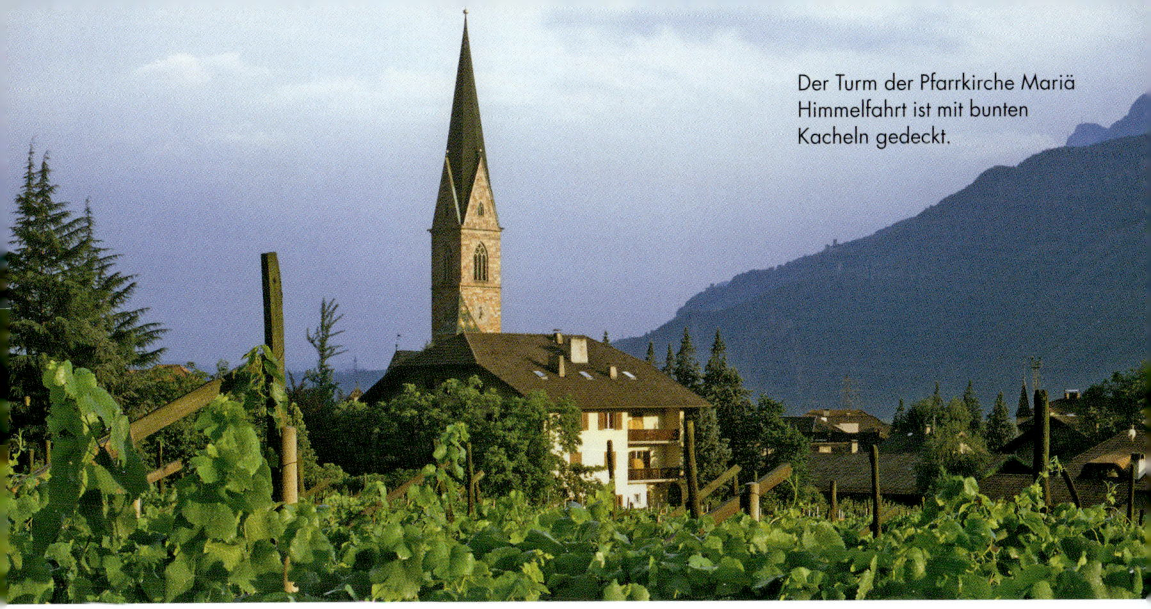

Der Turm der Pfarrkirche Mariä Himmelfahrt ist mit bunten Kacheln gedeckt.

die Hochebene von Kaltern. Jetzt erst wird einem die bedeutende strategische Lage der Burg bewusst. Schräg gegenüber auf der anderen Talseite steht die Ruine Hocheppan (Tour 14), deren Bau wohl der Anlass für die Errichtung von Neuhaus gewesen ist. Unten im Tal reihen sich unzählige Apfelhaine. Im Frühjahr zur Blütezeit ein herrlich weißes Meer.

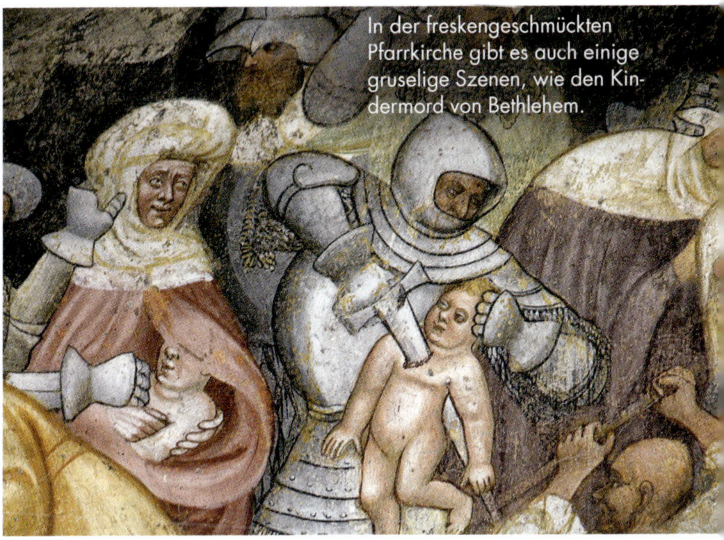

In der freskengeschmückten Pfarrkirche gibt es auch einige gruselige Szenen, wie den Kindermord von Bethlehem.

Knackig und steil Nach der Besichtigung der Ruine wandern wir zunächst auf dem Anstiegsweg zurück und nehmen dann die Abzweigung nach links. Nun geht es steil bergab, aber kurz bevor die Knie schlottern, haben wir es geschafft und treten im Tal am ehemaligen Hochseilgarten wieder in die Sonne. Jetzt müssen wir nur noch der Dorfstraße nach rechts folgen und sind zurück in der Terlaner Ortsmitte.

Wissenswertes

Die Pfarrkirche Mariä Himmelfahrt von Terlan ist innen weitgehend mit gotischen Fresken bemalt. Ein großer Zyklus zeigt sehr anschaulich das Leben Mariens von der Verkündigung bis zur Szene des zwölfjährigen Jesus im Tempel. Solche Bilder sollten den Gläubigen die Geschichten der Bibel und die Lehren der Kirche anschaulich machen, denn lesen konnten nur die wenigsten.

14 Eppaner Burgenrunde

Drei auf einen Schlag

mittel | 9,5 km | 600 Hm | 3 Std.

Tourencharakter
Eine herrliche, eher leichte Rundtour zum Teil entlang der Straßen durch den Ort und dann über ansteigende Wanderwege hinauf zur Burg. Nur der Übergang von Hocheppan zur Burg Boymont verläuft auf einem schmalen, stellenweise steilen Steig. Die abfallenden Stellen sind durchwegs gesichert und spannend zu gehen.

Ausgangs-/Endpunkt
St. Pauls, Pfarrkirche St. Pauls

GPS-Daten
46.472201, 11.261134

Anfahrt
Auto: Von der A22, der Brennerautobahn, Ausfahrt Bozen Süd, weiter auf die A38 Richtung Meran. Die erste Ausfahrt Eppan/Kaltern nehmen. Auf der SS42 Richtung Süden, dann rechts nach St. Pauls abbiegen. Am Ortsanfang großer Parkplatz am Friedhof
Bahn und Bus: Mit dem Zug nach Bozen und dem Bus nach St. Pauls bei Eppan, Haltestelle Dorf

Einkehr
Burg Hocheppan (Apr.–Nov., Mittwoch Ruhetag); Ruine Boymont (Montag Ruhetag)

Karte
Kompasskarte Nr. 74, Südtirols Süden

Information
Tourismusverein Eppan, www.eppan.com

Die Burg Hocheppan, eines unserer heutigen Ziele, wartet nicht nur mit kunsthistorischen Besonderheiten auf uns. Es ist gleichzeitig einer der schönsten Marendengärten Südtirols. Insgesamt besuchen wir heute drei Burgen und – nicht zu vergessen – den wunderbaren Kreuzstein, einen herrlichen Aussichtspunkt über St. Pauls.

Durch St. Pauls Wir starten an der Pfarrkirche St. Pauls, die durch ihren auffälligen Turm im ganzen Eppaner Gebiet leicht auszumachen ist. Dort queren wir die Piazza St. Pauls und wandern am Brunnen in die Via S. Justina hinein. Der Weg ist mit der »Nr. 12/Hocheppan« ausgeschildert. Zunächst gewinnen wir entlang der Straße etwas an Höhe. Die St.-Justina-Straße wendet sich nach rechts, wir folgen ihr weiterhin und bewundern neben den alten Gebäuden auch einige sehr moderne neue Häuser. Schließlich biegen wir an einer Kreuzung nach rechts ab und folgen dem Weg Nr. 12 in Richtung Missian.

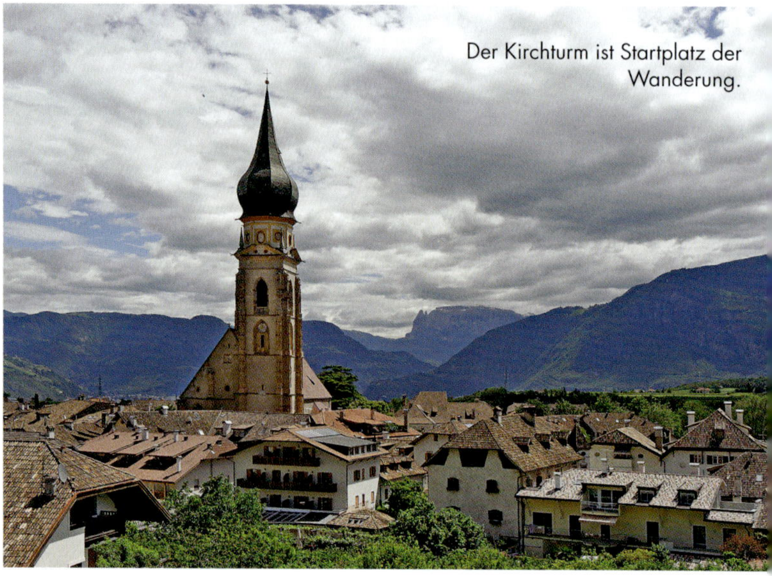

Der Kirchturm ist Startplatz der Wanderung.

Durch die Weinberge zur ersten Burg Jetzt verlassen wir die Bebauung und wandern fast eben und mit weiter Sicht auf das Etschtal und Bozen durch die Weinfelder. Direkt vor uns sehen wir am Berghang die Burgruine Boymont und rechts davon die Burg Hocheppan. Etwas tiefer gelegen entdecken wir auch den Turm von Schloss Korb, aber dafür haben wir noch ein gutes Stück Weg vor uns. Dazu folgen wir weiter dem Sträßchen, queren den Weißenbach und halten uns dann links. So passieren wir schließlich das zu einem Hotel umgebaute Schloss Korb, wobei wir ein kurzes Stück später die Abzweigung nach links ignorieren, die bereits nach Hocheppan/Boymont ausgeschildert ist. Ein von der Straße abgetrennter Fußweg bringt uns zum Unterbichlerhof, wo wir durch den Torbogen wandern und in den Schatten spendenden Wald kommen.

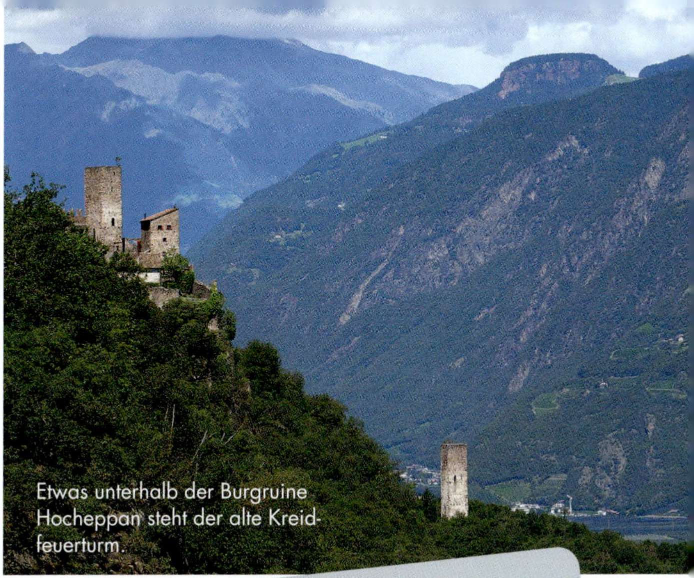

Etwas unterhalb der Burgruine Hocheppan steht der alte Kreidfeuerturm.

Wandermuffeltipp

Der schnellste Rückweg führt von der Ruine Boymont wieder die Forststraße hinunter. Nach den Höhlen halten wir uns geradeaus und wandern weiter auf dem Forstweg steil bergab. Unten angekommen erreichen wir durch ein Weinfeld den bekannten Hinweg und gelangen so schneller in die Ortsmitte nach St. Pauls zurück.

Die zweite Burg Gleich nach einem Wanderparkplatz steigt der Weg steil an. Wir passieren den frei stehenden Kreidfeuerturm, der als Signalturm bei drohender Gefahr die Bevölkerung alarmierte. Dahinter folgen wir der Linkskurve und haben nach weiteren 15 Minuten den Aufstieg geschafft. Über die Zugbrücke betreten wir die Burg Hocheppan, ein wahres Juwel unter den Südtiroler Burgen. Vor allem sollte man die Burgkapelle besichtigen, für die es in der Hochsaison Führungen gibt. Unabhängig vom kulturellen Wert

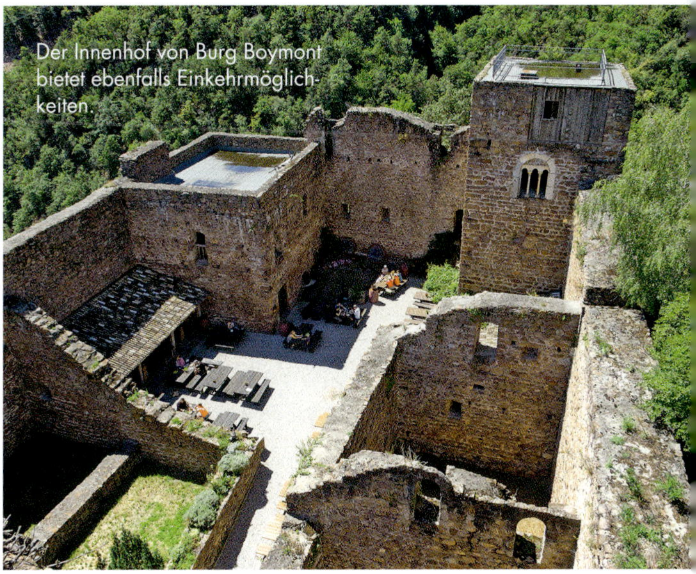

Der Innenhof von Burg Boymont bietet ebenfalls Einkehrmöglichkeiten.

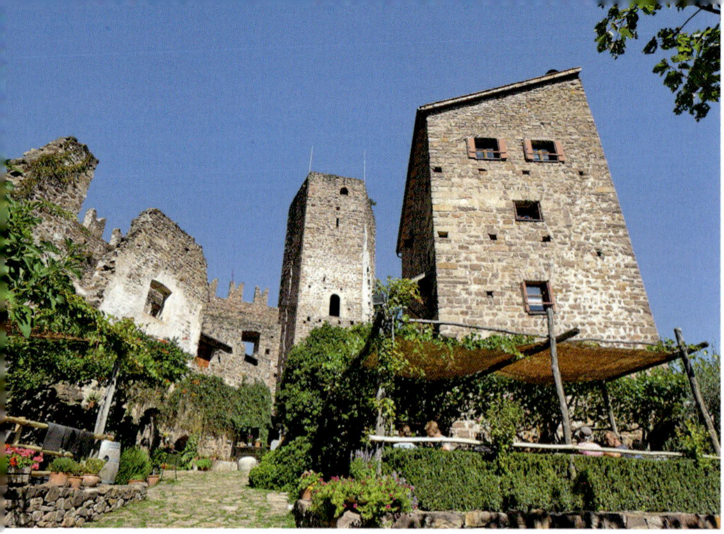

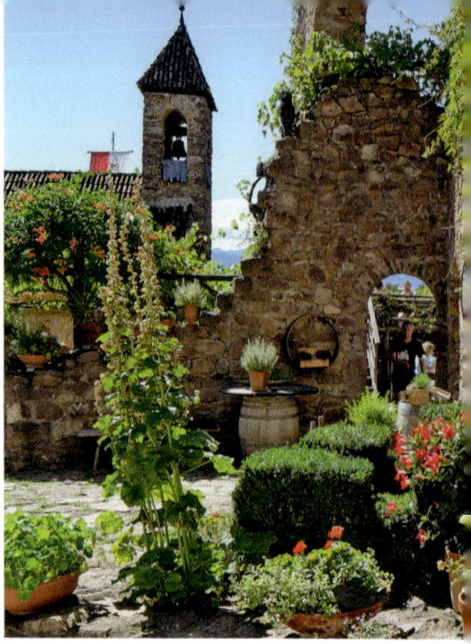

Kulturtipp

Äußerst sehenswert sind auf Hocheppan die bunten naiven Fresken in der frei stehenden Burgkapelle, die um 1200 entstanden sind. Beachtenswert sind vor allem die Details aus dem Bilderzyklus der Lebens- und Leidensgeschichte Jesu. In der Darstellung der Hochzeit zu Kanaan führt ein Mann genüsslich eine Wurst in den Mund. Im Bild der Geburt Christi verspeist eine Frau eindeutig einen Knödel. Dieses Fresko ist übrigens der früheste Beleg für Tiroler Knödel.

Hocheppans sind wir verliebt in die lauschigen Sitzplätze, die sich im großen Burghof und rund um die Burgkapelle verteilen. Überall stehen Kräuter- und Blumentöpfe auf den Tischen, von denen einige malerisch mit Weinlaub umrankt sind. Von den Mauern genießen wir eine herrliche Aussicht und die Burgschenke bietet beste Tiroler Küche mit wechselnden Gerichten. Äußerst fein sind die frisch zubereiteten süßen Strauben, die in Butterschmalz herausgebacken werden. So viele Kalorien müssen wieder abtrainiert werden. Deshalb verlassen wir Hocheppan und wenden uns am Ende des Burgzugangs nach links, bergab, der Beschilderung nach Boymont folgend.

Links: Viele lauschige Sitzplätze gibt es auf Hocheppan.

Rechts: In die Hocheppaner Burgkapelle sollten wir einen Blick werfen.

Nummer drei Der zu Beginn noch sonnige Steig führt zunächst an den Außenmauern von Hocheppan entlang, dann geht es steiler hinab in das Hocheppaner Tal, das einer kleinen Schlucht gleicht. Auf der anderen Seite müssen wir die Höhe wieder gewinnen und so steigen wir auf den Stufen einer engen Metalltreppe wieder nach oben. Dahinter führt der Weg weiter durch den herrlichen Mischwald zu einem größeren Forstweg. Dies ist der direkte Zugang zur Burg, wir folgen ihm nur noch nach rechts. Vorbei an einigen Felshöhlen erreichen wir nun schnell die Burgruine Boymont. Wer schon wieder Hunger hat, kann hier ebenfalls

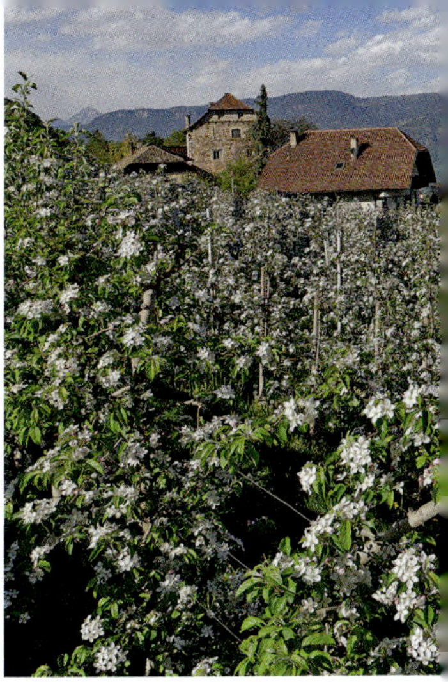

in der mittelalterlich gestylten Schänke einkehren. Lohnenswert ist definitiv die Besteigung des nördlichen Burgturms. Die Aussicht über das nördliche Etschtal und weit über Bozen hinaus ist wunderschön.

Auch am Rückweg dürfen wir uns über einige feudale Ansitze zwischen den Apfelhainen freuen.

Spannender Rückweg Nach der Besichtigung folgen wir hinter der Burgruine dem Weg Nr. 8A, er ist nach St. Pauls ausgeschildert. Wunderschön geht es im leichten Auf und Ab zunächst weiter durch den Mischwald. Dann stoßen wir auf einen größeren Weg, dem wir nach links, vorbei an den Häusern von Pramol, durch die Weinberge folgen. In die kleine Straße biegen wir ebenfalls links ein, sie bringt uns an einem Bildstock zu einem Staubecken, dem Putschwaner See. Auf seiner linken Uferseite geht es für uns weiter. Hinter dem See sind wir wieder im lichten Wald und flanieren, verwöhnt mit Panoramablicken ins Tal, zum Kreuzstein, einem wertvollen felsigen Biotop oberhalb von St. Pauls. Der Aussichtspunkt ist wunderschön und bietet sich für eine finale Rast an. Die markanten Felsen gepaart mit dem Trockenrasen sind eine Besonderheit. Im Sommer kann sich hier der Boden bis auf 60 Grad erhitzen. An diese extremen Bedingungen müssen sich die Pflanzen anpassen und so findet man einige Raritäten, wie den nach Zitronen duftenden Diphtam oder das Sonnenröschen. Aber auch die Smaragdeidechse oder die Gottesanbeterin lieben den Kreuzstein.

Abwärts nach St. Pauls Zurück ins Dorf steigen wir nun einfach durch das Biotop weiter auf unserem Weg Nr. 8A ab. Wir erreichen die Bergstraße. Leicht bergab, vorbei an den ersten malerischen alten Weingütern, biegen wir an dem kleinen Platz links in den Kreuzsteinweg. Wieder geht es mit schöner Aussicht durch die Weinberge. Wir steuern zunächst rechts haltend und dann links die kleine St.-Justina-Kirche an, die einsam zwischen den Weinreben steht. Unmittelbar vor der Kirche führt uns dann der Wanderweg Nr. 8A abwärts in östlicher Richtung und wir erreichen die St.-Justina-Straße unweit der Stelle, wo wir sie am Hinweg verlassen haben. Jetzt geht es auf gleichem Weg zurück in die Ortsmitte von St. Pauls.

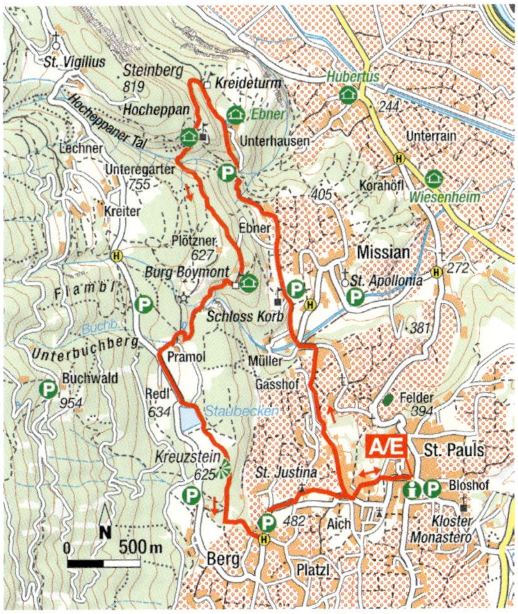

15 Zu den Eislöchern

Ein eiskaltes Wandervergnügen

leicht | 5,5 km | 200 Hm | 2 Std.

Tourencharakter
Eine kurze Rundtour, nur am Anfang mit einigen Höhenmetern Aufstieg zur Gleifkapelle

Ausgangs-/Endpunkt
Rathaus St. Michael/Eppan

GPS-Daten
46.455346, 11.258881

Anfahrt
Auto: St. Michael liegt südlich von Bozen an der Weinstraße. Parkplätze in der Ortsmitte sind rar und auf genau zwei Stunden begrenzt. Am besten auf dem Parkplatz P1 in der Bozener Straße gegenüber der Esso-Tankstelle parken.
Bahn und Bus: Mit dem Zug nach Bozen, weiter mit dem Bus nach St. Michael bei Eppan, Haltestelle Josefskirche. Von dort nur wenige Schritte auf der Bahnhofstraße in die Ortsmitte zum Rathaus

Einkehr
Café und Restaurant Stroblhof (Apr.–Ende Okt., Montag Ruhetag)

Karte
Kompasskarte Nr. 74, Südtirols Süden

Information
Tourismusverein Eppan, www.eppan.com

Aussichtsreich wandern wir im Eppaner Gemeindegebiet zwischen Weinstöcken zu den Eishöhlen, einem Naturphänomen, das durch einen Bergsturz entstand. Dieser bildete ein vertikales System von Hohlräumen zwischen den Felsen am Hang und der Senke an den Eislöchern. Die absinkende Luft kühlt sich dabei stark ab und tritt eiskalt aus Löchern am Boden wieder aus.

Über die Gleifkapelle Los geht es an der verkehrsberuhigten Kreuzung im Ort St. Michael vor dem Rathaus. Wir wählen die Kapuzinergasse, die uns in westlicher Richtung zunächst vorbei an der Kirche zur Raiffeisenhalle führt. Links davon beginnt der Aufstieg über den Kreuzweg, der zur Gleifkapelle beschil-

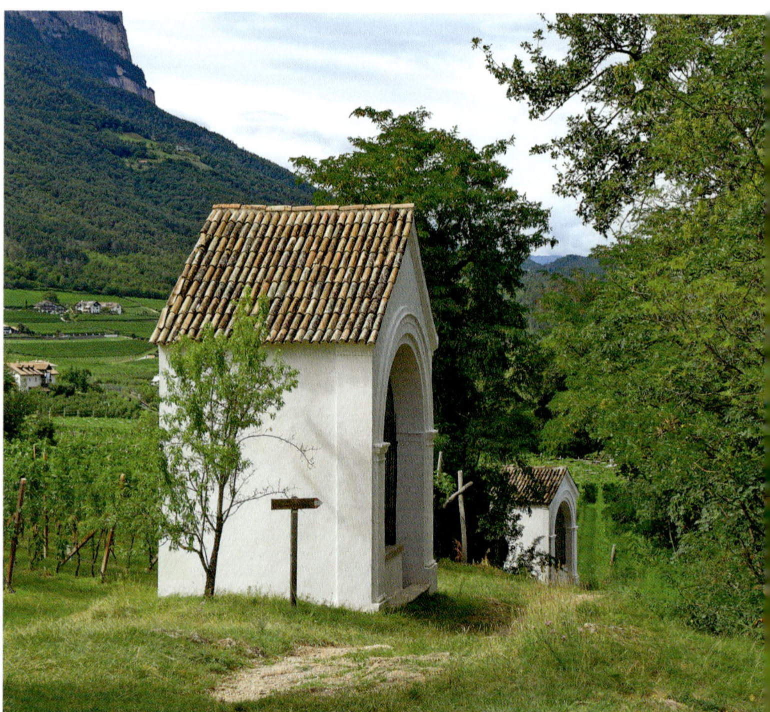

Kreuzweg zur Gleifkapelle

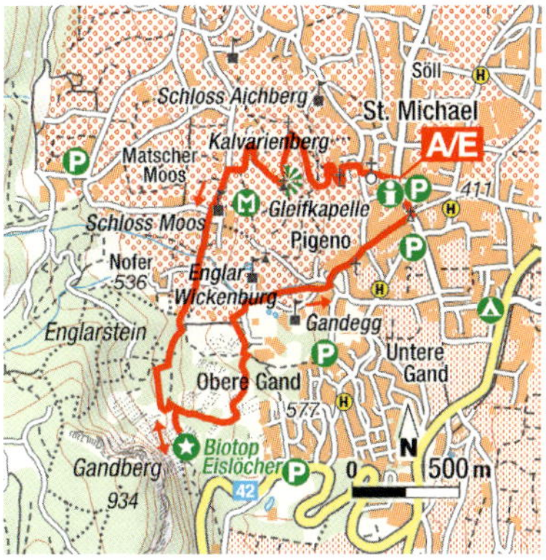

dert ist. Gleich kommen wir in den Wald und steigen in Kehren aufwärts. Schließlich biegt der Kreuzweg scharf nach links ab und führt uns zum weithin sichtbaren Kirchlein. Die kleine barocke Kalvarienbergkirche mit ihrem Doppelturm wacht über St. Michael und die Weinberge im Unteretschtal. Vor dem Gotteshaus genießen wir die schöne Aussicht und die praktische Ruhebank, die für uns Wandermuffel wie gerufen kommt.

Zu den Eislöchern Nach der kleinen Pause folgen wir hinter der Kirche dem Feldweg, der uns in einem Linksbogen zu einer kleinen geteerten Straße führt. Dieser folgen wir nun nach links und wandern fast eben zwischen den Weinstöcken und der Sicht auf den Mendelkamm nach Süden. So erreichen wir das

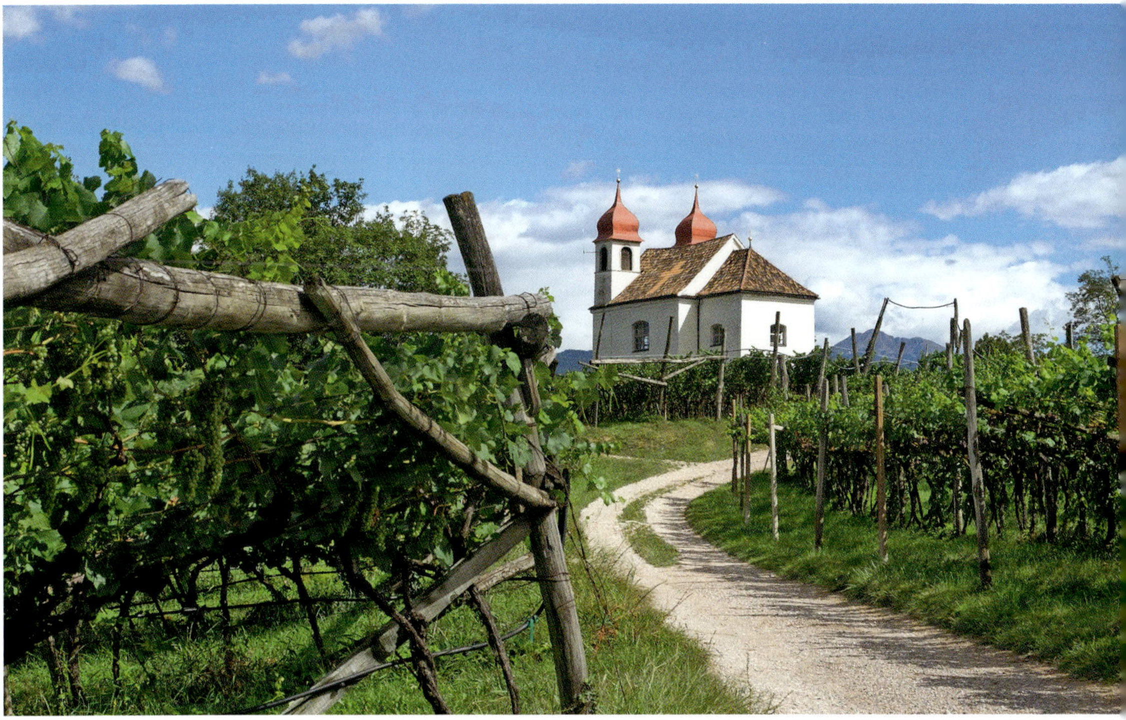

Die Gleifkapelle ist von Weinbergen umgeben.

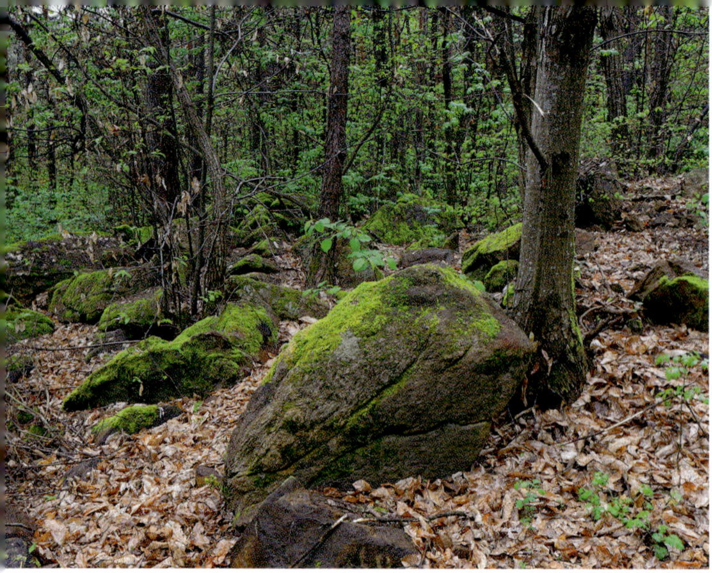

Wie in einem Zauberwald liegen bemooste Felsen rund um die Eislöcher.

Schloss Moos-Schulthaus und sein Museum. Dahinter folgen wir der Straße noch ein Stück und erreichen den Ortsteil Pigeno. Dort biegt die Straße nach links ab, wir jedoch bleiben geradeaus und folgen dem kleinen Pfad, der nun zu den Eislöchern als Nr. 15 ausgeschildert ist. Kurz darauf erreichen wir den Wald und nun geht es angenehm schattig weiter. Der Beschilderung links-rechts folgend, wandern wir malerisch zwischen großen und kleinen Felsen durch einen richtigen Zauberwald und erreichen schnell die Eislöcher, an denen wir uns sicherlich etwas abkühlen können.

Schlosswege Nach der Erkundung des eiskalten Biotops gehen wir ein kurzes Stück auf dem gleichen Weg zurück, den wir gekommen sind. Jetzt folgen wir rechts der Markierung zum Gasthof Stroblhof, der zum Glück wieder in der Sonne

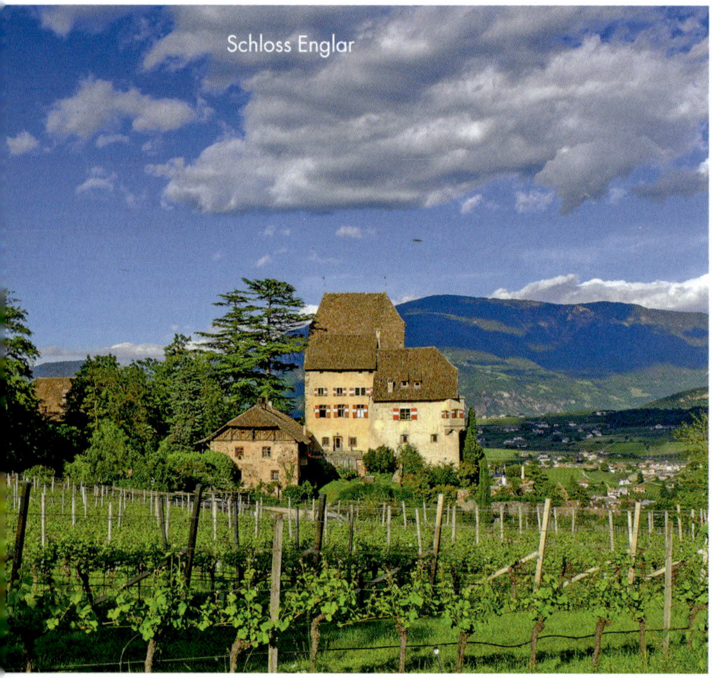

Schloss Englar

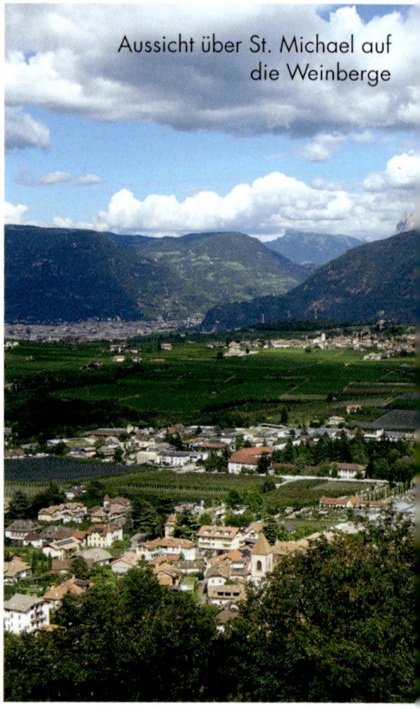

Aussicht über St. Michael auf die Weinberge

liegt und mit seiner schönen Terrasse zur Einkehr verführt. Durch den Torbogen am Stroblhof erreichen wir wieder die kleine geteerte Straße, der wir nun nach rechts folgen. Kaum lichten sich die Bäume, verlassen wir sie nach links auf den kleineren Wanderweg, der nun schon wieder nach St. Michael ausgeschildert ist. Jetzt wandern wir unterhalb von Schloss Englar durch die Obstwiesen. Wir erhaschen einen Blick auf Schloss Gandegg und erreichen entlang des Furglauer Bachs erneut den malerischen Ortsteil Pigeno mit seinen vielen Weingütern und kleinen Ansitzen. Links haltend kommen wir, der Beschilderung Nr. 540 folgend, auf den St.-Anna-Weg. Dort bald erneut links in den Fuß- und Radweg gelangen wir schnell zur Eis- und Raiffeisenhalle zurück. Nun sind es nur noch wenige Meter und wir stehen wieder in der Ortsmitte von St. Michael.

Kulturtipp

Im Schloss Moos-Schulthaus gibt es das Museum für mittelalterliche Wohnkultur. Der Gebäudekomplex, bestehend aus dem Schloss und einem Ansitz, geht auf das 14. Jahrhundert zurück. Zu besichtigen sind, neben einer mittelalterlichen Küche und einer gotischen Stube, reizvolle Fresken eines spätmittelalterlichen »Tom und Jerry«-Comics. Im dargestellten »Katzen-und-Mäuse-Krieg« gehen ebenfalls die kleinen Mäuse als Sieger hervor.

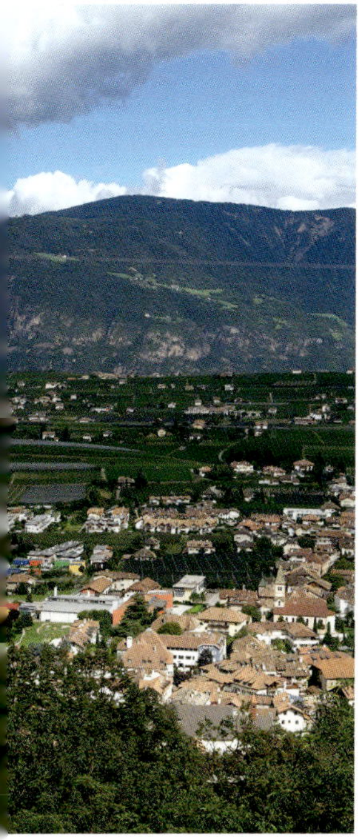

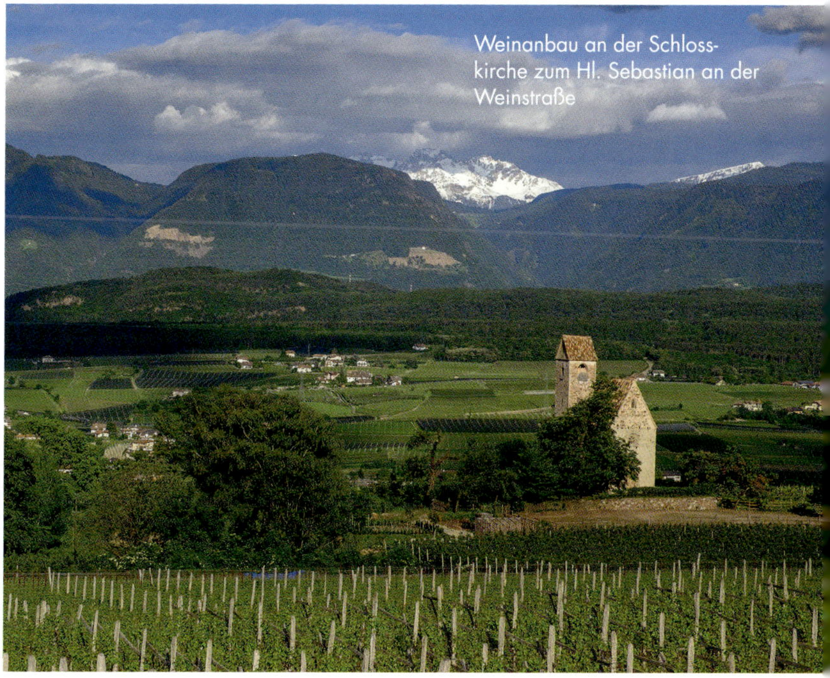

Weinanbau an der Schlosskirche zum Hl. Sebastian an der Weinstraße

16 Mendel und Penegal

Kammwanderung über Lärchenwiesen

mittel | 13,5 km | 600 Hm | 4 Std.

Tourencharakter
Aussichtsreiche, aber längere Wanderung, für die man etwas Trittsicherheit benötigt. Wer unter starkem Höhenschwindel leidet, könnte Probleme bekommen. Die Höhenmeter sind vor allem am Beginn zu bewältigen.

Ausgangs-/Endpunkt
Mendelbahn-Bergstation

GPS-Daten
46.415777, 11.208904

Anfahrt
Auto: Mit dem Auto nach Kaltern und von dort entweder mit der Bahn auf den Mendelpass oder mit dem Auto
Bahn und Bus: Mit dem Zug nach Bozen, weiter mit dem Bus nach Kaltern zur Mendelbahn, Auffahrt mit der Bahn

Einkehr
Mendel: Hotel Penegal mit Panoramaterrasse. Regole: Berggasthaus La Monteson, Gasthaus Il Falchetto, Rifugio Regole

Karte
Kompasskarte Nr. 74, Südtirols Süden

Information
Tourismusverein Kaltern, www.kaltern.com

Der Mendelkamm, den man überall aus dem südlichen Etschtal sehen kann, ist eine Landmarke und der Hausberg von Kaltern. Hinauf führen eine serpentinenreiche Passstraße oder die Mendelbahn, eine Standseilbahn, die seit 1903 Tal und Berg miteinander verbindet. So ist es leicht, in den Genuss der gigantischen Aussicht zu gelangen.

Erlebnisreiche Auffahrt Auch wenn man mit dem Auto über eine kurvenreiche Straße auf den Mendelpass hinauffahren kann, so ist doch die Auffahrt mit der Standseilbahn an sich schon ein Erlebnis. Spannung ist bei 64 Prozent Steigung garantiert, aber auch beste Aussichten über das gesamte Etschtal. Wobei bei dieser Wanderung das Panorama niemals zu kurz kommt.

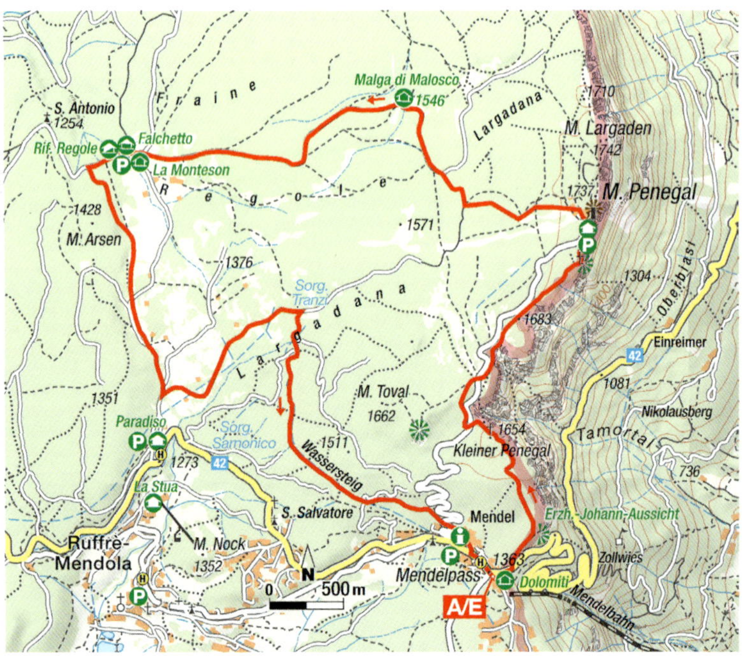

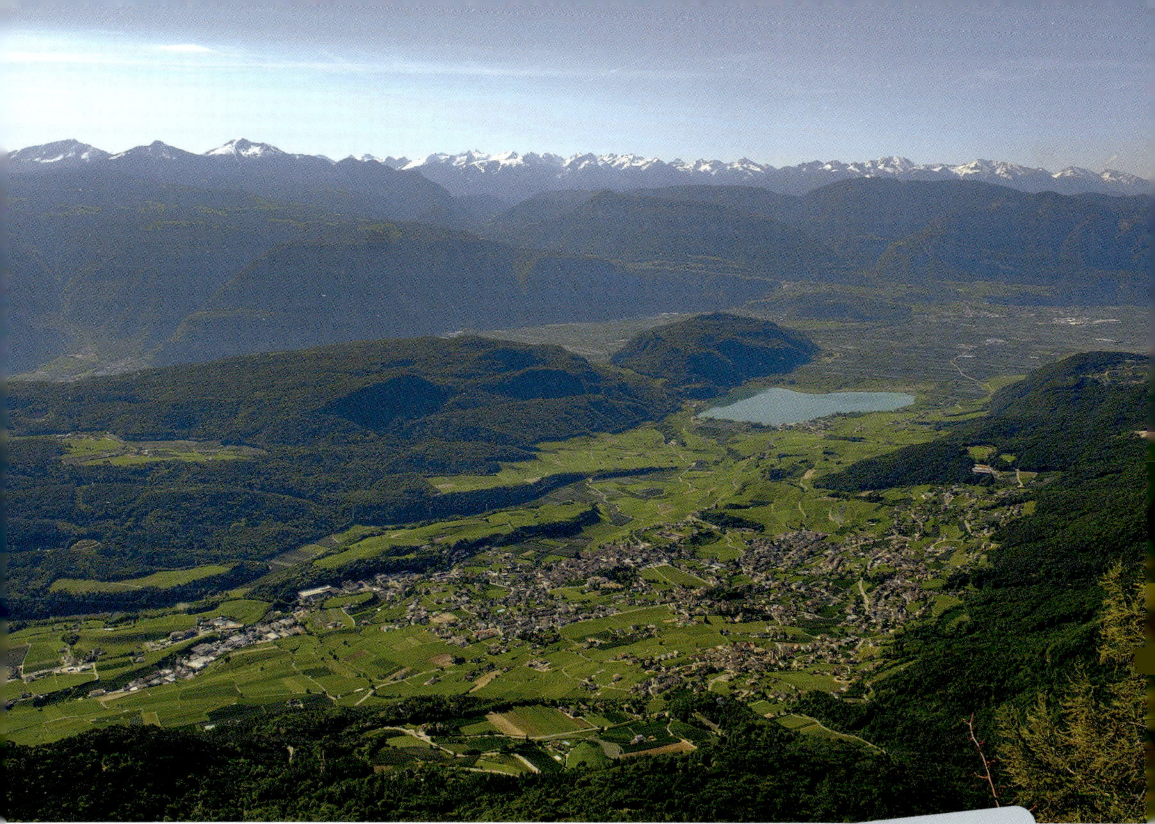

Kammwege Wer aus der Bergstation der Bahn auf 1363 Metern Höhe aussteigt, ist sofort beeindruckt. Gleich auf einem Aussichtsbalkon blicken wir tief hinunter ins Tal. Wir können uns – ohne einen Schritt getan zu haben – in der Bar Schönblick einen ersten Cappuccino gönnen, um das Szenario in aller Ruhe zu genießen. Für die Wanderung folgen wir jedoch der Zufahrtsstraße zur Bahn vorbei an den Parkplätzen. Bevor die Ladenzeile beginnt, biegen wir rechts ein und erreichen die Passstraße, die von Kaltern heraufführt. Am ehemaligen Hotel Kalterer Hof queren wir die Straße, auf der anderen Seite beginnt der ansteigende Wanderweg mit der Markierung 500. Wir wandern nun durch lichten Mischwald, mal mehr mal weniger nah an der Hangkante entlang. Das verspricht wunderschöne Aussichten, vor allem, wenn wir den Abstecher zur Erzherzog-Johann-Aussicht mit der kleinen Unterstandhütte machen. Je höher wir steigen, umso lichter wird der Wald. Bald haben wir die ersten 300 Höhenmeter ge-

Wandermuffeltipp

Die Fahrt mit der Mendelbahn ist in der mobilcard, museummobil Card sowie in der bikemobil Card inkludiert. Diese Karten erhält man in vielen Unterkünften, wenn man in Südtirol übernachtet.

Vom Penegal blickt man weit hinunter zu den Weinbergen und zum Kalterer See im Unterland.

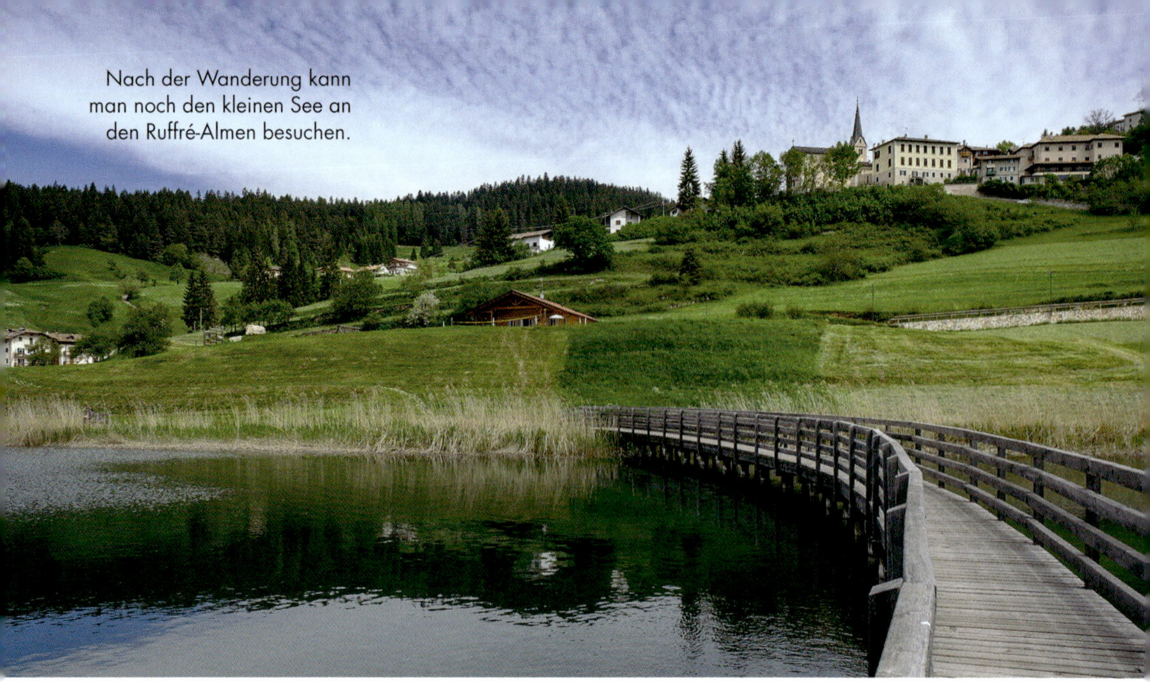

Nach der Wanderung kann man noch den kleinen See an den Ruffré-Almen besuchen.

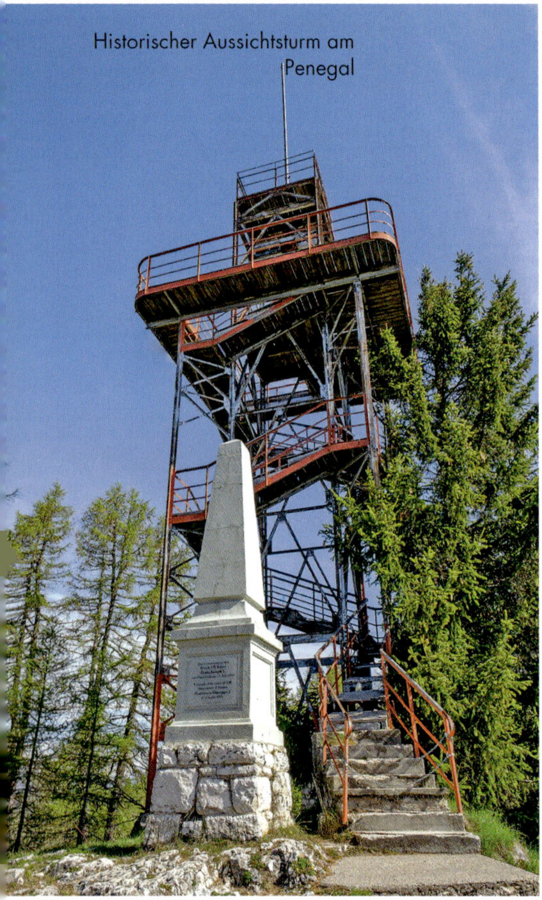

Historischer Aussichtsturm am Penegal

schafft und passieren den Kleinen Penegal. Dahinter stoßen wir kurz auf die Zufahrtsstraße zum Hotel, der wir aber über einen parallel dazu verlaufenden Weg ausweichen können. Weitere Aussichtsplätze liegen am Weg, aber schließlich erreichen wir das Panoramahotel Penegal. Das Hotel existiert schon seit Anfang des 20. Jahrhunderts und es war einst ein vornehmes Kurhotel. Heute ist es vor allem bei Motorradfahrern beliebt. Seine Sonnenterrasse macht ihm alle Ehre. Tief unter uns liegt Kaltern mit seinen Obstfeldern und dem Kalterer See, der durch den Mitterberg vom Etschtal getrennt ist. Nach Osten reihen sich die schneebedeckten Dolomitengipfel aneinander, sie wirken wie in weite Ferne gerückt.

Malga di Malosco Nach der Rast können wir noch hinter dem Hotel zum Obelisken aufsteigen, der anlässlich des Besuchs von Kaiser Franz Joseph aufgestellt wurde. Den dahinterliegenden historischen und verrosteten Aussichtsturm bewundern wir sicherheitshalber lieber nur von unten. Zurück auf dem breiteren Weg folgen wir nun links der Beschilderung Richtung Malga di Malosco auf den Weg 508. Leicht abwärts geht es durch den Wald über ein paar Lichtungen und wir erreichen die Malga di Malosco, eine größere Alm, die jedoch nur in den Sommermonaten geöffnet hat.

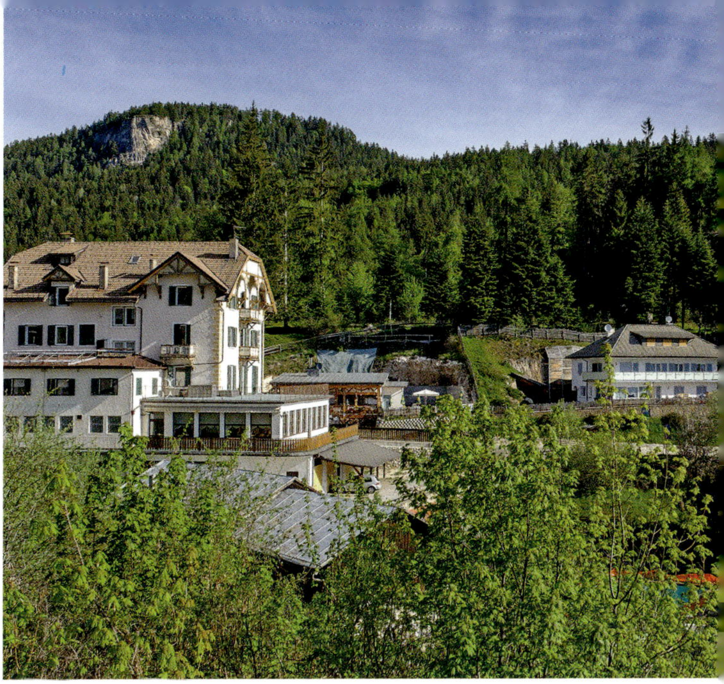

Der Ort Mendel mit seinen alten Kurhotels versprüht einen ganz eigenen Charme.

Einkehrfreuden Da wir langsam Hunger verspüren, steigen wir auf dem Weg 508 rasch für eine weitere halbe Stunde bergab und erreichen so die Regole di Malosco. Welche Freude, hier gibt es gleich drei Einkehrmöglichkeiten, alle mit ausgezeichneter typisch Südtiroler und Trentiner Küche, denn wir befinden uns im Val di Non, an der Sprachgrenze zwischen Italien und Südtirol. Die Regole sind übrigens Gemeinschaftsalmen, die sich mehrere Bauern teilen.

Rückweg Nach der Pause wählen wir den Weg 514, der unten am Gasthaus Rifugio Regole am Waldrand beginnt. Der Mendelpass ist nun wieder ausgeschrieben. Über herrliche Lärchenwiesen geht es nochmals rechts haltend zunächst eben dahin. Kurz bevor wir das Hotel Paradiso erreichen, wenden wir uns scharf nach links und wechseln damit auf den Weg 515, der uns noch einmal aufwärtsführt. Dann biegen wir rechts auf den Wassersteig ein, passieren die Tranzi-Waldquelle und wandern nun fast völlig eben auf einem Pfad durch den dichter werdenden Wald. Noch einmal queren wir die Fahrstraße, die hinauf zum Penegal führt, und erreichen vorbei am ehemaligen Grandhotel Penegal, der Villa Imperiale, schließlich wieder Mendel.

Prominenz in Mendel

Der Ort Mendel war um 1900 ein beliebter Kurort für Adelige aus aller Welt, die die frische Bergluft genießen wollten. Neben Kaiserin Sisi, diversen Päpsten und Mahatma Gandhi verbrachte auch der Habsburger Thronfolger Erzherzog Franz Ferdinand seine Sommerfrische am Berg. Den einstigen Luxus sieht man den vielen Villen oder dem ehemaligen Grandhotel der Villa Imperiale immer noch an.

17 Zum Castelfeder

Sagen, Legenden und Geschichte

leicht | 3,5 km | 180 Hm | 1.30 Std.

Tourencharakter
Eine kurze sonnige Wanderung, überwiegend auf Pfaden und kleinen Wanderwegen. Besonders schön Anfang Frühling, die Wege im unteren Südtirol sind schnell schneefrei.

Ausgangs-/Endpunkt
Auer/Ora, Parkplatz Schwarzenbach

GPS-Daten
46.547721, 11.876547

Anfahrt
Auto: Von der A22, der Brennerautobahn, Ausfahrt Neumarkt-Auer, weiter auf der SS 12 nach Auer. Das Freizeitgelände ist ausgeschildert und liegt in Richtung Fleimstal. Parkplätze vorhanden.
Bahn und Bus: Mit dem Zug nach Bozen, weiter mit dem Bus nach Auer

Einkehr
Unterwegs keine. Am besten eigene Brotzeit mitbringen, es gibt einen wunderbaren Aussichtsplatz.

Karte
Kompasskarte Nr. 74, Südtirols Süden

Information
Tourismusgenossenschaft Castelfeder, www.castelfeder.info

Das Laub der Korkeichen aus dem letzten Jahr raschelt unter unseren Füßen, es ist ein milder Frühlingstag und wir erkunden den sagenumwobenen und geschichtsträchtigen Felsen Castelfeder, der über dem Dorf Auer aufragt. Der Porphyrfelsen verbirgt nicht nur manche Geheimnisse, er ist ein geschütztes Biotop mit einem ganz eigenen Mikroklima.

Mikroklima Vom Parkplatz Schwarzenbach wandern wir über die Holzbrücke, wenden uns nach links und folgen gleich wieder rechts den Wanderwegschildern »Castelfeder 5«. Zunächst passieren wir die Tennisplätze, unterqueren im Tunnel die Schnellstraße und sehen dann linker Hand, bereits bergauf, einen Wanderparkplatz. Hier wendet sich unser Weg nach rechts. Bald teilt er sich, beide Wege führen ans Ziel. Wir wählen den rechten und

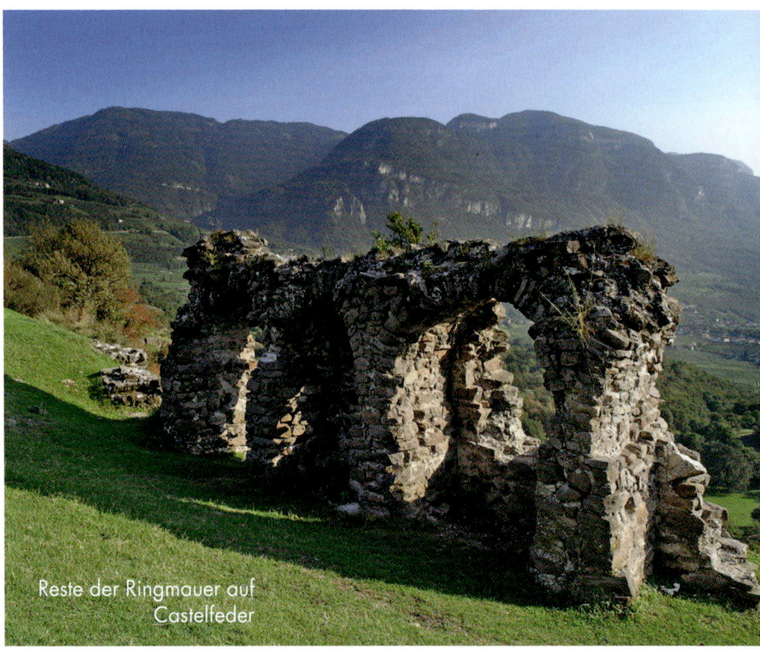

Reste der Ringmauer auf Castelfeder

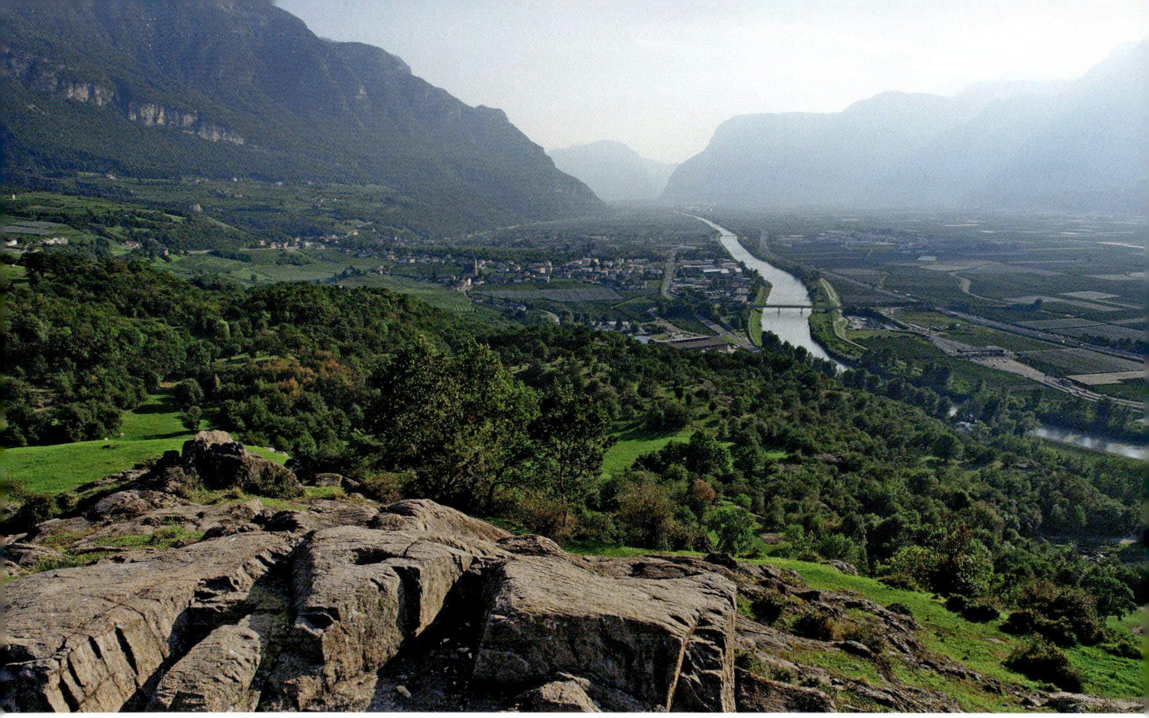

treffen bald auf einen ersten schönen Aussichtspunkt, der uns nach Norden über den Ort Auer bis Bozen blicken lässt. Weiter steigen wir durch einen alten Flaumeichenwald bergan. Es sind wahre Baumgreise drunter, die ihre uralten knorrigen Stämme in den Himmel strecken. Sanft wehen laue Winde aus dem Tal nach oben und die Wärme staut sich schnell auf dem felsigen Plateau. Bald schon wandern wir an den ersten Mauerresten einer mittelalterlichen Burg vorbei. Hinweistafeln erklären nicht nur die geschichtlichen Hintergründe, sondern auch die einzigartige Flora und Fauna dieses Biotops. Die nachtaktiven Siebenschläfer konnten wir nicht entdecken, dafür aber eine wunderschöne filigrane Gottesanbeterin.

Von Castelfeder blickt man weit ins Land der Unteretsch.

Castelfeder Bis zum höchsten Punkt ist es nicht weit und wir stehen ganz oben am Felsen. Er ist durch die Reste der romanischen Barbarakapelle markiert, die einst zur Burg Alt-Enn gehörte. Von der Burg selbst findet man nur mehr wenige Grundmauerreste.

Wendet man sich von der Kapelle aus nach Westen, so kommt man an der Hangkante zu einer Mauer mit drei Durchbrüchen. Sie werden Kuchelen genannt und sind die Reste der früher so bedeutenden Ringmauer der römischen Befestigung. Daneben stehen ein paar Porphyrsteine schräg aus dem Boden. Einer dieser Felsen ist oben

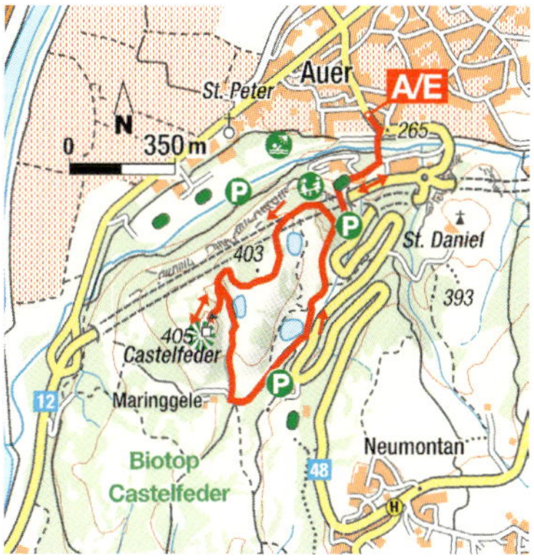

Auf Spurensuche

Castelfeder war schon in der frühen Eisenzeit, etwa 2000 Jahre v. Chr., besiedelt gewesen. Das ist nicht verwunderlich, denn dieser ins Etschtal vorgeschobene Porphyrhügel erlaubt eine weite Sicht, anrückende Feinde ließen sich frühzeitig entdecken. Archäologen konnten eine römische Burg, *Castellum vetus*, sowie frühmittelalterliche Siedlungsreste finden, die hinter schützenden Mauern lagen. Reste der großen Ringmauer sind heute noch gut erkennbar. Von allen Volksstämmen, die während der Völkerwanderung das Etschtal als Durchzugsland benutzten, sind am Castelfeder Befestigungen nachzuweisen. Der jüngste und letzte Bau war die romanische Burg Alt-Enn, die schon Ende des 12. Jahrhunderts wieder verlassen wurde. Auf der Erkundungstour zwischen den Weißdornbüschen und Steineichen stößt man unweigerlich auf mehr oder weniger deutliche Spuren menschlicher Besiedlung – eine geheimnisvolle Tür in die Vergangenheit.

auffällig blank geschliffen. Das war die Stelle eines vorchristlichen Fruchtbarkeitskults. Wenn eine Frau bäuchlings über diesen Felsen rutschte, hoffte sie schwanger zu werden. Offensichtlich hat sich der Brauch bis weit in die christliche Zeit hinein erhalten, denn später wusste man ein Kreuz einzumeißeln, um diesen heidnischen Zauber zu bannen. Liebevoll wird der Platz heute noch »Jungfernrutsche« genannt.

Aussicht Das Beste von allen ist jedoch die Aussicht. Hier finden sich jede Menge lauschige Plätzchen für eine mitgebrachte Brotzeit. Unter uns zieht sich das glitzernde Band der Etsch Richtung Süden. Die Grenze zum Trentino an der Salurner Klause ist schnell ausgemacht. Im Osten sehen wir Montan mit seiner Burg und das nette Kirchlein St. Daniel. Im Westen steigen steil die Felswände des Schwarzerkopfs und des Paterkopfs oberhalb von Tramin empor. Richtung Norden glänzt der von Weinbergen umgebene Kalterer See. Der Mitterberg mit der Burgruine Laimburg teilt das Etschtal.

Rückweg Der schnellste Weg führt über den Hinweg zurück. Aber wir können die Runde noch etwas ausdehnen. Dafür steigen wir hinter der Kirchenruine die felsigen Stufen abwärts. Am Brunnen biegen wir rechts ein und nehmen nach Süden den malerischen alten Römerweg mit seinem Steinpflaster. Unten treffen wir auf einen größeren Feldweg, in den wir links einbiegen, um auf dem Naturlehrpfad Castelfeder das Feuchtgebiet Langsee zu passieren. Wir umrunden nun die Ostseite von Castelfeder und kommen auf dem Steig Nr. 5A zurück an die Stelle in der Nähe der Umgehungsstraße, die wir vom Hinweg bereits kennen. Jetzt geht es auf gleichem Weg zurück.

Rechte Seite: Die vielen Felsen im Untergrund erwärmen sich rasch in der Sonne und verhelfen der Gegend zu einem eigenen Mikroklima.

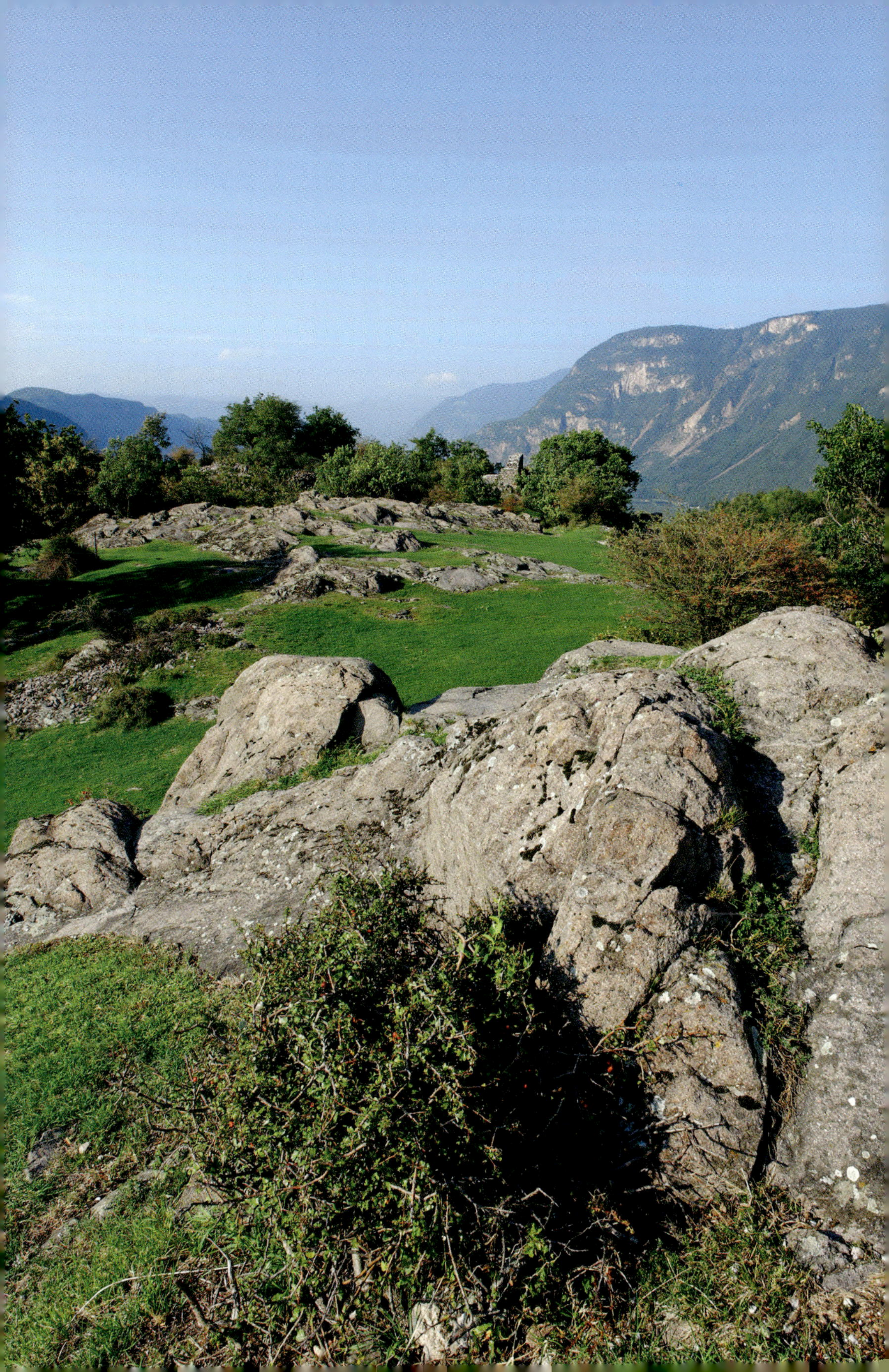

18 Von Feldthurns nach Säben

Keschtn, Kirchen und eine Klosterburg

mittel | 9 km | 600 Hm | 3.45 Std.

Tourencharakter
Schöne Rundtour auf guten Wanderwegen und wenig befahrenen Straßen mit Einkehrmöglichkeiten und kulturellen Sehenswürdigkeiten. Die schönsten Jahreszeiten für diese Tour sind das Frühjahr und vor allem der Herbst, wenn die Buschenschänken geöffnet haben.

Ausgangs-/Endpunkt
Kirche Feldthurns

GPS-Daten
46.668737, 11.598321

Anfahrt
Auto: Brennerautobahn A 22, Ausfahrt Klausen, weiter nach Feldthurns
Bahn und Bus: Mit dem Zug nach Klausen, weiter mit dem Bus nach Feldthurns

Einkehr
Biohof Radoar; Buschenschank Moar zu Viersch (Sept.–Nov.); Gasthaus Huber in Pardell (Montag Ruhetag)

Karte
Kompasskarte Nr. 56, Brixen

Information
Tourismusverein Kaltern, www.kaltern.com

»Keschtn« nennt man in Südtirol die Esskastanien. Sie wachsen reichlich an den sonnigen Hängen über dem Eisacktal. Die teilweise uralten Bäume säumen den Keschtnweg, der eigentlich über 60 Kilometer von Brixen zur Burg Runkelstein bei Bozen führt. Definitiv zu lange für Wandermuffel, deshalb gibt es hier den schönsten Abschnitt.

Hoch über dem Eisacktal Ausgangspunkt unserer Wanderung ist die Kirche Maria Himmelfahrt in Feldthurns. Bereits hier steht ein wunderbarer alter, knorriger Kastanienbaum, einer von vielen, denen wir heute begegnen. Wir wandern in die Dorfstraße und folgen ihr durch den Ort. Am südlichen Ortsende stoßen wir auf eine Kapelle, geradeaus an ihr vorbei geht es in den Säbenerweg, Pardell und der Keschtnweg sind nun auch ausgeschildert. Kaum haben wir Feldthurns verlassen, blicken wir schon ins Eisacktal und auf die Berge. Am Hof Radoar endet die kleine Straße, wir werden rechts um den Hof geleitet und biegen dann noch einmal nach rechts. Jetzt geht es steil bergauf, um gleich in den nächsten Wanderweg wieder links einzubiegen.

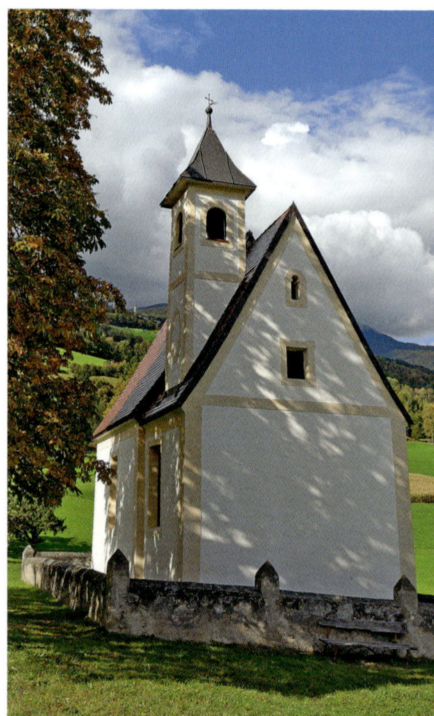

Kapelle St. Josef bei Moar zu Viersch

Keschtnweg Nun geht es im steten Auf und Ab

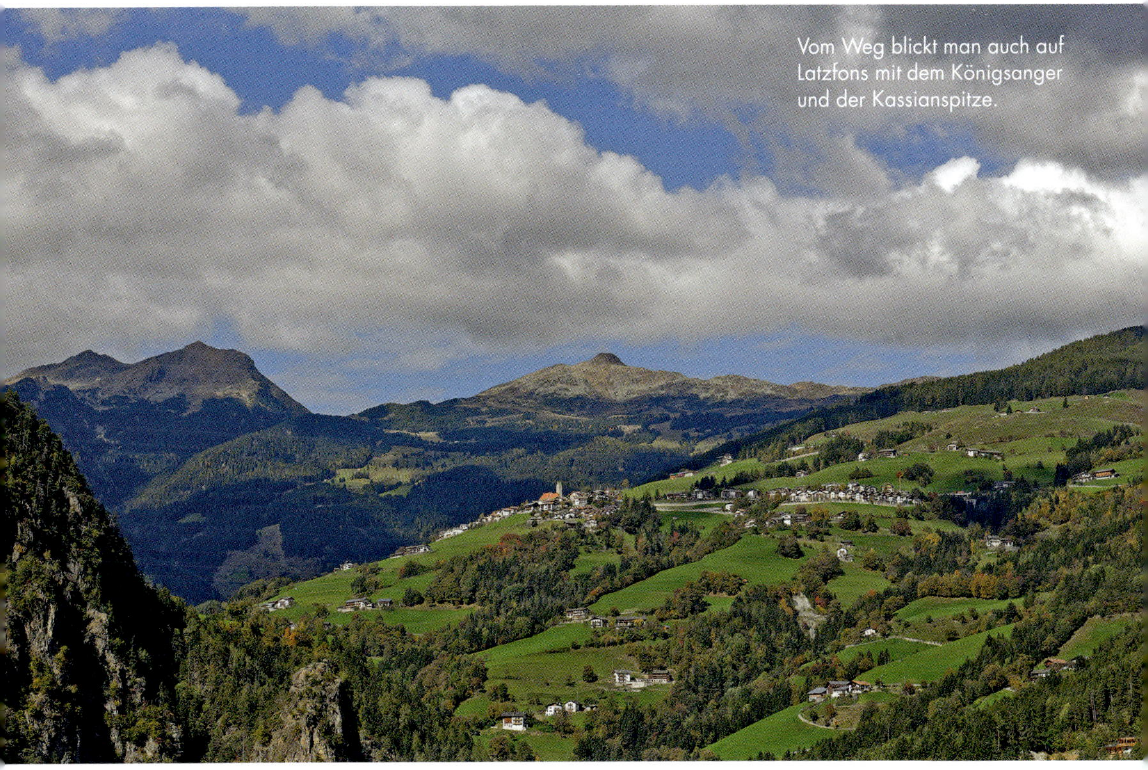

Vom Weg blickt man auch auf Latzfons mit dem Königsanger und der Kassianspitze.

über den Keschtnweg, der auch einem Panoramaweg alle Ehre macht. Immer wieder passieren wir kleine Wäldchen, in denen einige mächtige alte Kastanien stehen. Sie sind alle in Privatbesitz, das Sammeln der Früchte ist nicht erlaubt. Im Herbst ist der Boden oft dick von den stacheligen Hülsen übersäht. Schließlich wandern wir auf einem Weg über eine Wiese und erreichen den großen Bauernhof Moar zu Viersch mit seiner malerischen Josephskapelle. Ein herrlicher Platz für eine kleine Rast.

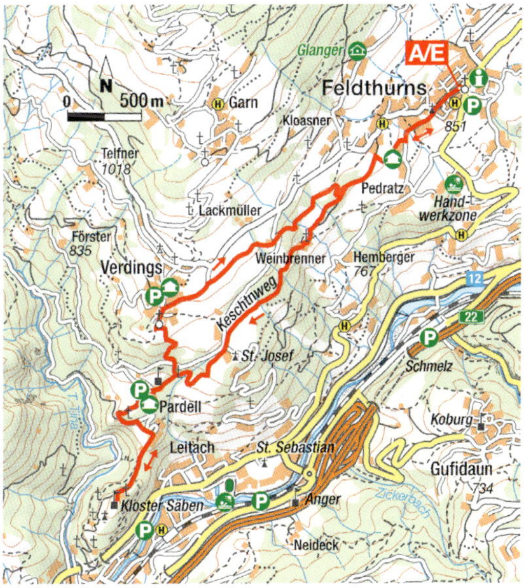

Verlockung? Der Keschtnweg verläuft zwischen den Häusern hindurch unterhalb der Straße weiter und mündet an einer kleinen Kapelle und dem Gasthaus Huber im Weiler Pardell. Als Wandermuffel fällt es sicherlich schwer, nur einen Blick in den verlockenden Gastgarten zu werfen. Eine Ein-

Wandermuffeltipp

Wer vom Gasthaus Huber auf gleichem Weg zurückkehrt, spart sich gut 200 Höhenmeter und ca. 40 Minuten Gehzeit, aber er versäumt neue Aus- und Tiefblicke ins Eisacktal.

kehr kann man empfehlen, auch wenn es gerne mal voll wird. Aber man sitzt wirklich sehr gemütlich auf der großen Wiese hinter dem Haus und genießt neben der Südtiroler Küche die sensationelle Aussicht.

Nach Säben Wir wollen jedoch noch bis Säben weiterwandern, aber versprochen, nach dem Exkurs zur Klosterburg kommen wir hierher zurück. Die kleine Straße führt uns nun abwärts, wir können auf einen kleinen Pfad eine Serpentine steil abwärts abkürzen. Wieder auf der Straße liegt das Kloster Säben schon vor uns. Schnurgerade führt der Wanderweg auf den kleinen Felssporn, die letzten Meter noch einmal steil ansteigend. Dann nehmen wir uns Zeit und erkunden diese bekannte Landmarke, die aus dem Tal von der Brennerautobahn immer von Weitem zu sehen ist.

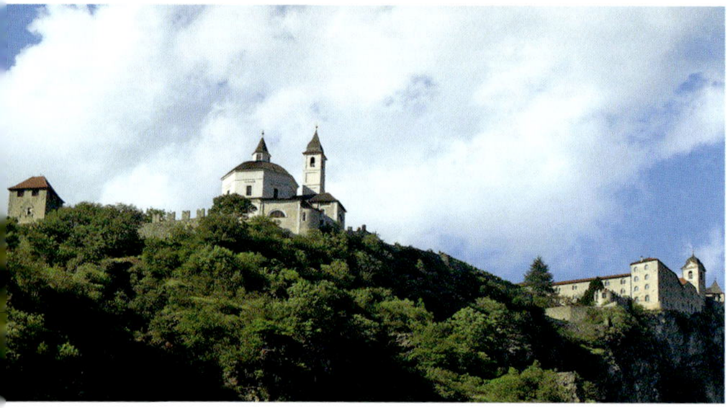

Unten: Das Kloster Säben thront hoch über dem Ort Klausen im Eisacktal.

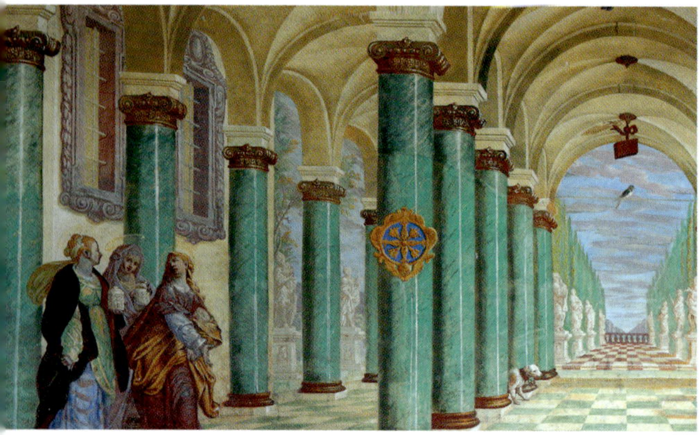

Ganz unten: Perspektivische Wandmalerei mit den drei Frauen auf dem Weg zum Grab Christi sieht man im Kloster Säben.

Klosterburg Gesichert ist, dass Säben bereits zu vorchristlicher Zeit besiedelt war. Schon im 4. Jahrhundert, also kurz nachdem der römische Kaiser Konstantin das Christentum zur Staatsreligion erklärt hatte, stand eine christliche Kirche am Berg, die Bischofssitz wurde. Erst um 1000 wurde der Bischofssitz nach Brixen verlegt, Säben blieb die Burg der Bischöfe, um die oftmals gestritten wurde, bis sie schließlich nach einem Blitzschlag fast völlig abbrannte. 150 Jahre blieb Säben Ruine, dann gründete man auf dem Berg ein Kloster der Benediktinerinnen, das rasch zu einem geistigen Zentrum des heutigen Südtirols wurde. Vier Kirchen stehen auf dem Klosterberg. Die wichtigste ist wohl die Heiligkreuzkirche mit ihren hochinteressanten Fresken, die durch ihre raffinierte Perspektive weite Räume vortäuschen.

Rückweg mit Alternative Zurück geht es vom Kloster Säben zunächst wieder bergab zur Straße und dann gleich wieder bergauf nach Pardell. Jetzt lockt die Einkehr endgültig, und wer nach reichlicher Verkostung Südtiroler Spezialitäten einen leichten Weg zurückgehen möchte, wandert einfach auf dem Hinweg zurück. Abwechslungsreicher ist der Weg über Verdings, für den wir nur noch wenige Schritte hinter dem Gasthof Huber dem Hinweg folgen, um dann in der Apfelplantage links auf den neuen Weg »Birmehl« einzubiegen. Jetzt geht es steil bergauf. Wie queren die kleine Straße und weiter bergauf geht es wieder durch herrlichen Kastanienwald. Unterhalb der Kirche von Verdings erreichen wir den Ort, die Tiefblicke ins Eisacktal entschädigen die Aufstiegsmühe. Hinter der Kirche biegen wir kurz links ein (Schild »Latzfons«) und verlassen dann nach rechts auf der kleinen Straße leicht bergauf Verdings. Ein Gehweg sorgt für ungetrübten Wandergenuss. Die Aussicht ist bedenkenlos als grandios zu bezeichnen. An einem Wegkreuz halten wir uns rechts und es geht über die Felder. Wir queren an einer Kurve erneut eine Straße, dahinter sind wir kurz im Wald, bevor wir erneut mit bester Aussicht über die Felder Richtung Feldthurns gehen. Von oben stoßen wir unweit von Radoar auf den bekannten Wanderweg und nun ist es nicht mehr weit zurück zum Ausgangspunkt.

Vom Kloster kann man weit über das Eisacktal schauen.

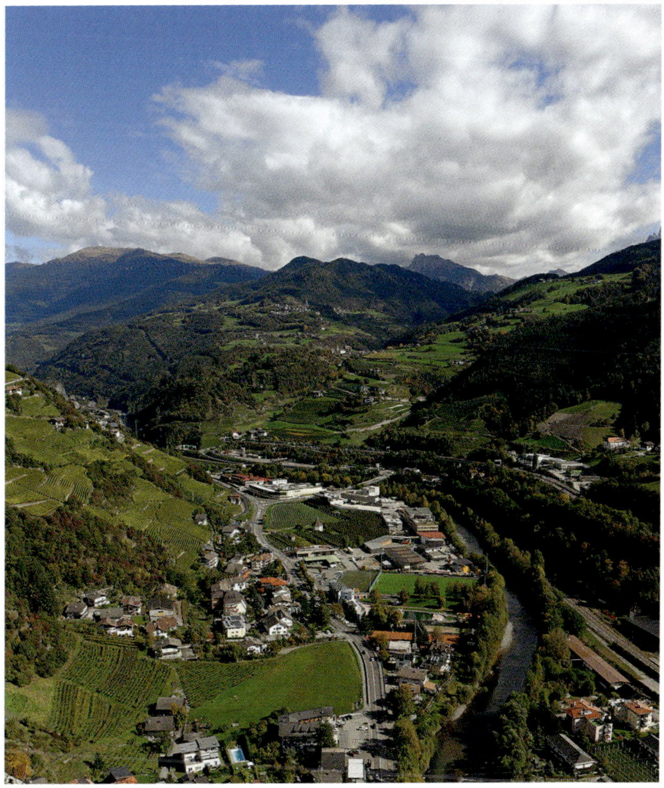

Tipp

Die wuchtige romanische Kirche in Verdings steht auf einem kleinen Hügel über dem Ort, der schon in vorchristlicher Zeit besiedelt war. Noch älter als die Kirche ist die kleine Friedhofskapelle, in der wir eine seltene Darstellung bewundern können: Der Tod dreht das Lebensrad des Menschen. Auf der Felge des Rads ist der Mensch in all seinen Lebensaltern dargestellt.

19 Über das Astjoch zur Kreuzwiesenalm

Aussichtsgipfel mit beliebter Alm

mittel | 12,4 km | 710 Hm | 5 Std.

Tourencharakter
Schöne, aussichtsreiche Wanderung auf guten Bergpfaden. Abstieg kurzzeitig etwas steil

Ausgangs-/Endpunkt
Parkplatz Schwaiger Böden (1720 m), über Lüsen

GPS-Daten
46.741416, 11.792772

Anfahrt
Auto: Von Brixen nach Lüsen und weiter auf schmaler Bergstraße zum Wanderparkplatz
Bahn und Bus: Der Ausgangspunkt ist mit dem ÖPNV nicht erreichbar.

Einkehr
Kreuzwiesenalm, www.kreuzwiesenalm.com

Karte
Tabacco Wanderkarte 1:25 000, Blatt 030, Brixen

Information
Tourismusverein Lüsen, www.luesen.com

Die Lüsener Almen sind ein märchenhaftes Almgebiet, das den eigentlichen Dolomitengipfeln etwas vorgelagert ist. Mitten darin liegt die Kreuzwiesenalm, die von herrlichen sonnigen Wiesen umgeben ist. Die gemütliche Almhütte erreichen wir auf einem aussichtsreichen Gipfelweg über das Astjoch.

Die Kreuzwiesenalm Die Alm hat für uns eine besondere Bedeutung. Die Autorin dieses Buchs verbrachte viele Jahre in ihrer Kindheit den Sommer- und Winterurlaub in Lüsen und auf den Lüsener Almen. Einiges hat sich hier oben verändert. Die kleine Almhütte, die 1932 von der Familie Hinteregger erbaut wurde, hat sich inzwischen zu einer modernen Almwirtschaft gemausert. Trotzdem ist es hier oben immer noch sehr gemütlich geblieben. Außerdem schaffte man es sehr gut, bei der Re-

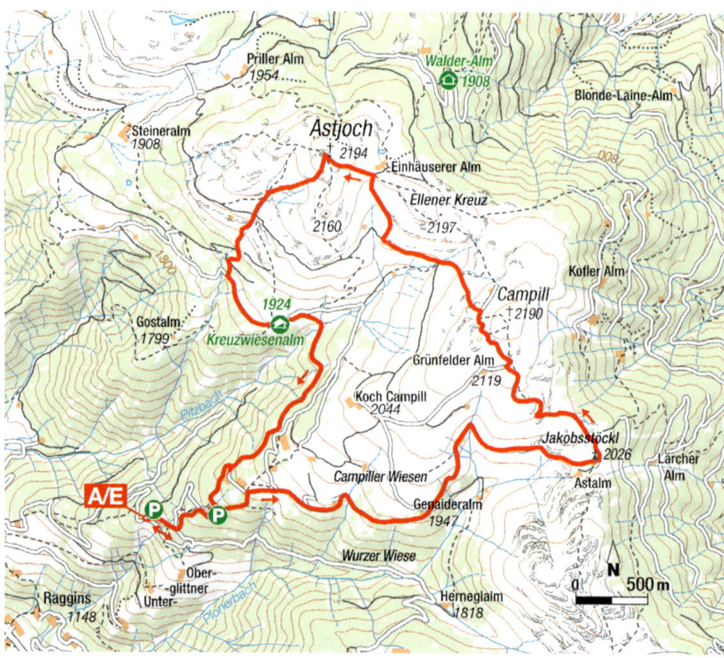

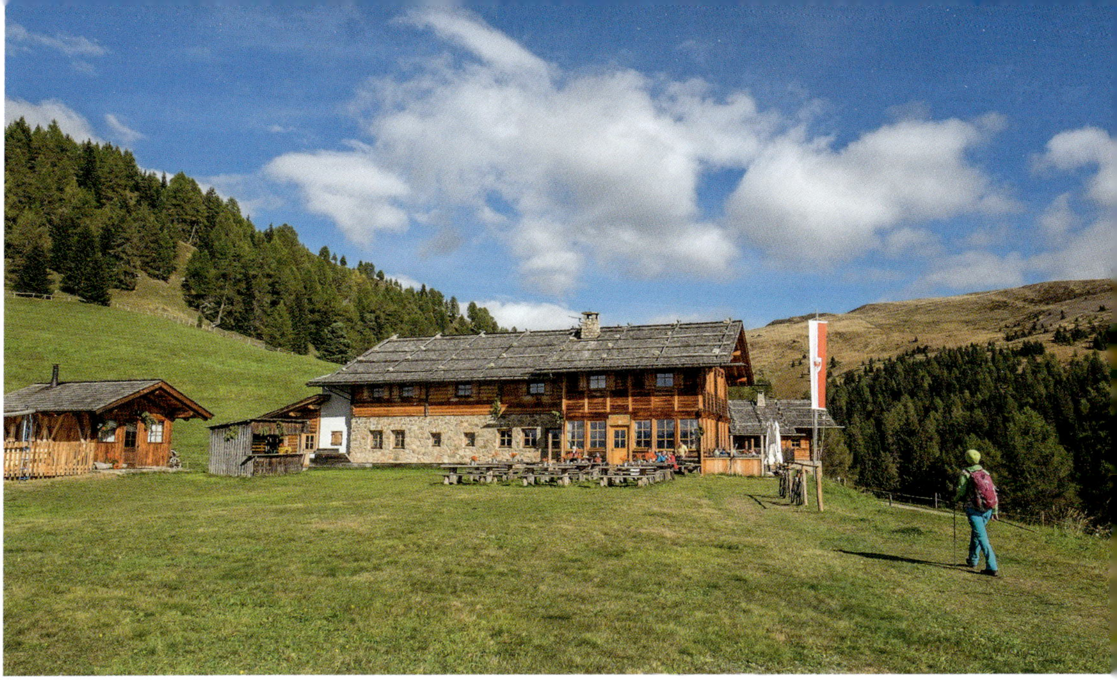

novierung die Verbindung zwischen Tradition und Moderne herzustellen.

Die Kreuzwiesenalm

Die Almhütte bietet neben gemütlichen Matratzenlagern und nostalgischen Mehrbettzimmern Unterkünfte gehobener Kategorie wie Kuschelnester, Romantikzimmer, aber auch eine Suite. Eine Besonderheit ist die Sauna in einem Blockhaus vor der

Das schöne Wandergelände bietet tolle Ausblicke.

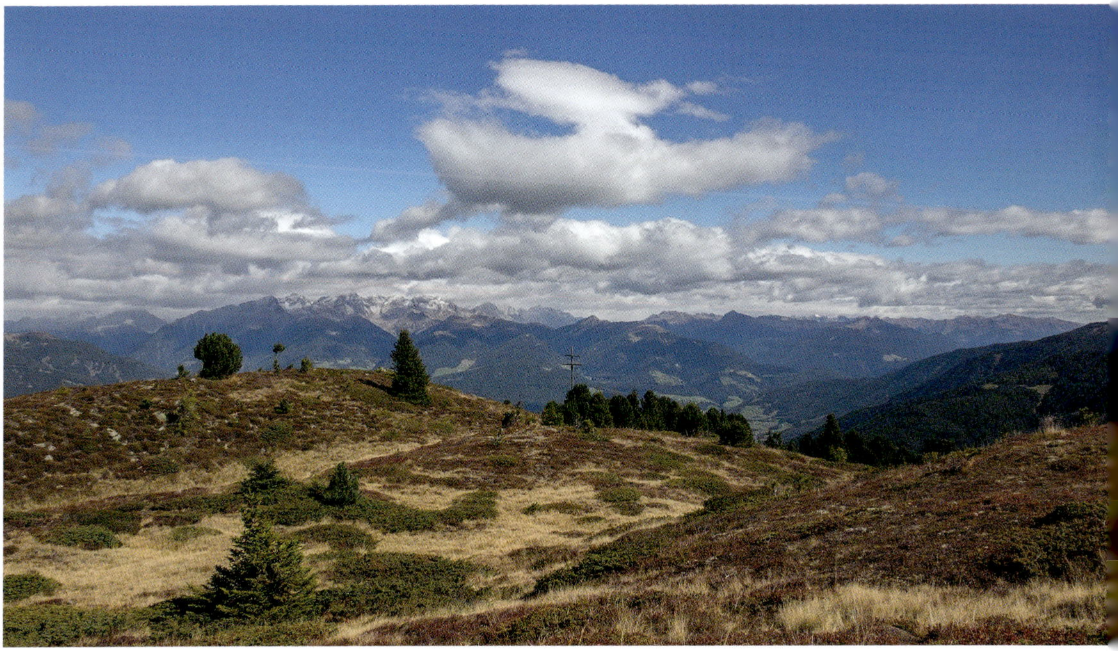

Hütte. Hier oben kann man neben einer traumhaften Aussicht sogar Almwellness erleben. Besondere Abkühlung verspricht dabei der Erfrischungsteich – nur etwas für Abgehärtete.

Überhaupt die Aussicht: die Lüsener Almen befinden sich nördlich der Geislergruppe und bieten dadurch einen grandiosen Blick auf die dunkle Nordseite dieser Dolomitengruppe. Wunderschön ist die Aussicht von der sonnigen Terrasse der Kreuzwiesenalm zu den mächtigen Dolomiten.

Unbedingt probieren sollte man den Käse auf der Kreuzwiesenalm – befindet sich hier oben doch eine eigene Almkäserei. Auch wenn heute die junge Generation für die Käserei zuständig ist, so stammen die Rezepte doch noch von den Großeltern des heutigen Senners Johannes. Es gibt alle erdenklichen Käsesorten wie Frischkäse, Schnittkäse, Bergkäse oder Graukäse. Typisch ist auch der Ziggolan, ein Sauermilchkäse. Und wenn man auch zu Hause noch etwas vom Geschmack der Lüsener Almen möchte, kann man sich sein Stückchen Käse mit nach Hause nehmen.

Gleich sind wir am Astjoch.

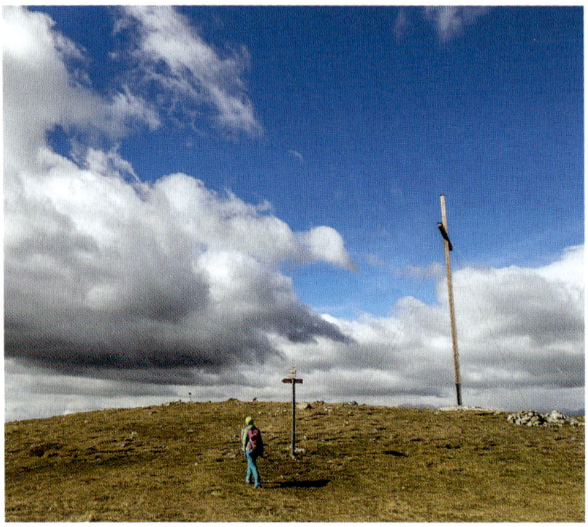

Über das Astjoch Die schönste Tour in der Umgebung der Alm ist die Wanderung über das Astjoch (2194 m). Vom Parkplatz folgen wir kurz dem breiten Almweg, bis nach rechts eine Abkürzung abzweigt. Auf dieser wandern wir, bis wir wieder den Schotterweg erreichen. Jetzt spazieren wir aussichtsreich zur Genaideralm. Wir bleiben auf dem breiten Weg noch ein kurzes Stück, bis er in einen schmalen Steig übergeht. Auf diesem wandern wir weiter immer wieder mit großartiger Aussicht auf die Geislergruppe bergauf in den Sattel zwischen Jakobskopf und Campill. Hier steht etwas versteckt das Jakobsstöckl, eine kleine Kapelle. An dem kleinen Kircherl ist der kommende Wegverlauf nicht eindeutig. Wir spazieren kurz auf dem breiten Schotterweg bergab, verlassen ihn aber gleich wieder nach links. Der Weg

Die Rodenecker Almen

Einfach großartig ist eine Wanderung vom Parkplatz Zumis. Auf einem schönen Waldweg geht es zu den freien Wiesen vor der Roner Hütte. Hier bietet sich ein spektakulärer Blick zum Peitlerkofel. Der Weg führt weiter zum Pianer Kreuz, der Rastnerhütte und dem Berggasthof Starkenfeld. Ein guter Wanderweg bringt uns über die Rafreider Alm bis zur Kreuzwiesenalm. Man muss aber nicht zwingend bis zur Alm gehen, da die Landschaft und Aussicht davor bereits wunderschön sind.

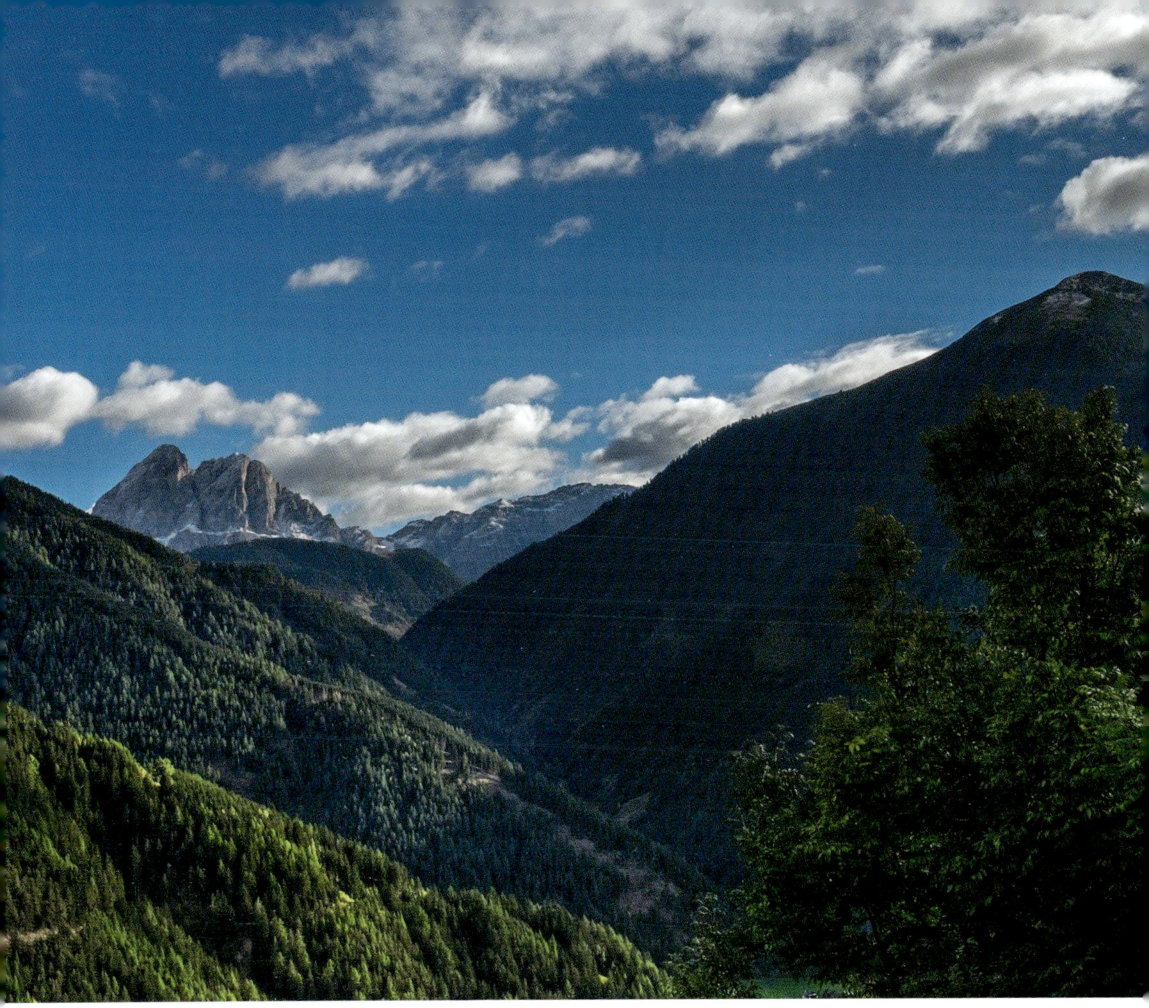

verläuft über einen schönen Rücken bis kurz vor den Gipfel. Den Abzweig ignorieren wir und wandern auf dem Hauptweg geradeaus in Richtung Astjoch. Der Weg bringt uns in eine Senke, gemütlich steigen wir hinauf zum breiten Gipfel. Wir haben wirklich eine umfassende Aussicht von hier oben. Im Norden blicken wir auf die Pfunderer Berge, im Süden präsentieren sich die nördlichsten Gipfel der Dolomiten. Wunderbar rasten können wir hier oben.

Ein toller Blickfang: der Peitlerkofel

Wir aber wollen noch hinunter zur sonnigen Terrasse der Kreuzwiesenalm. Hierzu folgen wir dem direkten Weg nach Süden, der steil durch die Grashänge bergabzieht. Wir queren einen Weg und erreichen weiter unten einen breiten Forstweg, auf dem wir nach links zur Almhütte wandern. Auf dem normalen Zustiegsweg wandern wir ohne besondere Schwierigkeiten zurück zum Parkplatz. Dieser Weg eignet sich auch wunderbar für einen direkten Zustieg zur Alm.

20 Über den Adolf-Munkel-Weg

Unter den Geißlerspitzen

mittel | 8 km | 450 Hm | 3 Std.

Tourencharakter
Schöne, unschwierige sonnige Rundtour auf guten Wanderwegen und Pfaden mit tollen Ausblicken in einer abwechslungsreichen Landschaft

Ausgangs-/Endpunkt
Zanseralm Villnösstal

GPS-Daten
46.635811, 11.765609

Anfahrt
Auto: Von der Brennerautobahn A22, Ausfahrt Klausen, weiter ins Villnösstal bis zum Talende mit dem großen gebührenpflichtigen Wanderparkplatz Zanseralm
Bahn und Bus: Mit dem Zug nach Brixen oder Klausen, weiter mit dem Bus ins Villnösstal und von dort aus dem Ort St. Peter mit dem Bus zur Zanseralm

Einkehr
Glatschalm; Gschnagenhardt-Alm; Geisler Alm; Dusler Alm; Zanseralm

Karte
Kompasskarte Nr. 56, Brixen

Information
Villnöss Tourismusgenossenschaft, www.villnoess.com

Es grenzt an Unverschämtheit, wie sich an den Geißlerspitzen die Schönheit der Dolomiten ballt. Im Anblick der Felsspitzen des Sass Rigais oder der Furchetta halten auch eingefleischte Wanderer die Luft vor Ehrfurcht an. Die Gipfel sind den Klettersteigprofis vorbehalten, aber der Naturpark hält auch für Wandermuffel tolle Wege bereit, um leicht in den Genuss dieser einzigartigen Kulisse zu kommen.

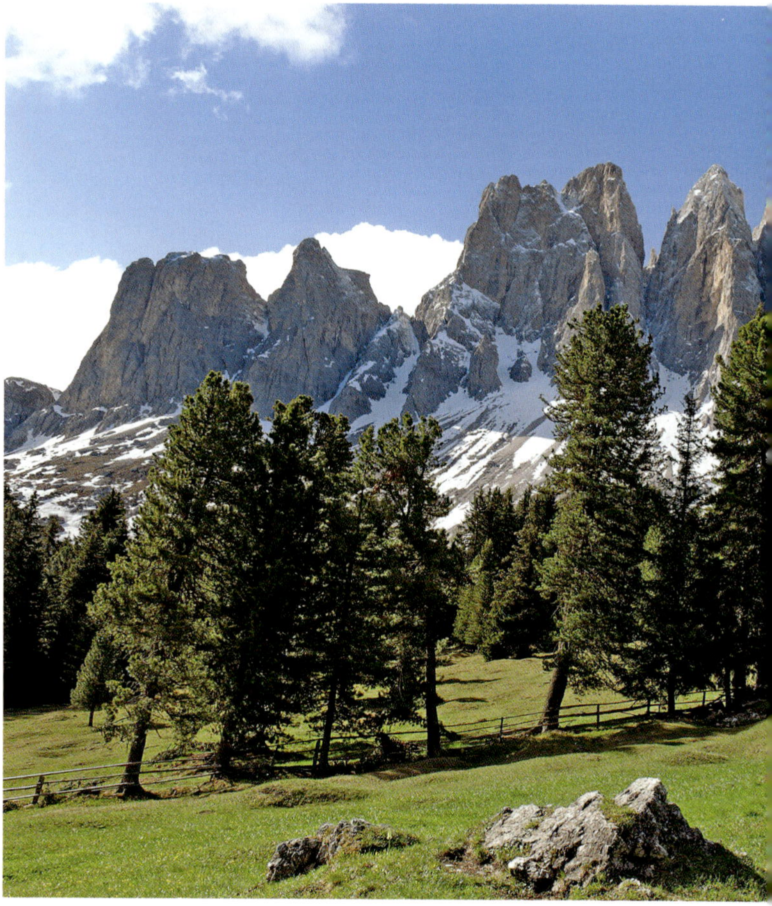

Die Geislerspitzen gehören zu den schönsten Felsformationen der Dolomiten.

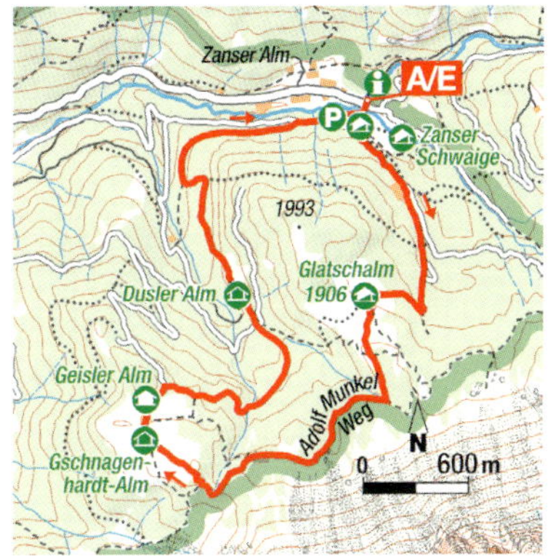

Zur Glatschalm Von der Zanseralm bei den Busparkplätzen queren wir den Villnössbach in Richtung obere Parkplätze und steigen gleich auf der anderen Seite links die Stufen zum Berggasthof Zanseralm hinauf. Von hier nehmen wir die kleine ungeteerte Bergstraße mit der Bezeichnung Nr. 36 und folgen ihr nach links leicht ansteigend durch den Wald. Die Baumwipfel öffnen sich immer wieder zu einer Aussichtslücke auf die atemberaubenden Felsen der Geißlerspitzen.

Die Glatschalm ist nach ca. 30 Minuten Gehzeit rasch erreicht. Angesichts der fantastischen Aussicht und der zur Sonne ausgerichteten Almterrasse wird hier der eine oder andere Wandermuffel wohl schon des Gehens überdrüssig sein und sich für eine ausgiebige Rast entscheiden. Aber versprochen, es kommt noch besser!

Der Tiroler Adler weht fast überall vor den Almenhütten.

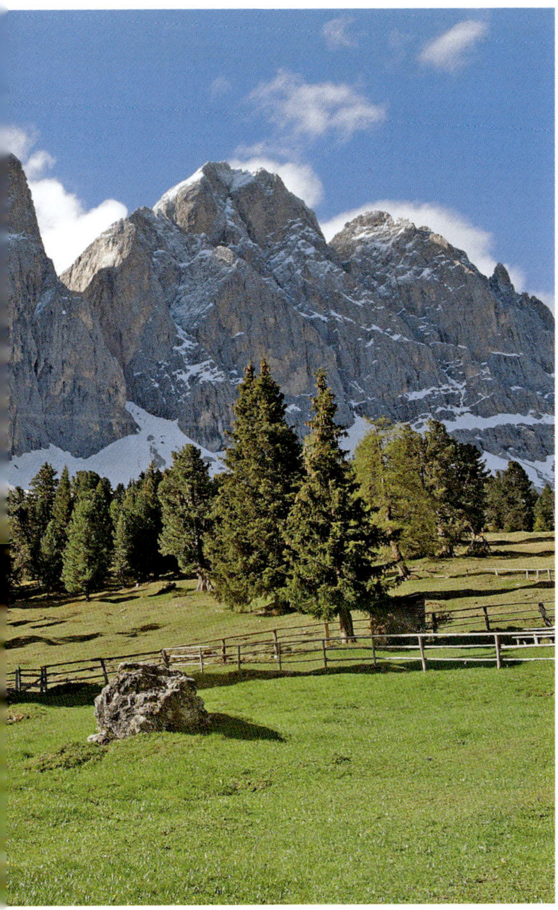

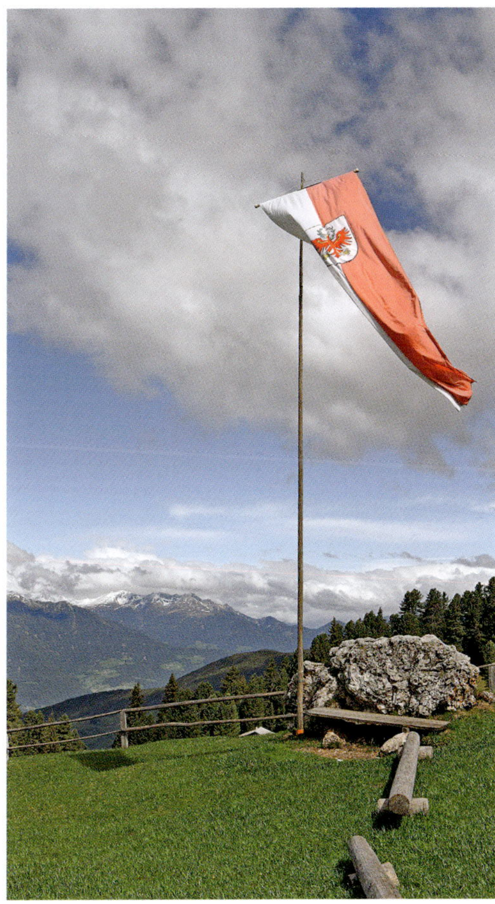

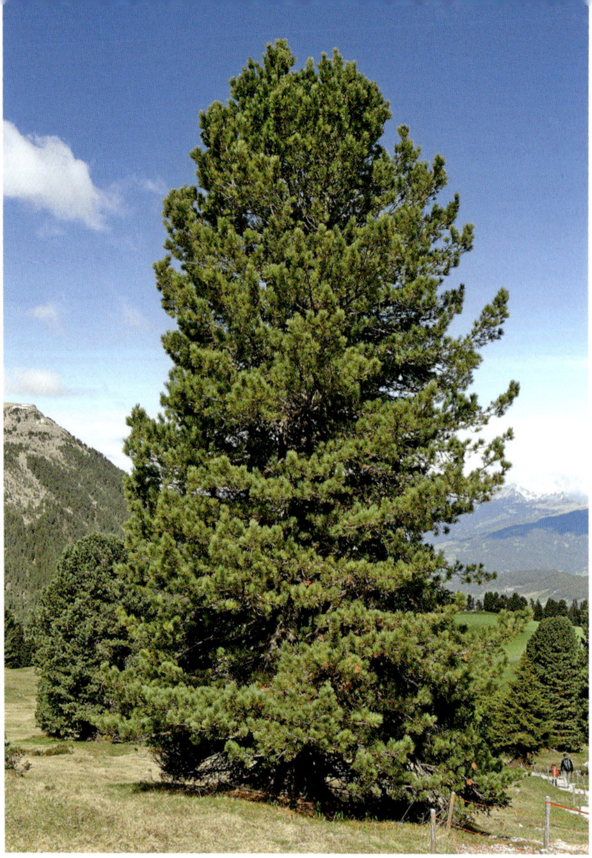

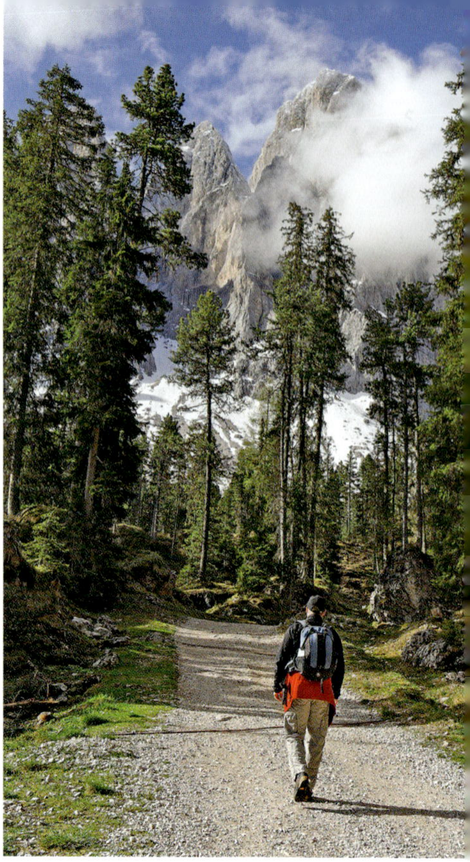

Wissenswertes

Zirbelkiefern wachsen vorwiegend in den Kontinentalalpen. Sie lieben das raue Klima und bevorzugen die Höhenluft von 2000 Metern. Mühelos überstehen sie Fröste von bis zu -45 °C. Ihr Holz verströmt einen harzigen, sehr aromatischen und lang anhaltenden Duft. Man hat schon immer gerne Wohnräume, die Zirbelholzstuben, damit ausgebaut. Es wird von Schadinsekten kaum angegriffen und hält den Duft jahrzehntelang. Weil diese Bäume sehr selten geworden sind, ist das ein nicht ganz kostengünstiges Unterfangen.

Links: Mächtige Zirbenbäume verströmen einen ganz eigenen Geruch.

Rechts: Frühmorgens ist man noch alleine unterwegs.

Adolf-Munkel-Weg Wir biegen hinter der älteren, an einem dicken Stein gelegenen Alm links auf den kleinen Pfad ab und marschieren durch lichten Baumbestand direkt auf die Felswände zu. Immer wieder wandern wir an großen stattlichen Zirbelkiefern vorbei, die wie große Kiefern aussehen. Ihr duftendes Holz und die Zapfen sind sehr begehrt. Letztere vor allem bei den Kiefernhähern, aber auch bei einigen Einheimischen, die gerne daraus Zirbenschnaps herstellen. Unser Wanderweg mündet im Adolf-Munkel-Weg, der nach dem Wegebauer und Bergpionier des Dresdner Alpenvereins benannt wurde. Hier wandern wir nach rechts und folgen stets der Beschilderung zur Gschnagenhardt-Alm. Im leichten Auf und Ab geht es nun direkt am Fuße der Geislergruppe nach Westen. Über unseren Köpfen bauen sich die steilen und kantigen spitzen Felsenzacken zu einer grandiosen Kulisse auf. Wenn auch noch Wolkenfetzen um die Gipfel tanzen, ist das ganze Schauspiel schwer zu toppen. Ein kleiner Sattel lässt uns auf das Eisacktal schauen, dann verlassen wir den Adolf-Munkel-Weg und wandern nach rechts über eine Almwiese zur Gschnagenhardt-Alm. Sie ist unser Spezialtipp für eine genussvolle Almrast. Nicht nur weil die Speisekarte mit Südtiroler Spezialitäten wie Buchweizennockerl, Schlutzkrapfen oder dreierlei Knödeln den hungrigen Wanderer verwöhnt, sondern weil die Aussicht wirklich kaum zu übertrumpfen ist.

Geisler Kino oder Abstieg? Sollten die Plätze an der Gschnagenhardt-Alm alle schon besetzt sein, wandern wir knappe 300 Meter weiter zur Geisler Alm. Auch hier ist man auf Wanderer eingestellt. So gibt es sogar das »Freiluft Geisler-Kino« mit Liegestühlen und Blick auf den Berg. Für den Abstieg folgen wir der kleinen Almstraße weiter und biegen dann kurz darauf im Wald rechts auf den schmalen Weg Nr. 36 ein, der zur Dusler Alm beschildert ist. Wir verlieren an Höhe und stoßen an einer Wegkreuzung auf eine Forststraße. Hier wandern wir geradeaus zur Dusler Alm weiter, unserer nächsten Einkehrmöglichkeit. Für den letzten Rest Rückweg gehen wir einfach auf dem Pfad an der Alm vorbei weiter. Er führt bergab und in einer langen Rechtskurve um den Berg herum. So stoßen wir auf den Oberen Parkplatz der Zanser Alm und sind zurück am Ausgangspunkt.

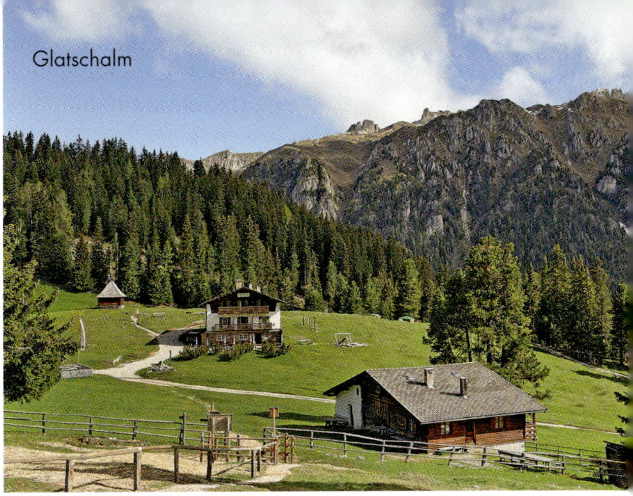
Glatschalm

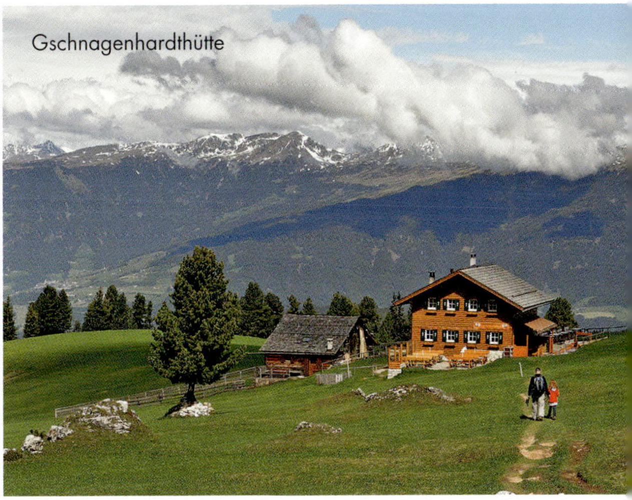
Gschnagenhardthütte

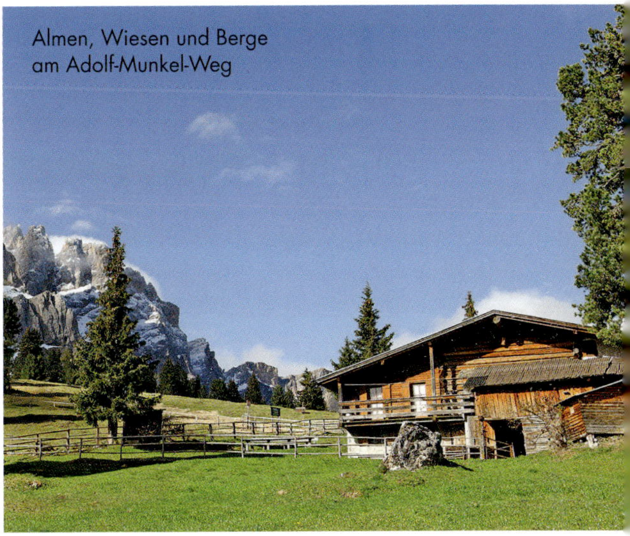
Almen, Wiesen und Berge am Adolf-Munkel-Weg

21 Auf den Raschötz

Aussichtsplateau im Gadertal

mittel | 13 km | 350/650 Hm | 3.30 Std.

Tourencharakter
Aussichtsreiche Höhenwanderung auf guten Bergwegen und Pfaden. Auffahrt mit der Raschötzer Standseilbahn, Abfahrt ab der Mittelstation des Secedalifts

Ausgangspunkt
St. Ulrich, Raschötzer Standseilbahn

Endpunkt
St. Ulrich, Secedabahn

GPS-Daten
46.577985, 11.672368 (Ausgangspunkt)

Anfahrt
Auto: Von der Brennerautobahn A 22 Ausfahrt Waidbruck, weiter ins Grödner Tal nach St. Ulrich. Im Ort gibt es gebührenpflichtige Parkplätze/Tiefgaragen. Die Talstation der neuen Standseilbahn Raschötz/Resciesa liegt am nördlichen Ortsende in der Via Resciesa. Bahn und Bus: Mit dem Zug nach Waidbruck, von dort mit Bussen nach St. Ulrich im Grödnertal

Einkehr
Raschötzhütte, www.rifugioresciesa.com, Brogleshütte

Karte
Kompasskarte Nr. 59, Gröden/Seiser Alm

Information
Conso al Gardena/Gröden Marketing, www.valgardena.it

Ein Verwöhnprogramm für Wandermuffel gibt es auf dem Raschötz. Das beginnt schon mit der bequemen Auffahrt durch die Standseilbahn und versetzt uns auf den angenehmen Panoramawegen permanent in Höchststimmung.

Rasch, schnell und mühelos Ohne eine Schweißperle zu vergeuden, fahren wir äußerst gemütlich in nur acht Minuten mit der Raschötzer Standseilbahn hinauf zur Bergstation auf 2095 Metern. Hier wenden wir uns gleich zu Beginn auf den Wanderweg, der oberhalb der Rifugio-Resciesa-Hütte beginnt. Auf dem Weg Nr. 35 folgen wir der Beschilderung in Richtung Raschötz und wandern ohne großen Höhenunterschied durch ein kleines Waldstück. Der angenehme Wanderweg führt uns nach Westen. Die Bäume lichten sich und wir erreichen die Raschötzhütte, die in malerischer Lage hoch über dem Grödner Tal thront. Auch wenn wir es uns eigentlich noch kaum verdient haben, ist alleine schon die Aussicht von hier eine Pause wert.

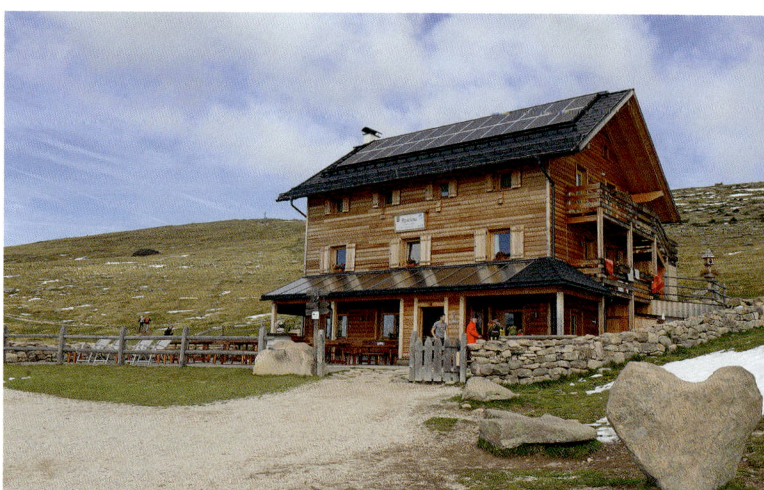

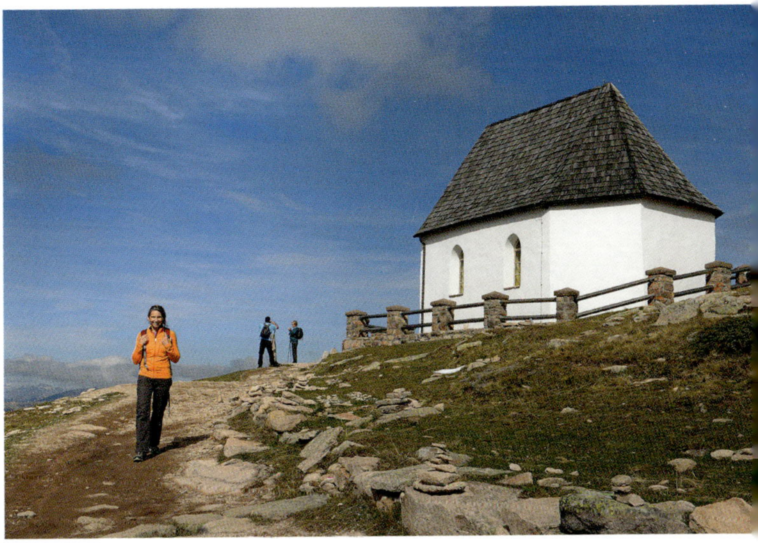

Wallfahrt am Berg Wir können aber auch zuerst noch der Wallfahrtskirche Heiligkreuz einen Besuch abstatten, die nur wenige Meter vor der ins Eisacktal abfallenden Hangkante erbaut wurde. Das schlichte Gotteshaus mit dem gemauerten Kreuz über der Eingangstür ist ein beliebtes Fotomotiv. Von hier haben wir einen weiten Blick nach Westen zum Ritten und auf die Berge der Sarntaler Alpen. Im Süden sehen wir die Seiser Alm mit dem alles dominierenden Schlern. Nun wird es kurz anstrengender. Wir steigen die 100 Höhenmeter hinauf zum markanten Gipfelkreuz des Raschötz. Das Kreuz mit seiner Christusfigur wurde aus Zirbelholz gefertigt. Wind und Wetter haben Risse in das Holz gesprengt und verleihen ihm eine herrliche Patina. Die Christusfigur selbst ist überdimensional, eine bewegende Skulptur. Das Leiden des geschundenen und gekrümmten Körpers, der sich dem vor ihm stehenden Bergsteiger zuwendet, ist hervorragend ausgearbeitet. Josef Bernardi, ein Grödner Skulpturenkünstler, schuf dieses unvergessliche Gipfelkreuz.

Die Heiligkreuzkirche ist der westlichste Punkt unserer Tour.

Linke Seite: Raschötzhütte

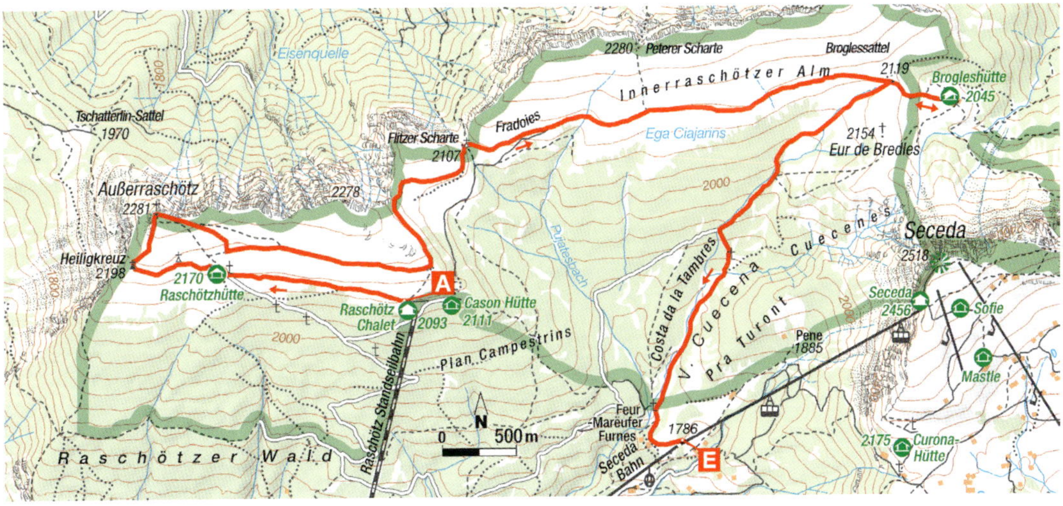

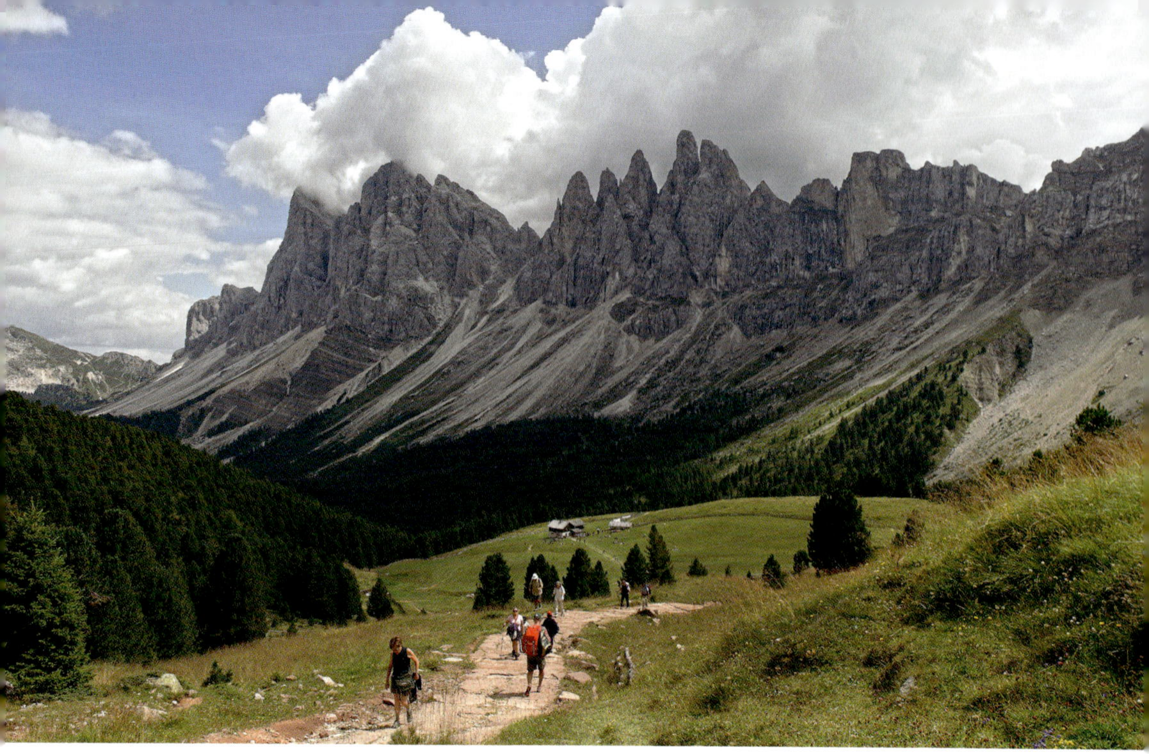

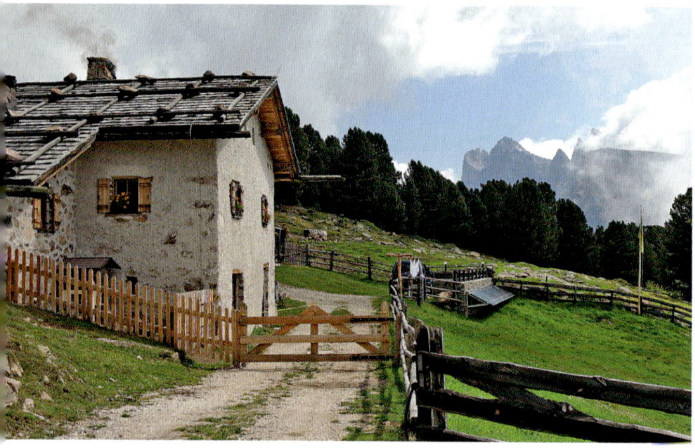

Ganz oben: Wanderer auf dem Weg zur Brogleshütte genießen stets die Geislerspitzen vor Augen.

Oben: Alte Hütten liegen am Weg.

Wir sind nun auf dem Ausserraschötz, dem westlichen Ende des Raschötzer Bergrückens. Das ist auch unser Wendepunkt, denn nun werden wir wieder nach Osten zur Innerraschötz ziehen.

Innerraschötz Dafür steigen wir vom Gipfelkreuz wieder ein Stück in Richtung Raschötzhütte abwärts. Etwas zuvor biegen wir dann links in den kleineren Wanderweg ab, der mit der Nr. 31 und zur Flitzer Scharte ausgeschildert ist. Auch auf diesem Streckenabschnitt begleitet uns eine einmalige Panoramasicht. Diesmal blicken wir im Westen auf die Geislerspitzen und die Puezgruppe, während sich auf der Grödner Talseite der Sellastock und die Lang- und Plattkofelfelsen ein Stelldichein geben. Wir wandern entlang der Hangkante und erreichen schließlich leicht abwärts die Flitzerscharte, die mit einem kleinen Wegkreuz markiert ist. In nördliche Richtung fällt unser Berg steil ab, zum Glück ist er mit einem Zaun gesichert. Ab hier sind wir nun auf dem Innerraschötz-Bergrücken unterwegs und wir folgen der Beschilderung zur

Brogleshütte. Der Weg steigt nun wieder leicht an und schließlich vereinigt er sich mit dem von rechts dazustoßenden breiteren Wanderweg Nr. 35.

Zur Brogleshütte Die spitzen Felsen der Geisler-Puez-Gruppe, auf die wir direkt zumarschieren, ziehen uns magisch an. So dauert es nicht mehr lange und wir stehen auf dem Broglessattel. Unter uns liegt in einem friedvollen Talkessel die Brogleshütte. Zu ihr könnten wir zur Einkehr absteigen. Danach müssen wir aber wieder hierherauf, um unseren Rundweg zu vollenden. Aber der kleine Abstecher ist sicherlich auch für den größten Wandermuffel gut zu schaffen.

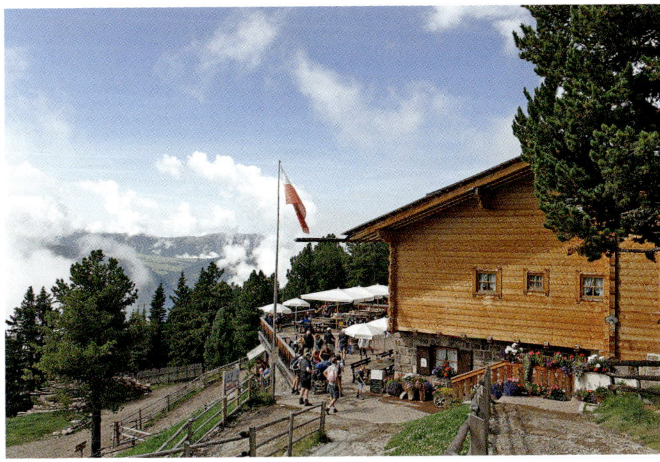

An der Bergstation der Raschötzer Standseilbahn können wir ebenfalls gut einkehren.

Herrliche Aus- und Weitsichten

Der Raschötz wirkt aus dem Grödnertal wie ein unscheinbarer lang gezogener Bergbuckel, dem man seine Paradestellung nicht ansieht. Am Raschötz zählt einfach und allein die Lage, denn er ist umgeben von der Crème de la Crème der wunderbarsten Dolomitengipfel. Ein loses Aufzählen dieser Berühmtheiten wirkt fast banal und langweilig. Freuen wir uns einfach an all den markanten Bergschönheiten, die uns umgeben.

Secedagondel Vom Sattel gehen wir dann abwärts auf dem Wanderweg mit der Markierung 5, die Mittelstation des Secedalifts ist bereits ausgeschildert. Ein kleiner Bach begleitet uns und bald erreichen wir die bewaldeten Zonen. Jetzt halten wir uns links und wandern weiter über das Anntal hinab. Wir queren ein Bachbett und schon geht es über ein paar Almwiesen zu einer breiteren Almstraße. Dieser folgen wir nach links, das letzte Stück leicht aufwärts, um eine Bergflanke herum. Vor uns liegt die Mittelstation des Secedalifts, wobei das eigentlich zwei Lifte sind. Ab hier fährt eine Gondelbahn hinauf zum Gipfel, während ins Tal hinunter mehrere Kabinengondeln pendeln. In diese steigen wir ein und schweben genauso mühelos ins Tal zurück wie wir schon auf den Berg gekommen sind. Von der Talstation der Secedabahn sind es dann nur wenige Minuten zurück in die Ortsmitte von St. Ulrich.

22 Rundwanderung im Norden der Seiser Alm

Aussichtspunkte und Kultstätten

leicht | 4,5 km | 140 Hm | 2 Std.

Tourencharakter
Leichte Wanderung auf breiten Fahrwegen und schmalen Wanderwegen

Ausgangs-/Endpunkt
Bergstation der Puflatschbahn (2119 m), am Nordrand der Seiser Alm

GPS-Daten
46.551613, 11.617191

Anfahrt
Auto: Auf der Brennerautobahn A 22 bis zur Ausfahrt Klausen. Weiter in Richtung Kastelruth, davor nach Süden zur Seilbahn Kompatsch in Seis am Schlern
Bahn und Bus: Mit dem Zug nach Brixen, weiter nach Seis am Schlern und zur Seilbahn Kompatsch

Einkehr
Restaurant Bergstation Puflatsch, www.puflatsch.eu; Arnikahütte, www.arnikahuette.com

Karte
Tabacco Wanderkarte 1:25 000, Blatt 05, Gröden, Seiser Alm

Information
Tourismusverein Seiser Alm, www.seiseralm.it

Die Seiser Alm ist die größte Hochalm Europas. Sie liegt am Westrand der Dolomiten. Die Wanderung führt zum Nordrand der Seiser Alm auf den Puflatsch. Dabei kommen wir zu herrlichen Aussichtspunkten mit wunderschönem Blick ins Grödner Tal und zu heidnischen Kultstätten wie den Hexenbänken.

Panorama-Rundweg über den Puflatsch Wir fahren mit der Seilbahn nach Kompatsch (1844 m) und gehen die wenigen Meter zum Puflatschlift. Mit diesem fahren wir hinauf zur Bergstation (2119 m). Hier bietet sich ein Bergrestaurant für eine erste kleine Einkehr an. Ein paar Meter weiter rechts befindet sich eine Aussichtsplattform, von der wir einen wunderbaren Rundumblick auf Langkofel, Platt-

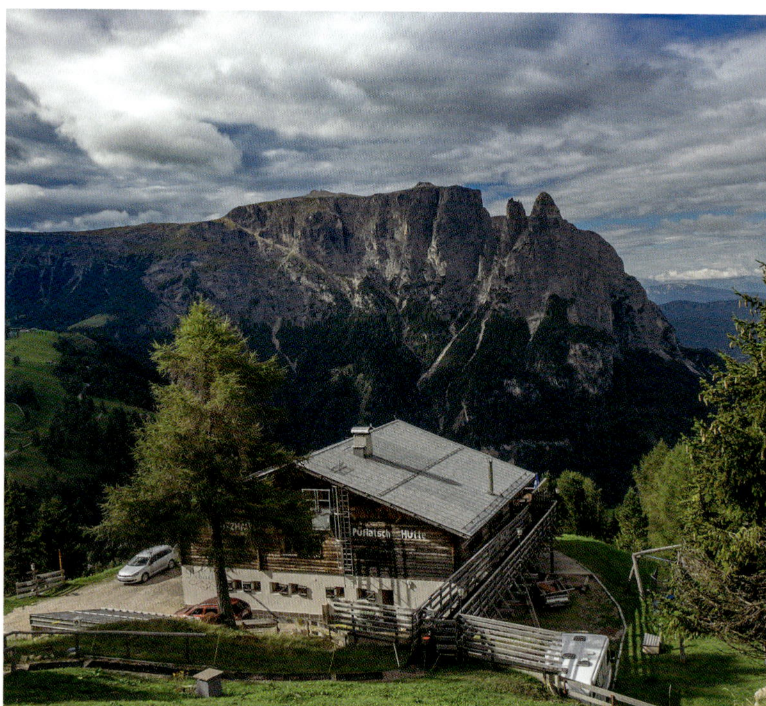

Blick hinüber zum Schlern

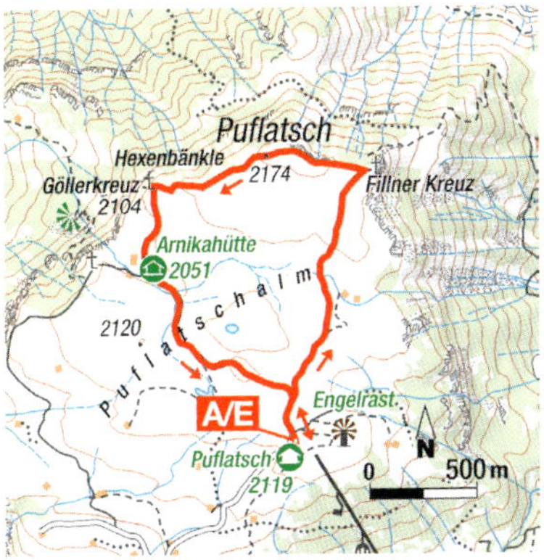

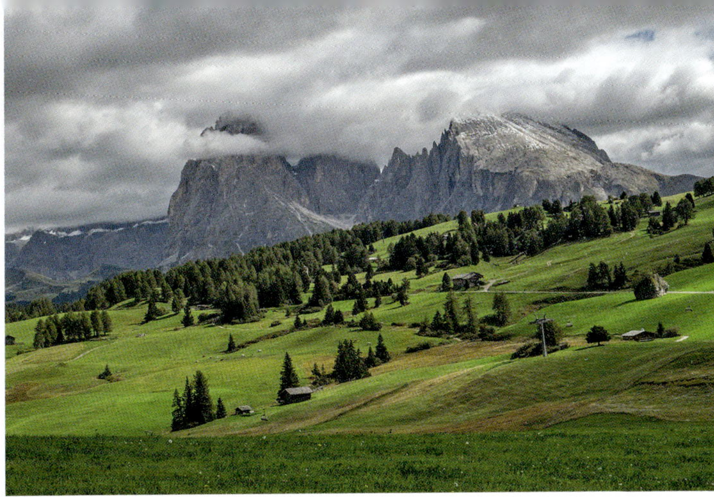

Blick zu Langkofel und Plattkofel

kofel, Rosengarten und Schlern genießen. Anschließend schicken uns die Wegweiser »Puflatschumrundung« in nordöstlicher Richtung zum Fillner Kreuz, von dem wir einen herrlichen Tiefblick auf das Grödner Tal bekommen. Nun wandern wir auf dem Steig zum höchsten Punkt des Puflatsch (2174 m). Hier rasten wir ein wenig und bewundern die schöne Dolomitenlandschaft. Nach der Rast gehen wir weiter zum Hexenbänkle. Der Sage nach soll hier auf den Felsen die Oberhexe gesessen und mit ihren Zauberkünsten das Gebiet beherrscht haben. Die Steine selbst sind eine natürliche Anordnung des Augitporphyrs, der wohl schon früh ein heidnischer Kultort war. Wir gehen weiter zum Göllerkreuz (2104 m), einem fantastischen Aussichtspunkt. Beeindruckend ist der Tiefblick nach Kastelruth und Lajen. Aber auch die Aussicht nach Westen und hinüber zu den Sarntaler Alpen mit dem Rittner Horn ist sehr schön. Nach einer kleinen Pause spazieren wir auf dem guten Wanderweg hinunter zur gemütlichen Arnikahütte (2051 m). Von der Alm wandern wir auf dem Weg Nr. 14 über das flache Plateau des Puflatsch zur Bergstation des Puflatschlifts. Mit ihm schweben wir zurück nach Kompatsch. Mit der Gondelbahn geht es zurück ins Tal.

Der Völser Weiher

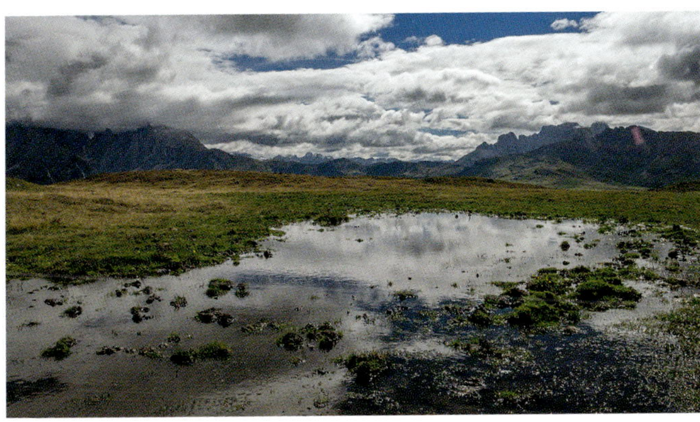

Abkühlung an heißen Sommertagen

Der Völser Weiher am Fuße des Schlerns gehört zu den saubersten Badeseen Italiens. Hier kann man einen gemütlichen Badetag verbringen oder einfach nach einer Wanderung in das kühle Nass springen und sich abkühlen.

23 Am Hirzelweg zwischen Rotwandhütte und Kölner Hütte

Auf der Westseite des Rosengartens

mittel	10,3 km	330 Hm	3.30 Std.

Tourencharakter
Guter, teilweise aber etwas schmaler Steig

Ausgangs-/Endpunkt
Paolinahütte (2125 m), Bergstation des Sessellifts von der Karerpassstraße

GPS-Daten
46.415608, 11.614737

Anfahrt
Auto: Von Bozen nach Welschnofen und weiter bis kurz vor den Karerpass. Hier zur Talstation des Lifts
Bus und Bahn: Von Bozen mit dem Bus über Welschnofen zum Sessellift. Haltestelle direkt an der Talstation

Einkehr
Paolinahütte, www.paolina-huette.com; Rotwandhütte, www.rodadivael.it; Kölner Hütte, www.rifugiofronza.com

Karte
Tabacco Wanderkarte 1:25000, Blatt 029, Schlern, Rosengarten, Latemar

Information
Eggental Tourismus, www.eggental.com

Der Hirzelweg ist ein aussichtsreicher Panoramaweg zu Füßen der mächtigen Felswände des Rosengartens. Besonders die Westwand der Rotwand ist beeindruckend. Nur mit wenig Höhenverlust und fantastischer Sicht wandern wir unter ihr entlang zur Kölner Hütte.

Erste Etappe Wir starten nach der Auffahrt mit dem Sessellift an der Paolinahütte (2125 m). Voller Tatendrang steigen wir hoch zum Christomannos-Denkmal und bewundern die Aussicht. Weiter wandern wir auf dem einfachen Höhenweg hinüber zur Rotwandhütte. Neben der Hütte befindet sich der Ciampaz. Der Abstecher auf den kleinen Felskopf lohnt wegen der herrlichen Aussicht.

Rotwandhütte Die Hütte liegt auf dem Col de Ciampac auf der Ostseite des Rosengartens. Erbaut wurde die Hütte von der Sektion Welschnofen-Karersee des Deutschen und Österreichischen Alpenvereins im Jahre 1906. Einer der Treiber des Hüttenbaus war Theodor Christomannos, der sich auch für den Bau der Straße über den Karerpass verantwortlich zeigte. Durch eine Spende des Ludwigsburger Unternehmers Stockholm Karl Ostertag-Siegle wurde der Bau finanziert. Daher erhielt die Hütte zu Beginn den Namen Ostertag-Hütte. In den Jahren

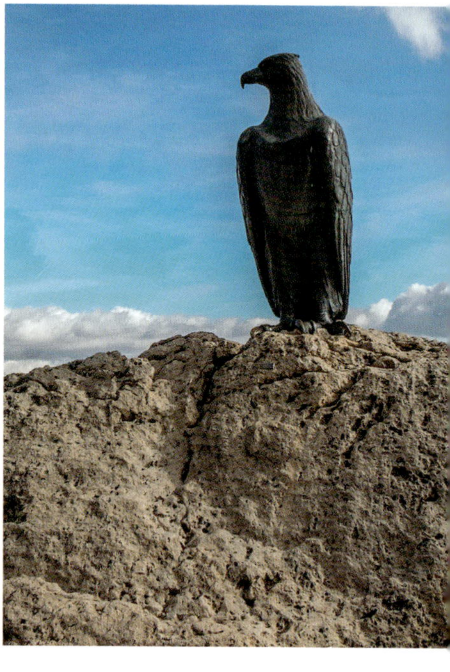

Das Christomannos-Denkmal

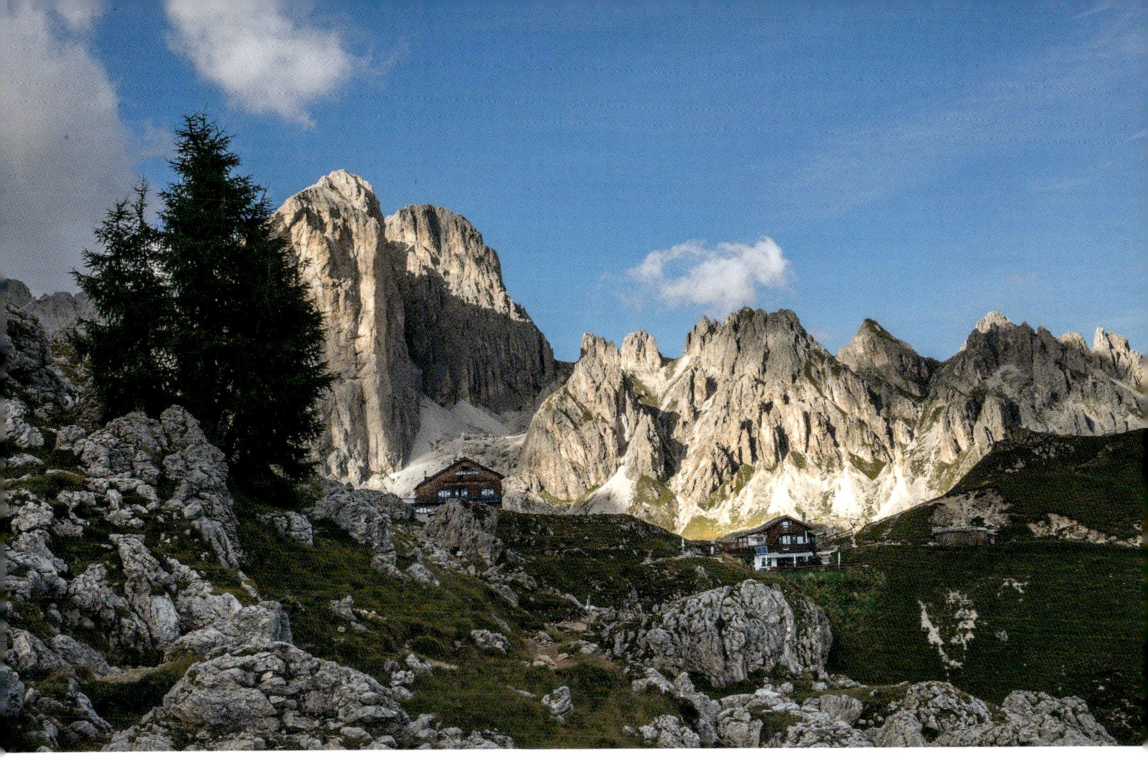

Die Rotwandhütte

2007 und 2008 bekam sie eine umfassende Renovierung, bei der sie ihre Verschindelung und die blau-weißen Fensterläden erhielt. Ab 2005 waren Bruno Deluca und seine Frau Roberta Silva Hüttenwirte der Rosengartenhütte. Seit dem Tod ihres Mannes führt Roberta Silva die Hütte weiter. Auf der Speisekarte der Hütte finden wir leckere ladinische Köstlichkeiten und eine erlesene Weinauswahl.

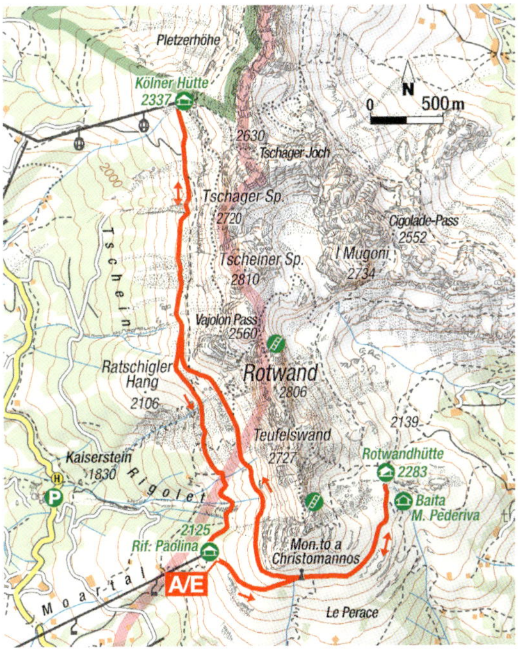

Zur Kölner Hütte Von der Hütte wandern wir zurück zum Christomannos-Denkmal. Hier nehmen wir den nach rechts abzweigenden Hirzelweg. Der Weg bringt uns unter der 400 Meter hohen Westwand der Rotwand entlang. Durch diese Wand führen viele anspruchsvolle Kletterrouten. Wir bewundern die Felswand lieber von unten und wandern weiter. Über eine steile Wiese und über Geröllfelder gelangen wir zum Abzweig des Wegs zum Vajolonpass. Diesen Abzeig ignorieren wir und spazieren geradeaus weiter. Wenig später mündet von links der breitere Weg von der Paolinahütte ein. Gemeinsam mit diesem wandern wir in nördlicher Richtung weiter. Wir erreichen einen breiten Schotterweg, auf dem wir bis hinauf zur nahen Kölner Hütte (2339 m) gehen. Die Aussicht reicht an schönen Tagen bis zu den schneebedeckten Eisriesen der Ortlergruppe.

Kölner Hütte Die erste Hütte wurde 1899 von der Alpenvereinssektion Köln erbaut. Nach einem Brand wurde im Jahre 1969 die neue Hütte damals im Besitz des CAI Verona erbaut. Durch den Sessellift Laurin von der Frommeralm kann die Hütte mühelos erreicht werden und ist dementsprechend beliebt. Auf der Hütte werden wir von Pier Paolo Trottner und seinem Team liebevoll umsorgt, dessen Familie die Hütte seit 1945 bewirtschaftet. Durch die freie Lage der Hütte an der Westseite des Rosengartens sind die Sonnenuntergänge hier oben besonders eindrucksvoll. Es lohnt sich also, einmal eine Nacht auf dieser traumhaft gelegenen Hütte zu verbringen. Wer die Tour verkürzen möchte, kann mit dem Sessellift ins Tal schweben und mit dem Bus zurück zum Ausgangspunkt fahren.

Die Kölner Hütte

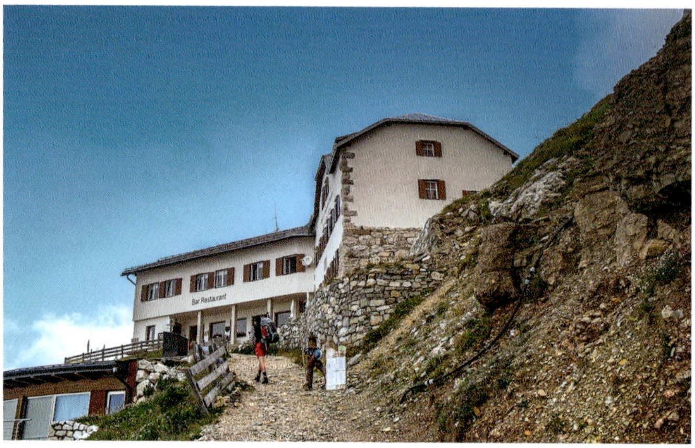

In umgekehrter Richtung

Die Tour kann natürlich auch in umgekehrter Richtung begangen werden. Den Hirzelweg begeht man dann bis zum Christomannos-Denkmal. Dann kann man noch den Abstecher hinüber zur Rotwandhütte unternehmen und in der gemütlichen Hütte einkehren und die leckeren ladinischen Gerichte der Wirtsleute genießen.

Rückweg Nach der Einkehr in der Kölner Hütte machen wir uns an den Rückweg zur Paolinahütte. Hierfür wandern wir auf dem bekannten Wanderweg zurück bis zur Abzweigung des Hirzelwegs. Hier gehen wir nach rechts und folgen dem breiten Wanderweg in Richtung Paolinahütte. Dabei ignorieren wir sämtliche Abzweigungen nach rechts. Der Weg bringt uns zu einem kleinen Wasserfall. Aussichtsreich spazieren wir hinüber zur Paolinahütte. Mit dem Sessellift fahren wir hinunter zur Talstation.

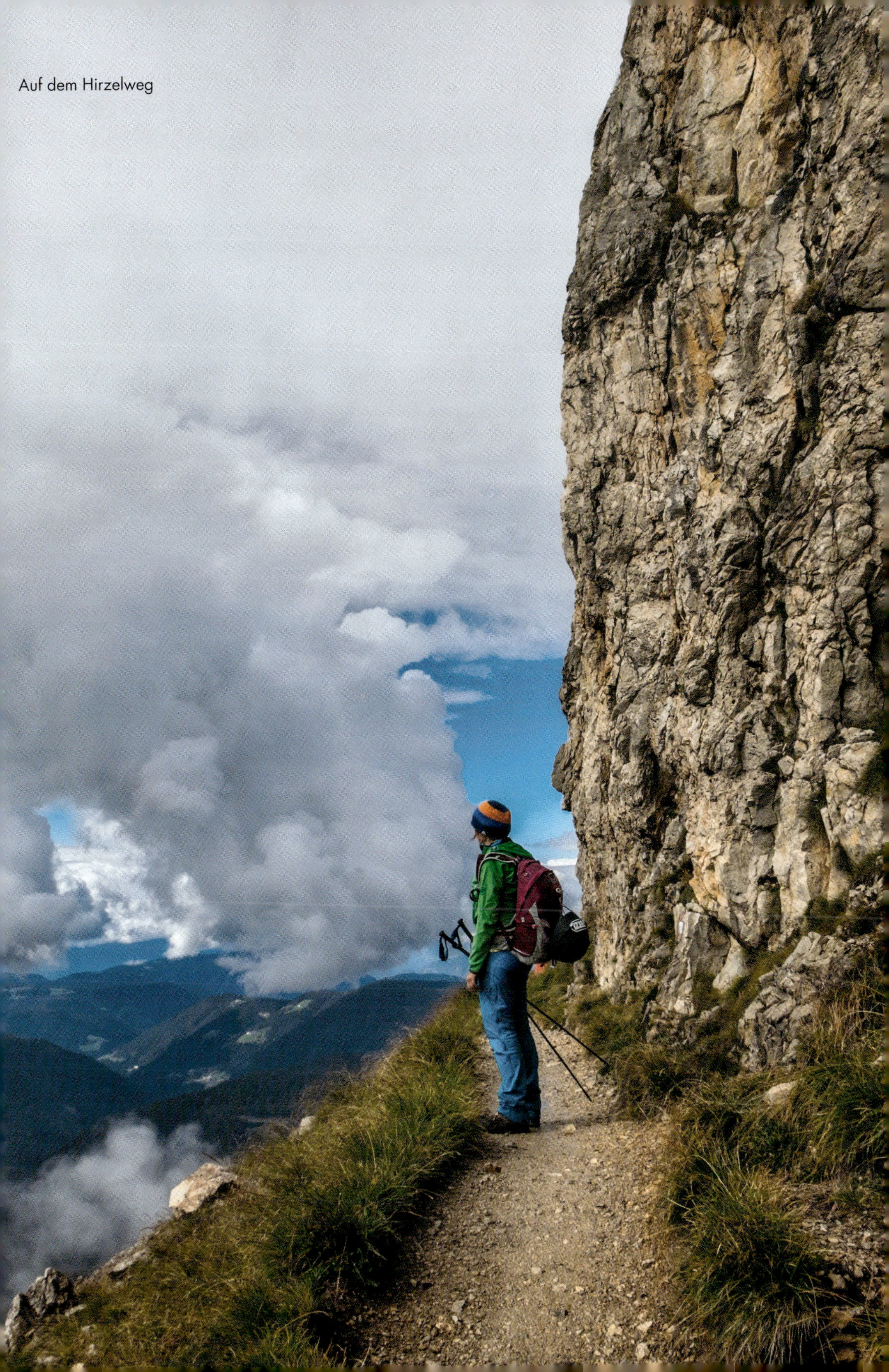

Auf dem Hirzelweg

24 Über den Friedrich-August-Weg zur Plattkofelhütte

Auf der Südseite des Langkofelmassivs

leicht | 12,3 km | 450 Hm | 4.30 Std.

Tourencharakter
Gute, einfache Wanderwege

Ausgangs-/Endpunkt
Sellajoch (2213 m)

GPS-Daten
46.508911, 11.757387

Anfahrt
Auto: Über das Grödnertal mit Wolkenstein zum Sellajoch. Parken am Joch
Bahn und Bus: Mit der Linie 471 aus dem Grödnertal oder von Corvara

Einkehr
Friedrich-August-Hütte, www.fassa.com/DE/RifugioFriedrichAugust; Rifugio Sandro Pertini, www.rifugiopertini.com; Plattkofelhütte, www.plattkofel.com

Karte
Tabacco Wanderkarte 1:25 000, Blatt 05, Gröden, Seiser Alm

Information
Conso al Gardena/Gröden Marketing, www.valgardena.it

Vom Sellajoch führt der aussichtsreiche Friedrich-August-Weg entlang der Südseite von Grohmannspitze, Innerkoflerturm und Plattkofel zur Plattkofelhütte. Der einfache, gut zu begehende Weg gehört zu den großartigsten Wegen in diesem Buch.

Friedrich-August-Weg Der schönste Zustieg zur Plattkofelhütte verläuft auf dem aussichtsreichen Friedrich-August-Weg. Hierfür bieten sich uns zwei Möglichkeiten. Vom Sellajoch (2213 m) wandern wir hinüber in den Sattel unterhalb der Bergstation der Col-Rodella-Seilbahn, die aus dem Trentino heraufkommt. Nach wenigen Metern erreichen wir die Friedrich-August-Hütte (2298 m). Wir befinden uns hier bereits unter der eindrucksvollen Südseite der Grohmannspitze. Nun beginnt der aussichtsreiche Höhenweg unter den Südwänden von Grohmannspitze, Zahnkofel und Plattkofel. Zwischendurch kommen wir am kleinen Rifugio Sandro Pertini (2300 m) vorbei. Hier könnten wir bereits eine erste Rast einlegen. Wir möchten aber noch weiter zur Plattkofelhütte. Daher gehen wir am Höhenweg weiter in Richtung

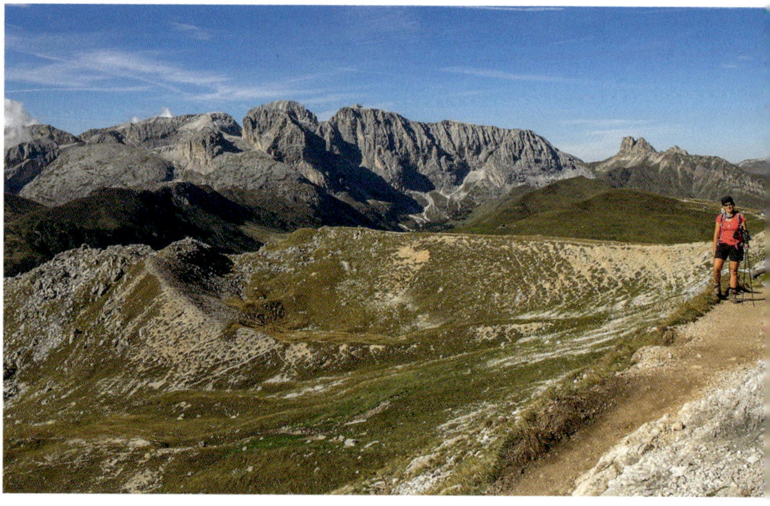

Auf dem Weg zur Plattkofelhütte

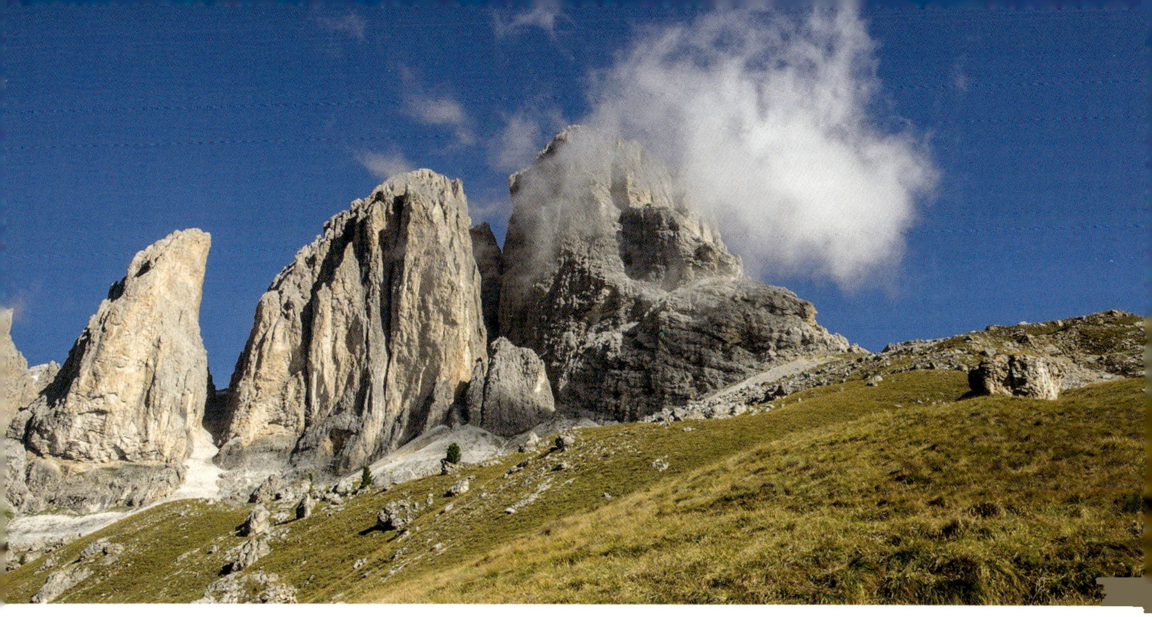

Blick zum Zahnkofel und zur Grohmannspitze

Plattkofelhütte bis zu einem Sattel. Hier steigen wir ein wenig bergab und spazieren hinüber zur nahen Hütte. Wunderschön ist die Rast auf der sonnigen Terrasse, auch wenn die Hütte häufig sehr gut besucht ist. Der Name des Wegs geht übrigens auf den ehemaligen König von Sachsen zurück. Dieser residierte zehn Jahre in Seis und war sehr bergbegeistert.

Von der Seiser Alm Wir möchten hier noch eine zweite, sehr aussichtsreiche, allerdings auch anstrengendere Variante von der Seiser Alm vorstellen. Mit der Seiser Almbahn fahren wir zur Bergstation Kompatsch (1844 m). Der Linienbus bringt uns hinunter nach Saltria (1675 m). Von dort können wir noch den

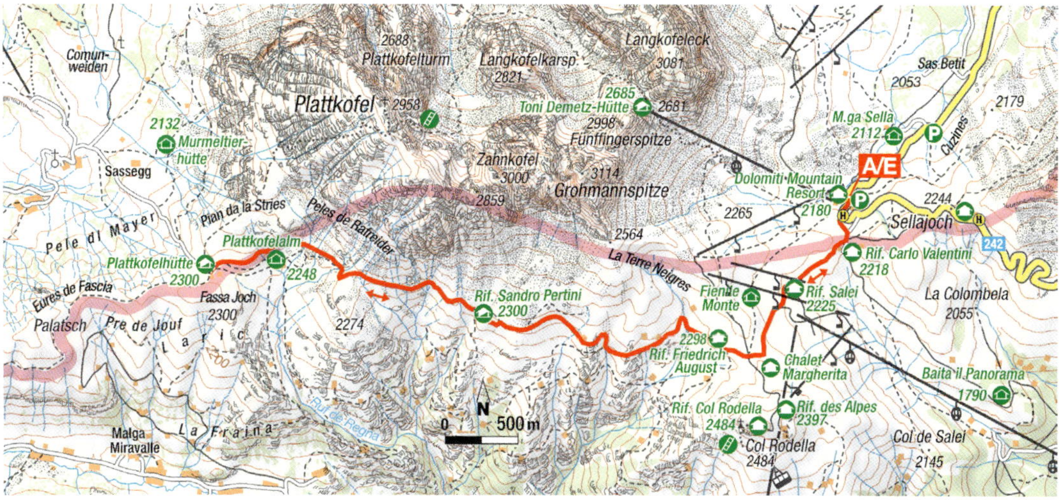

Sessellift zur Williamshütte (2100 m) nehmen. Jetzt wandern wir zum Berghaus Zallinger (2037 m). Ab hier steigen wir ziemlich steil und schweißtreibend hinauf zur Plattkofelhütte, in der wir gemütlich einkehren. Schließlich machen wir uns an den Weiterweg. Hierfür bringt uns ein schöner Höhenweg (Westteil Friedrich-August-Weg) zu Beginn auf der Nordseite, später südseitig durch die steilen Grashänge des Kamms bis in das Mahlknechtjoch (2168 m). Hier biegen wir nach rechts ab und wandern auf dem Forstweg bergab, bis nach links ein Steig abzweigt. Auf diesem gehen wir bis zur Mahlknechthütte (2054 m). Von der Hütte wandern wir geradeaus weiter zur Almrosenhütte (2004 m). Dort biegen wir nach rechts ab und folgen dem Weg bis zur Straße, die nach Saltria führt. Von Saltria fahren wir wieder mit dem Bus zur Bergstation der Seilbahn.

Die Plattkofelhütte

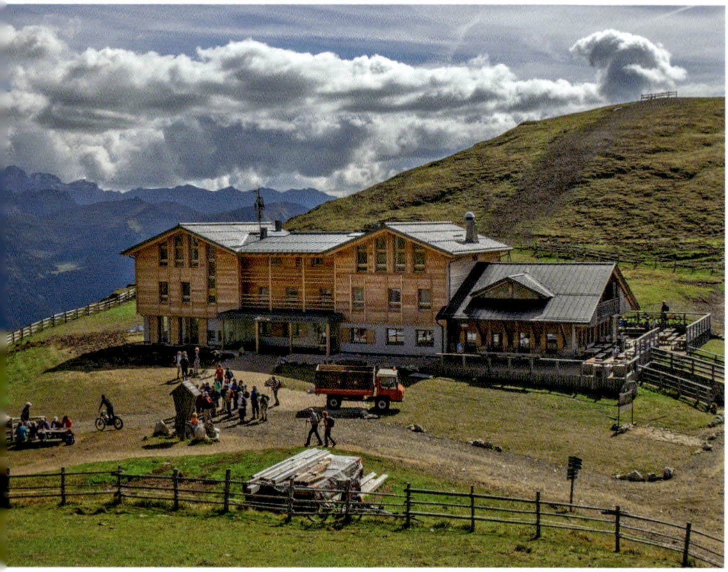

Seilbahn in die Langkofelscharte

Eindrucksvoll ist die Landschaft in der Langkofelscharte. Mit der Gondelbahn vom Sellajoch schweben wir bequem in die Scharte. Oben steht die Toni-Demetz-Hütte, in der wir gemütlich einkehren können. Auch ein Abstieg zur Langkofelhütte ist möglich. Allerdings verläuft dieser über ein steiles Schuttfeld.

Plattkofelhütte Die private Plattkofelhütte wurde 1935 von Anton Kasseroler erbaut. Die Familie entschloss sich in den 1950er-Jahren zu einem Neubau, der 1971 erweitert wurde. Inzwischen hat sich die Plattkofelhütte zu einer modernen, komfortablen Hütte gemausert, die bei Wanderern sehr beliebt ist. Neben der wunderbaren Umgebung liegt dies vor allem an der leichten Erreichbarkeit über den Friedrich-August-Weg. Traumhaft ist die Lage der Plattkofelhütte am Fuße des namengebenden Gipfels. Das hat aber weniger mit dem Plattkofel zu tun als mit der grandiosen Aussicht zur Dolomitenkönigin Marmolada. Der Gegenpol dazu befindet sich auf der gegenüberliegenden Seite mit dem saftigen Grün der Seiser Alm.

Gipfelrast am Plattkofel

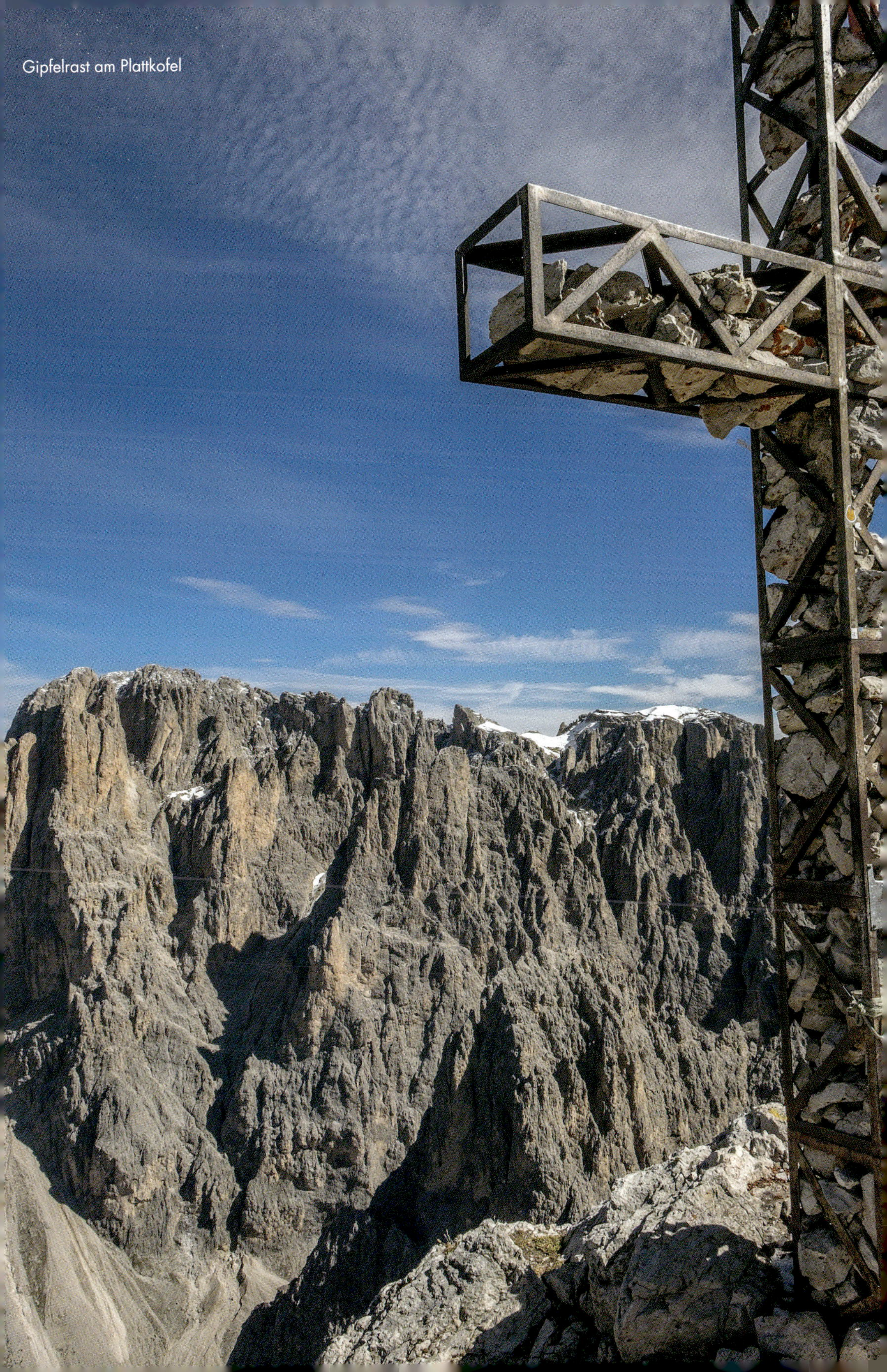

25 Vom Sellajoch zur Comici-Hütte

Kann denn Luxus Sünde sein?

leicht | 5 km | 100 Hm | 1.45 Std.

Tourencharakter
Eine leichte sonnige Streckenwanderung mit nur wenig Steigung

Ausgangs-/Endpunkt
Sellajoch

GPS-Daten
46.549610, 11.806553

Anfahrt
Auto: Von der Brennerautobahn A22, Ausfahrt Klausen, weiter ins Grödner Tal und von dort die Passstraße hinauf zum Sellajoch, dort gibt es viele Parkplätze.
Bahn und Bus: Mit dem Zug nach Brixen oder Waidbruck, weiter mit dem Bus über Wolkenstein zum Pass

Einkehr
Emilio-Comici-Hütte (geöffnet in der Sommersaison)

Karte
Kompasskarte Nr. 624, Gadertal

Information
Conso al Gardena/Gröden Marketing, www.valgardena.it

Wenn man sich schon nicht so leicht für das Wandern begeistern kann, so darf doch zumindest als Belohnung ein echtes Hüttenhighlight in den Dolomiten winken. Die Emilio-Comici-Hütte ist etwas Besonderes, denn sie liegt majestätisch unter dem Langkofel, sie ist jeden einzelnen Schritt wert – landschaftlich und kulinarisch!

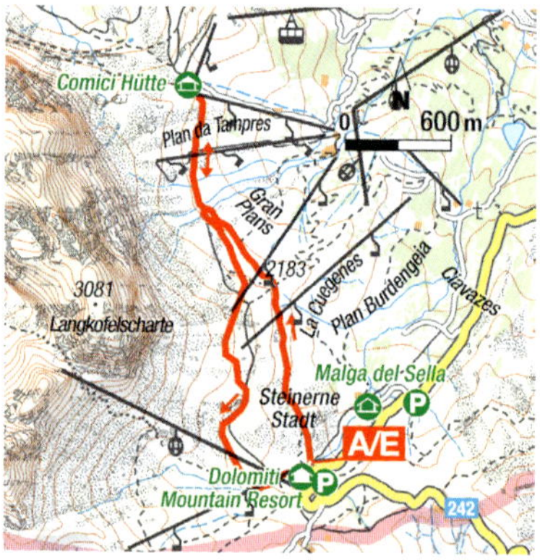

Schickimicki oder im Wanderlook Vorab sollte man jedoch wissen, dass die Emilio-Comici-Hütte schon lange keine urige Wanderhütte mehr ist. Hier wird hohe Küche zelebriert und das mitten auf dem Berg. Von mediterranen Fischtellern über feinste Krustentiere zu Pasta und Fleischgerichten – nebst einer gut sortierten Weinkarte ist sicherlich für jeden Geschmack und Geldbeutel etwas dabei. Wer vorhat, zum Mittagstisch ausgiebig zu schlemmen, der sollte sich sicherheitshalber einen Tisch reservieren.

Aber es muss nicht nur Luxus sein: Es gibt eine Picknickzone und unendlich viel Platz auf den Wiesen rund um das Haus. So kann man sich am Tresen der Selbstbedienung anstellen oder seine eigene Brotzeit mitbringen. Denn eines ist klar: Die Aussicht am Fuße des Langkofels ist für sich gesehen schon wahrer Luxus, aber für alle gratis.

Durch die Steinerne Stadt Direkt am Sellajoch unweit der historisch anmutenden Langkofelschartenbahn beginnt die Wanderung zur Comici-Hütte. Wir folgen dem Wanderweg Nr. 526 in Richtung Emilio-Comici-Hütte. Gleich hinter den Gebäuden

Es gibt auch schlichtere Einkehrmöglichkeiten, wie die Sella-Alm, erreichbar mit einem kleinen Umweg.

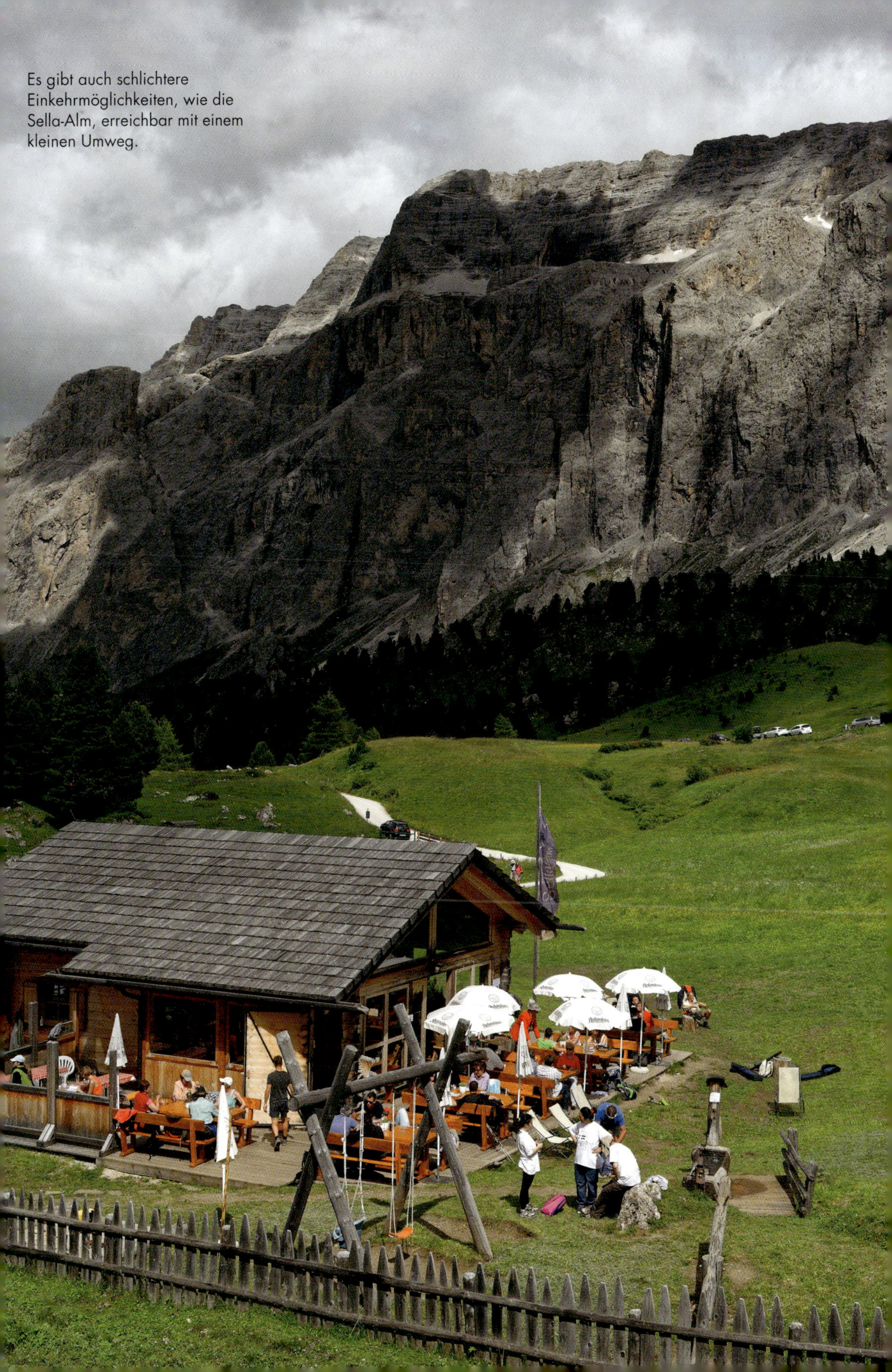

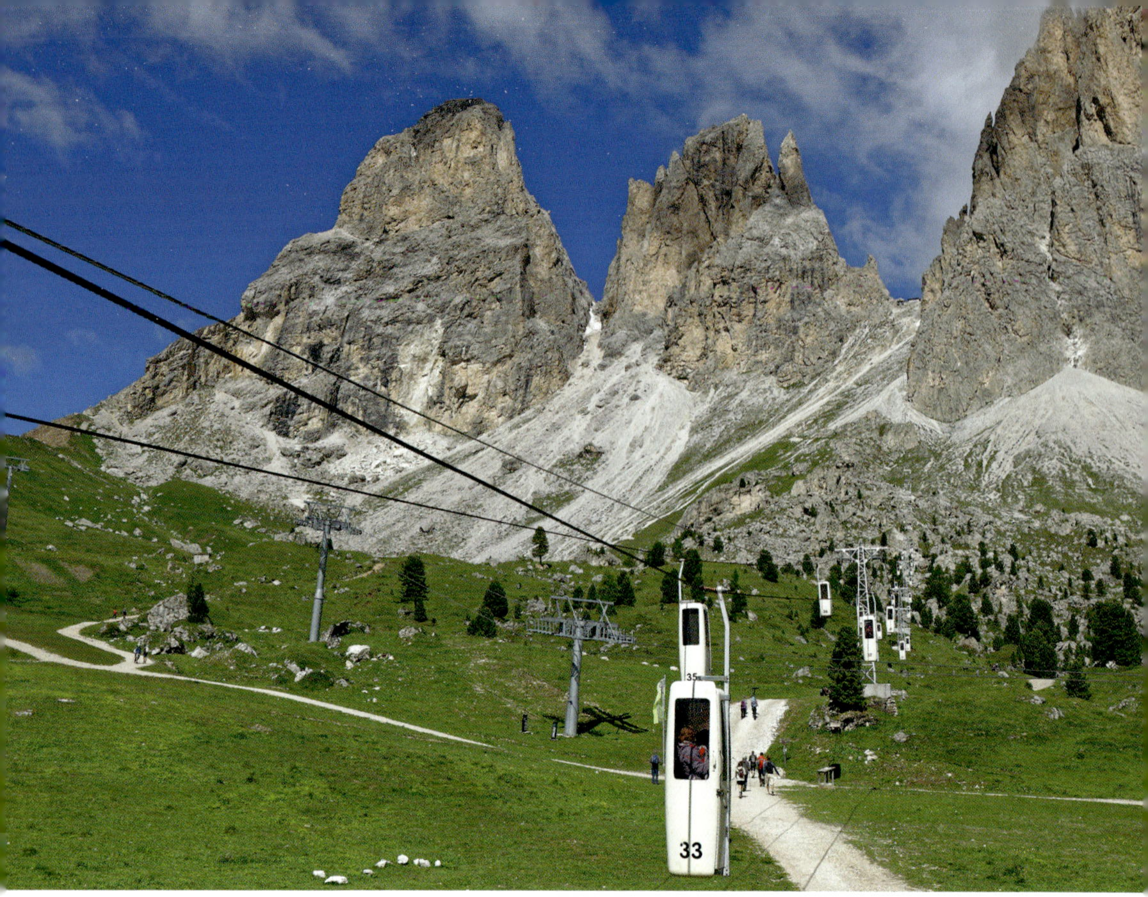

Vom Sellajoch führt diese historische Seilbahn hinauf zur Toni-Demetz-Hütte. Es macht Spaß, die Bergsteiger beim Einstieg in die Gondeln zu beobachten, sie funktioniert eben anders …

Leonardo Emilio Comici

Das Rifugio E. Comici wurde zu Ehren des im Alter von 39 Jahren verunglückten italienischen Alpinisten Leonardo Emilio Comici erbaut. Er war ein Pionier in den Bergen, ein herausragender Bergführer und eine Klettergröße. Bei fast 100 Erstbesteigungen war er erfolgreich, als Beispiel nur 1933 die Nordwand der Großen Zinne, die bis dahin als unbezwingbar galt.

tauchen wir in ein riesiges Meer aus Steinen und Felsen ein, die sich zu einem bizarr anmutenden Labyrinth verschachteln. Wir haben die »Steinerne Stadt« erreicht. Unzählige Felsblöcke, die sich einst vom Langkofel lösten und herabstürzten, liegen völlig verstreut in allen Größen und Formen am Berghang. Nicht nur für Kinder ein Abenteuerparadies, auch für Kletterfans sind sie ein wahres Eldorado, denn so herrliche Boulderplätze mit unterschiedlichen Schwierigkeitsgraden findet man nicht überall. Unser einfacher Wanderweg windet sich geschickt um die Felsformationen. Alles in allem ein ungemein romantischer und vor allem abwechslungsreicher Weg.

Luxusplatz So merken wir kaum, dass dieser stetig auf- und abführt. Schließlich treffen wir auf einen Almweg, dem wir nur noch ein Stück weiter in Wanderrichtung folgen. Kurz darauf wandern wir die letzten Meter über Almwiesen zur Emilio-Comici-Hütte, die auf einem Sattel zwischen Piz Sella und der Langkofel-Nordostwand ausnehmend eindrucksvoll erbaut wurde. Die Aussicht auf den gegenüberliegenden Sellastock ist wunderschön, aber auch die steil aufragenden Felswände des Langkofels sind ein ganz besonderer Anblick. Jetzt ist Zeit für die Rast, bevor wir uns auf gleichem Weg zurück zum Sellajoch begeben.

Wandermuffeltipp

Wer sich noch zu etwas mehr »Wandern« aufraffen möchte, kann beim Rückweg auch dem Weg Nr. 526C folgen. Er steigt jedoch noch einmal etwas an und führt etwas oberhalb unseres Hinwegs zurück. Dafür kommen 100 Höhenmeter on top, an der Länge ändert sich kaum etwas.

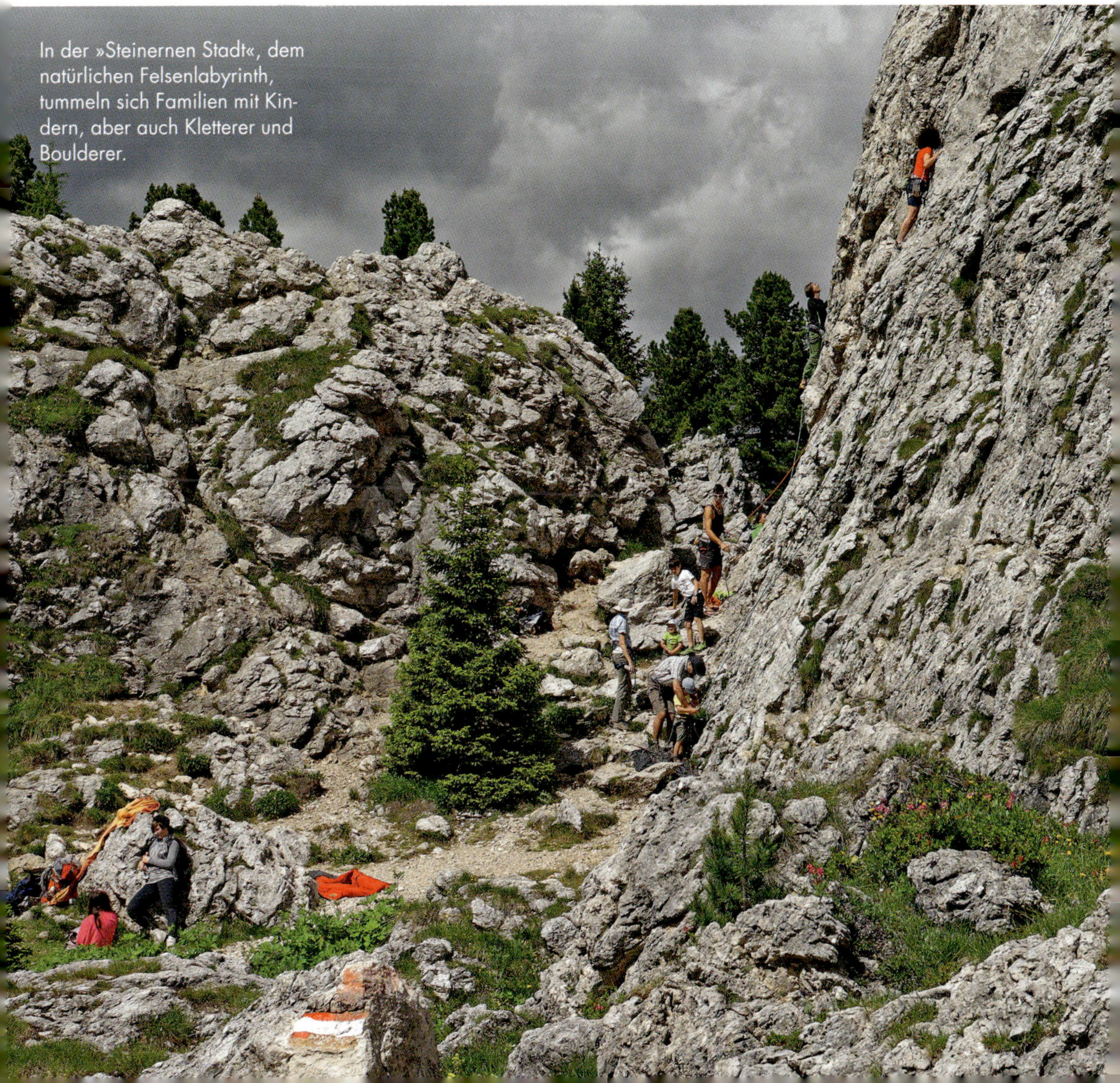

In der »Steinernen Stadt«, dem natürlichen Felsenlabyrinth, tummeln sich Familien mit Kindern, aber auch Kletterer und Boulderer.

26 Vom Grödner Joch nach Kolfuschg

Unter der Cirspitze durch das Edelweißtal

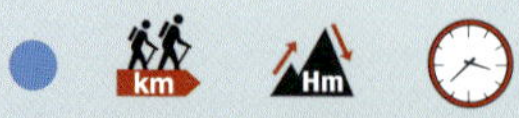

leicht | 7,5 km | 750/280 Hm | 2.30 Std.

Tourencharakter
Eine leichte sonnige Panoramawanderung, die knieschonend nicht zu steil vorwiegend bergab führt. Auf das Grödner Joch gelangt man am besten mit dem Bus. Die Tour lässt sich auch in anderer Richtung gehen.

Ausgangspunkt
Grödner Joch

Endpunkt
Kolfuschg

GPS-Daten
46.549610, 11.806553 (Ausgangspunkt)

Anfahrt
Auto: Von der Brennerautobahn A22, Ausfahrt Klausen, weiter ins Grödner Tal und von dort die Passstraße hinauf zum Grödner Joch, dort gibt es viele Parkplätze. Zur Rückfahrt benützt man den Bus.
Bahn und Bus: Mit dem Zug nach Brixen oder Waidbruck, weiter mit dem Bus

Einkehr
Jimmy's Hütte, Ütia Forcelles (geöffnet Ende Juni–Mitte Sept.); Edelweißhütte

Karte
Kompasskarte Nr. 624, Gadertal

Information
Tourismusverein Alta Badia, www.altabadia.org

Majestätisch, grandios und geradezu gewaltig präsentieren sich die Berge rund um das Grödner Joch. Auf unserem Weg nach Kolfuschg haben wir die Cirspitzen, den Sassongher und nach Süden den mächtigen Sellastock stets im Blick. Durch den hohen Startplatz am Pass die bequemste Möglichkeit, den Dolomiten nahezukommen.

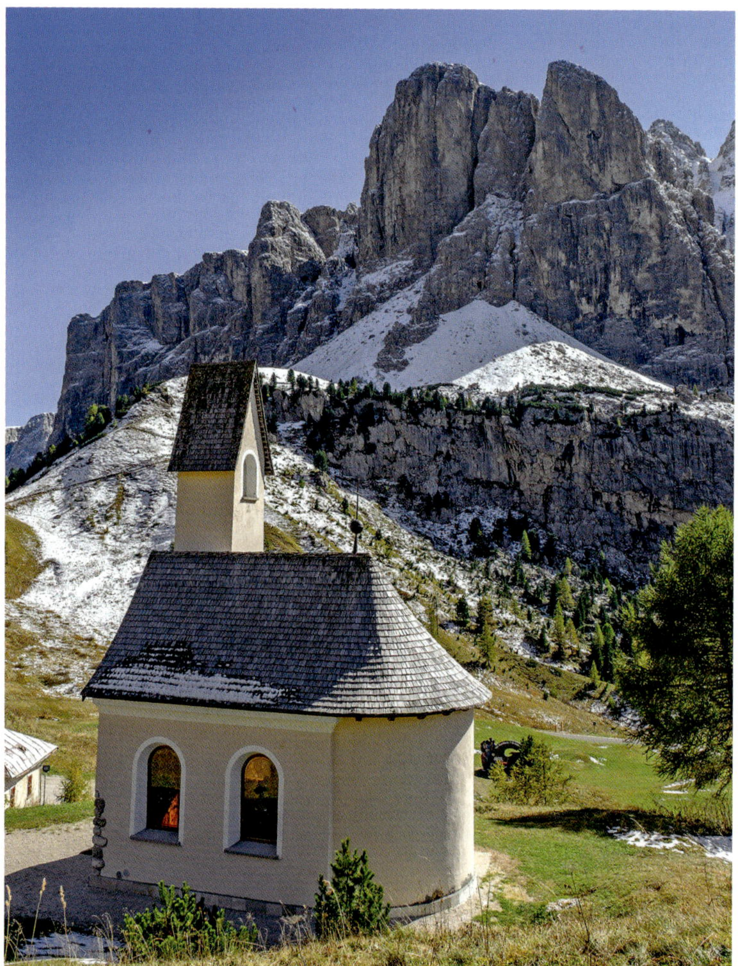

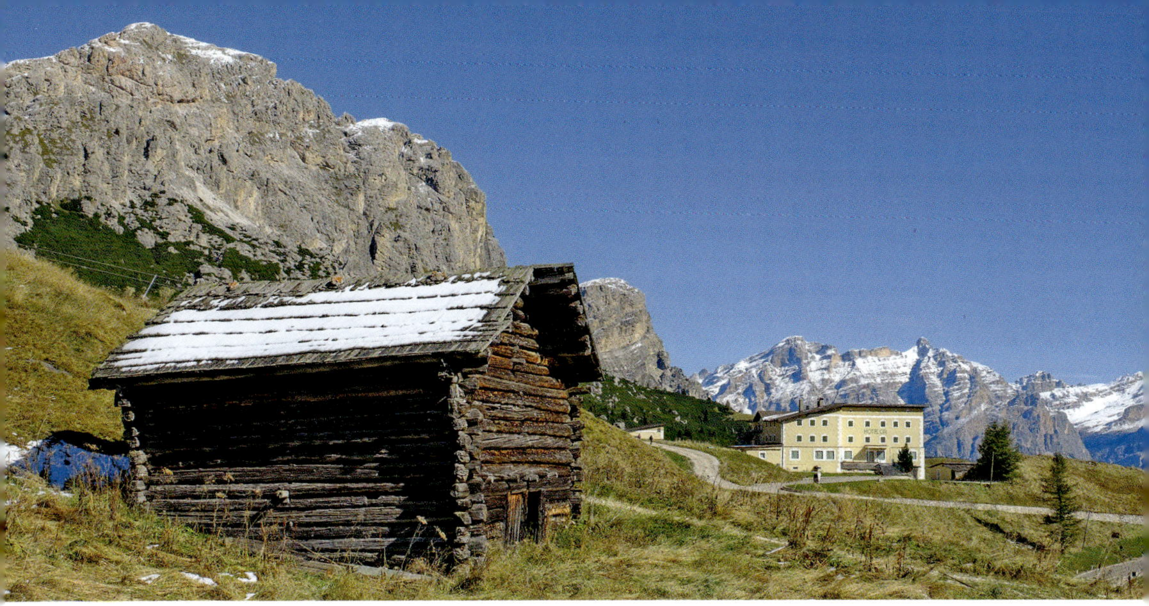

Grödner Joch Von Kolfuschg aus werden wir in gerade einmal 15 Minuten über viele Kurven und Serpentinen mit dem Bus auf das Grödner Joch gefahren. Einsam ist es hier nicht: Der Pass, der das Grödnertal mit dem Alta Badia verbindet, ist ein begehrtes Ausflugsziel mit einer dementsprechenden Infrastruktur. Trotz allem, die Aussicht ist überwältigend, lässt sie uns doch weit nach Westen und Osten blicken. Das ganze Gebiet ist mit unzähligen kleinen und großen Wanderwegen übersät. Wir steuern als Erstes die kleine Kapelle St. Mauritius an, der wir einen Besuch abstatten. Dann folgen wir der Beschilderung 12 A nach Dantercepies, die uns aufwärts in Richtung Cirspitzen führt. Das ist ein kleiner Umweg, der sich jedoch vor allem wegen der Aussicht

Almhütten, Heuschober und Hotels liegen rund um den Pass.

Linke Seite: Die Kapelle St. Mauritius wacht über das Grödner Joch.

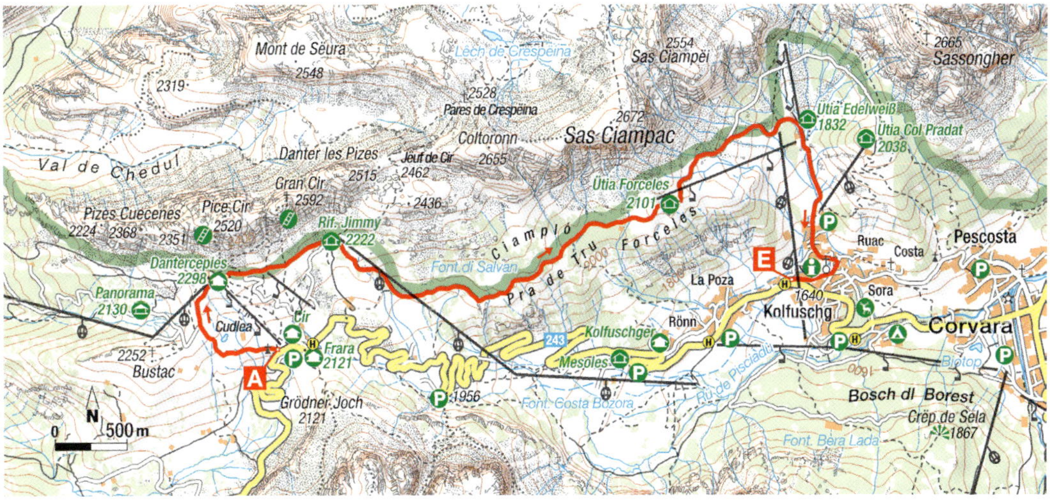

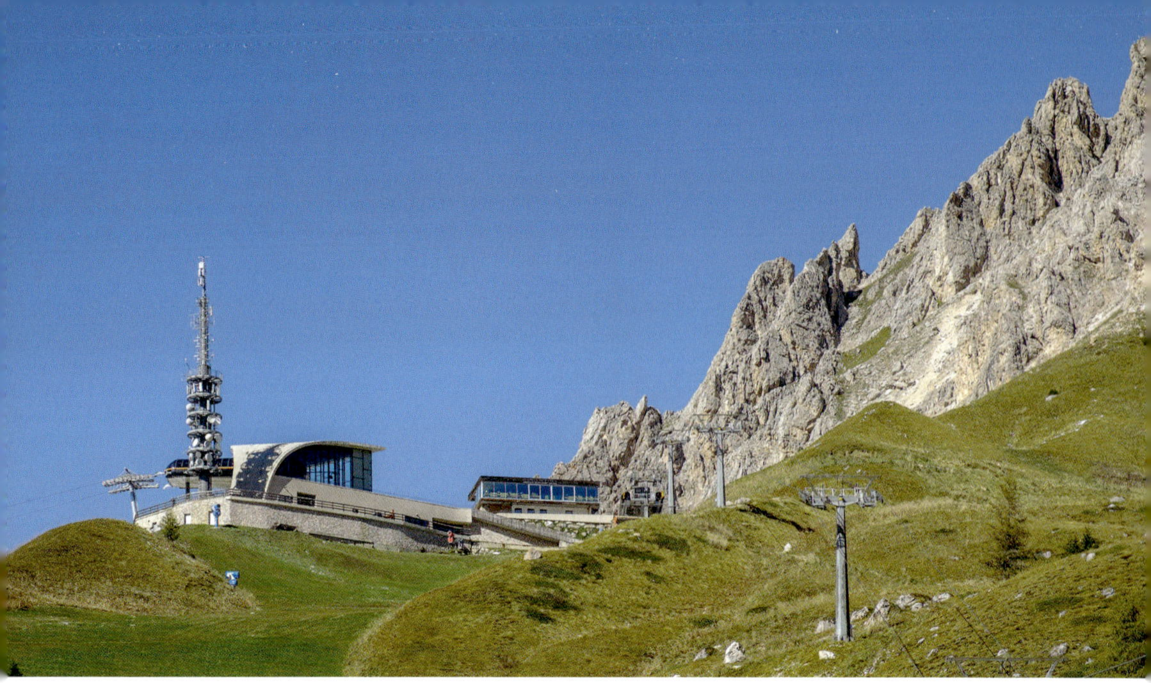

Im Winter gehören die Wiesen zum Skigebiet der Sellaronda.

lohnt. Der kürzere Einstieg zu unserem Panoramaweg beginnt eigentlich etwas unterhalb des Passes, aber es macht wenig Spaß, der Passstraße zu folgen.

An der Bergstation Dantercepies wendet sich der Wanderweg 12A nach rechts und führt nun dramatisch am Fuß der felsigen Cirspitzen entlang zu Jimmy's Hütte. Erstes Hochgebirgsfeeling ist somit inkludiert.

Bus zum Grödner Joch

Von Kolfuschg fährt Anfang Juni bis Mitte Oktober stündlich ein Bus hinauf auf das Grödner Joch. Eine gute Haltestelle liegt am Hotel Luianta, dort gibt es auch Parkplätze.

Kolfuschger Höhenweg Jimmy's Hütte ist ein vor allem im Winter beliebtes Einkehrziel für Skifahrer, die sich auf die beliebte Sella-Runde stürzen, die mit einem perfekt ausgeklügelten Liftsystem einmal den Sellastock umrundet. Diese Lifte verschwinden im Sommer natürlich nicht, aber sie können das überwältigende Landschaftsbild nicht wirklich trüben. Hinter Jimmy's Hütte beginnt dann der Wanderweg 8A, der unter dem Lift entlang abwärtsführt und dann als Kolfuschger Höhenweg in den Weg Nr. 8 übergeht.

Genusstour Auf der ganzen Strecke begleitet uns nun die genussvolle Aussicht. Im leichten Auf und Ab geht es durch kleine Latschenfelder, aber vor allem über weite grüne Almwiesen. Wer das Glück hat, Ende Juni unterwegs zu sein, wird von einem unglaublichen Blütenmeer berauscht. Langsam öffnet sich der Blick ins Gadertal und der Sassongher, ein markanter runder Felsenbuckel, taucht auf der rechten Seite auf. Nur an wenigen Stellen haben wir Schatten. Kurz bevor wir die Ütia Forcelles erreichen, blickt man am Sellastock in das auffallende Mittagstal. Gut, dass wir kurz darauf die Terrasse der Hütte erreichen, um das Ambiente in aller Ruhe zu betrachten. Übrigens, »Ütia« ist ladinisch und heißt schlicht und einfach »Hütte«.

Abstieg Hinter der Hütte beginnt nun auf einem breiteren Weg der Abstieg ins Edelweißtal. Durch Latschenfelder und über die Sandreißen, die sich vom Sas Ciampac ablösen, sehen wir bald unser nächstes Ziel, die tiefer liegende Edelweißhütte. Von dort ist es nun nicht mehr weit und wir passieren auf der kleinen Zufahrtsstraße die Talstation der Col-Pradat-Seilbahn und dahinter haben wir bereits die ersten Häuser von Kolfuschg erreicht.

Wandermuffeltipp

Vom Grödner Joch kann man Jimmy's Hütte und damit den Einstieg auf den Weg Nr. 8 A auch schneller erreichen. Dafür folgt man gegenüber dem Hotel Frara der Almstraße, die unterhalb des Hotels Cir vorbeiführt. Dann heißt es rechts halten und man ist deutlich schneller am ersten Logenplatz dieser Tour.

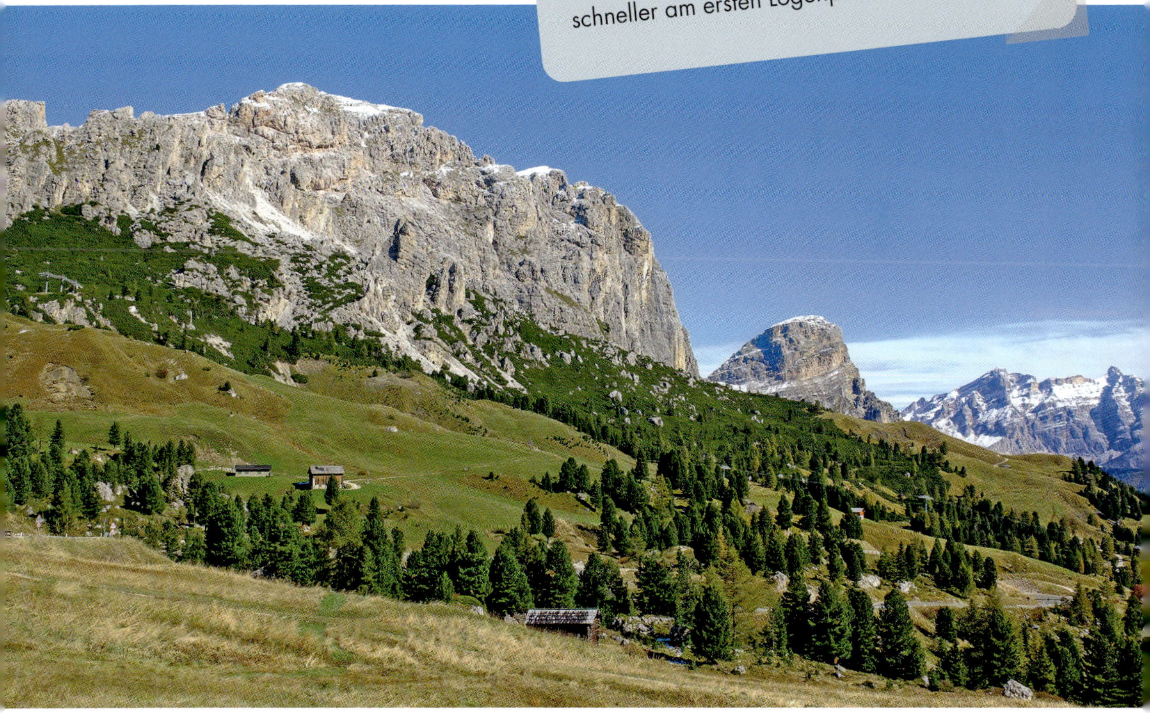

Die Aussicht auf die wilden Berge der Dolomiten mit dem Sas Ciampac und dem Sassongher ist gewaltig.

27 Über die Pralongià-Hochebene

Aussichtsplateau im Gadertal

mittel | 8,5 km | 600 Hm | 3.30 Std.

Tourencharakter
Eine kurze sonnige Rundtour über die bekannte Pralongià-Hochebene. Der Aufstieg lässt sich mit dem Col-Alto-Lift verkürzen.

Ausgangs-/Endpunkt
Corvara Talstation, Col-Alto-Lift

GPS-Daten
46.547721, 11.876547

Anfahrt
Auto: Von der Brennerautobahn A22, Ausfahrt Klausen, weiter durch das Grödner Tal und über das Grödner Joch nach Corvara im Gadertal. Oder durch das Pustertal nach St. Lorenzen bei Bruneck und von dort weiter durch das Gadertal nach Corvara. Parkplätze an der Eishalle
Bahn und Bus: Mit dem Zug nach Bruneck und mit dem Bus weiter nach Corvara

Einkehr
Ütia La Freina; Ütia I Tabla

Karte
Kompasskarte Nr. 624, Gadertal

Information
Tourismusverein Alta Badia, www.altabadia.org

Zwischen Corvara und St. Kassian und damit umzingelt von Sella, dem Naturpark Puez-Geisler und der Fanesgruppe mit dem Piz Lavarella liegt die Pralongià-Hochebene mit ihren gut 2000 Höhenmetern. Wie ein großer sanfter grüner Hügel steht sie im Kontrast zu den vielen felsigen Nachbargipfeln. Ein leichtes Ziel für Wandermuffel, das jedoch hochambitionierte Aussichten verspricht.

Auffahrt oder Aufstieg? Wir starten an der Talstation des Col-Alto-Lifts in Corvara. Wer seine Wanderunlust gar nicht überwinden kann, löst einfach ein Liftticket und spart sich damit gute 400 Höhenmeter und somit mehr als eine Stunde Aufstieg. Alle anderen wählen den Wanderweg Nr. 23, der hinter der Kirche an den wunderschönen alten Holzbauernhäusern vorbeiführt und sich dann über die Almwiesen in den Wald zieht. Zum Glück ist es hier recht schattig, denn der Weg führt nun stetig bergan. Dafür gewinnen wir rasch an Höhe. Bald unterqueren wir den Lift und steigen über einige Kurven stets in Liftnähe bleibend immer höher. Fast an der Bergstation werden wir dann aus dem Wald entlassen und haben damit schon den Hauptteil des Anstiegs geschafft.

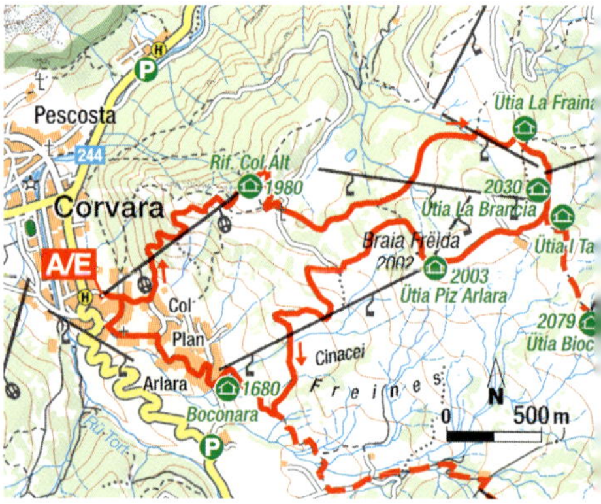

Für den Weiterweg müssen wir gar nicht bis zur Bergstation aufsteigen, sondern wir wenden uns nach rechts und steigen die wenigen Meter abwärts zum Sattel mit seiner Wegeverzweigung. Alle, die mit der Gondel hinaufkutschiert wurden,

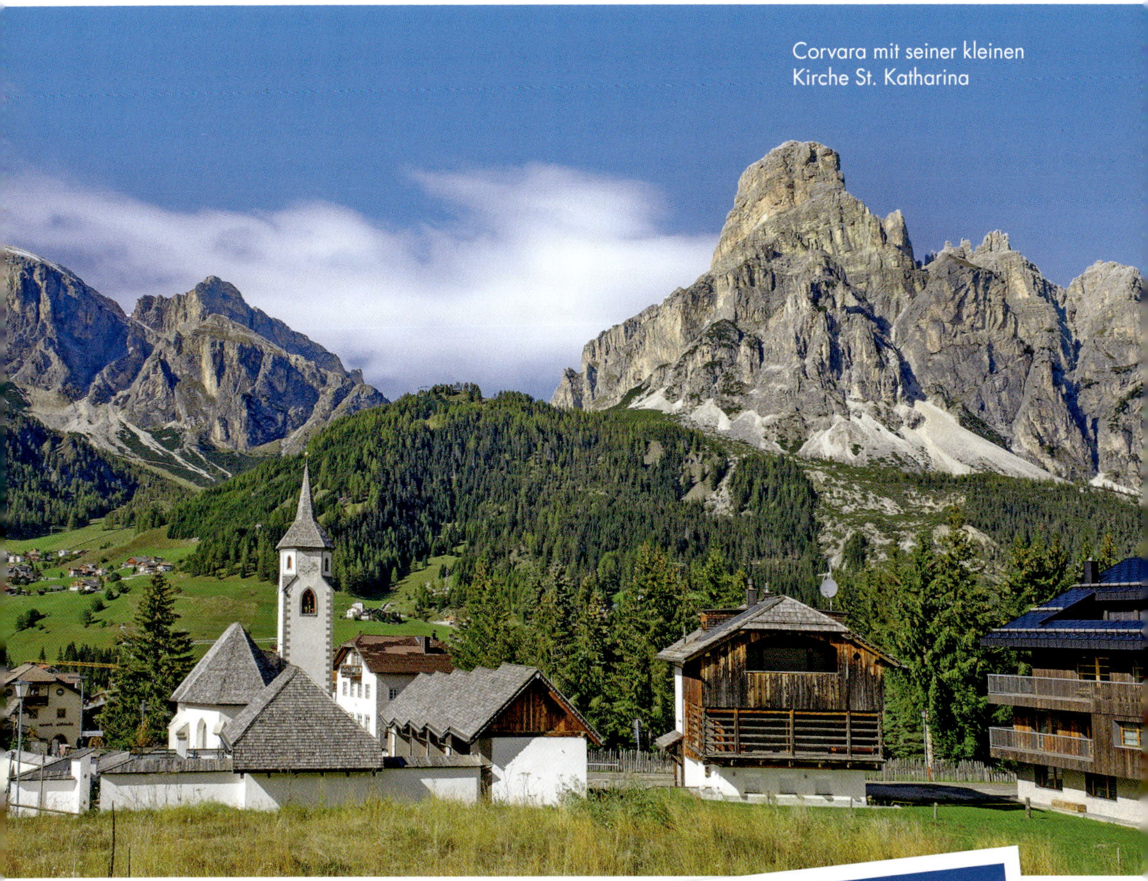

Corvara mit seiner kleinen Kirche St. Katharina

machen das Gleiche und steigen die wenigen Meter auf der kleinen Almstraße hinunter zum Sattel. Schon von hier ist die Aussicht über das Tal hinüber zum Grödner Joch einmalig schön.

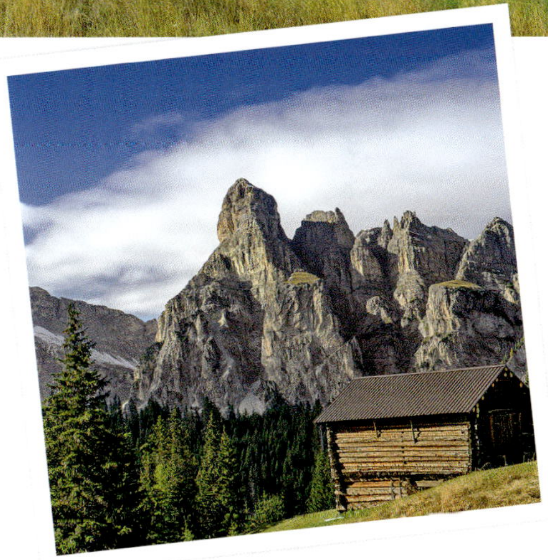

Egal wohin man blickt, der Sassongher-Gipfel ist allgegenwärtig.

Hochmoor Für uns geht es geradeaus auf dem kleinsten der Wege weiter, er ist immer noch mit der Nr. 23 beschildert. Nach dem kleinen Waldstück umrunden wir ein Hochmoor. Dahinter wendet sich der Weg nach links und steigt weiter entlang einer Hügelkante an. Die Abzweigung nach rechts zum Piz Arla lassen wir unberücksichtigt, wir folgen nun der »23 A« unter einem Skilift hindurch über eine feuchte Almwiese in den lichten Bergwald hinein. So erreichen wir den nächsten Lift, dessen Trasse wir nun rechts steiler bergauf folgen.

Aha-Effekt Das Ende des Aufstiegs ist mit dem Lift abzusehen und somit gut zu schaffen. Oben angekommen sind wir dann völlig überwältigt von der so plötzlich auftauchenden gigantischen Aussicht. Nun ist klar, warum das Hochplateau des Pralongià so ein begehrtes Ziel ist. Rund um uns sammeln sich die majestätischen Gipfel der Dolomiten. Unglaublich schön und kaum zu beschreiben. Gut, dass hier auf dem Sattel die Ütia La Fraina liegt. Auf der sonnigen Terrasse mit ihren großen Holztischen werden ladinische und Südtiroler Gerichte serviert, die Aussicht gibt es gratis dazu.

Auf der Pralongià-Hochebene öffnet sich dann auch die Sicht zum Heiligkreuzkofel und der Lavarella.

Retour mit Aussicht Nach einer ausgiebigen Rast folgen wir dem breiten Almweg in südlicher Richtung. Vorbei an der Bergstation und dem Restaurant La Brancia erreichen wir wenige

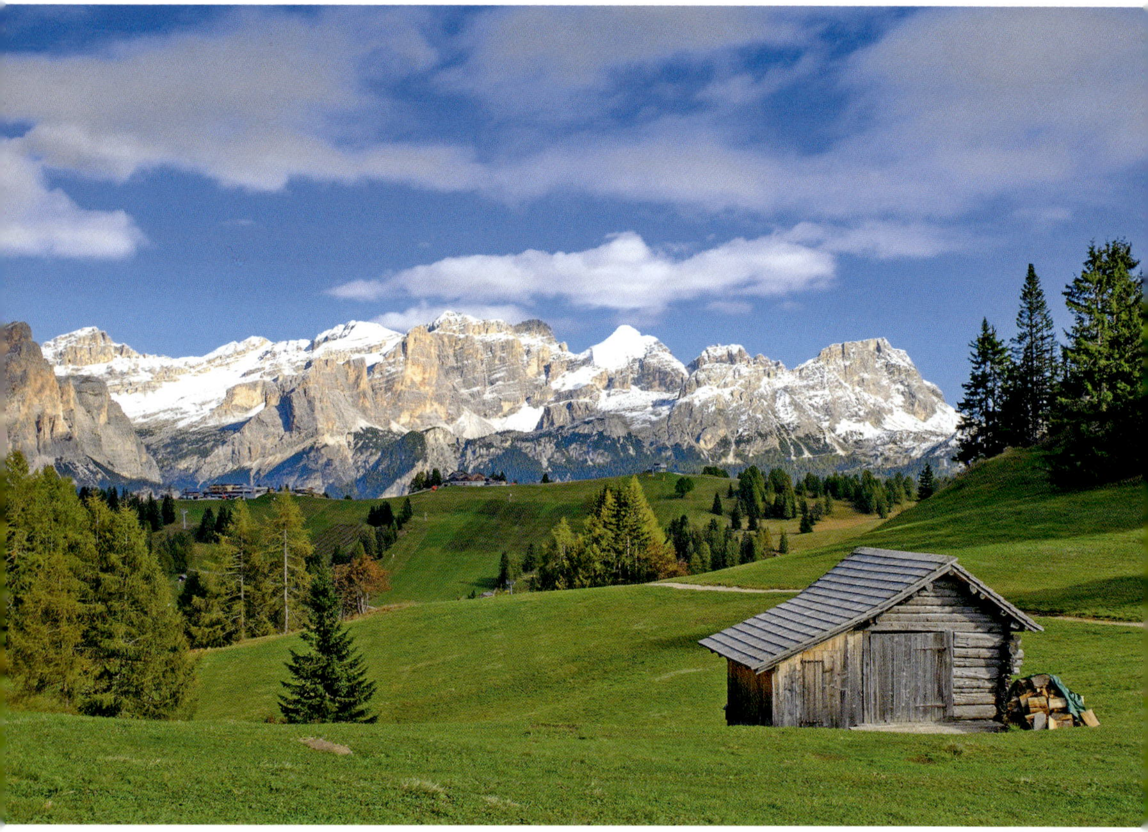

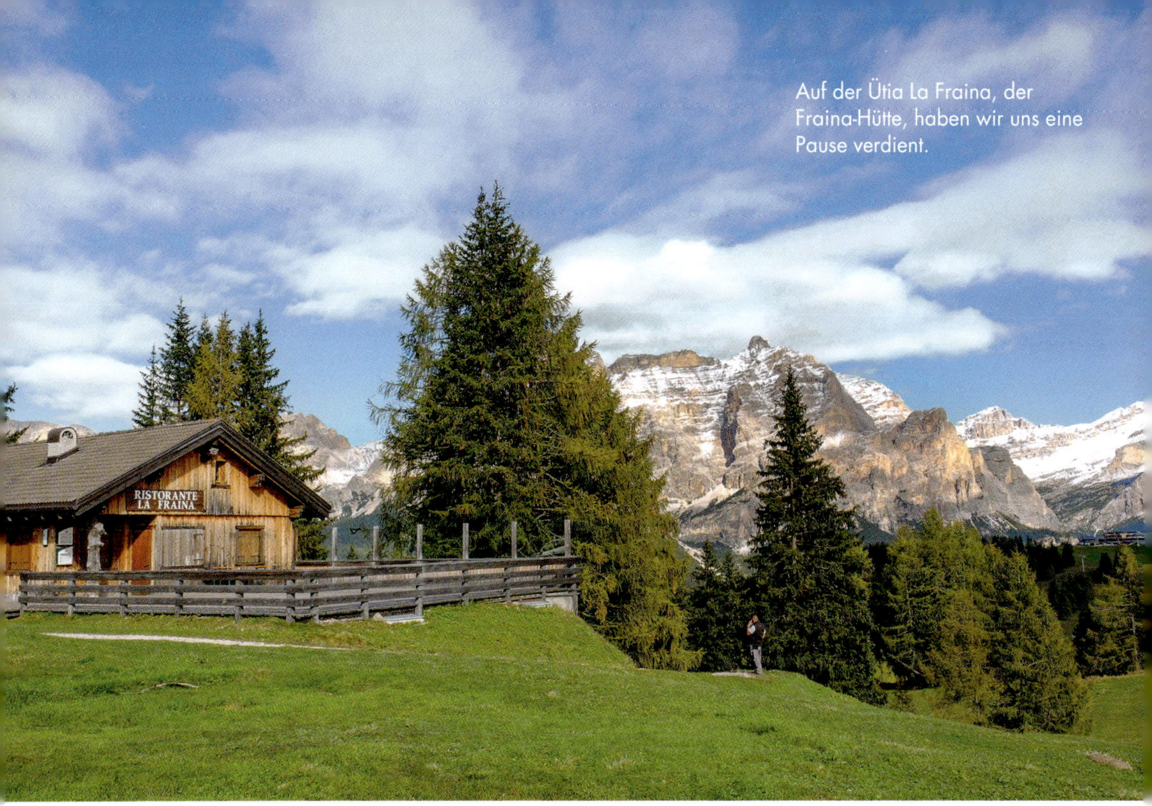

Auf der Ütia La Fraina, der Fraina-Hütte, haben wir uns eine Pause verdient.

Schritte später die Ütia I Tabla, ebenfalls eine sehr gute Adresse zum Einkehren. Kurz hinter der Hütte zweigt links der Weg Nr. 23 nach Pralongià ab (siehe Tipp). Wer schon genug gewandert ist und keine Verlängerung möchte, bleibt aber auf dem Hauptweg und erreicht kurz darauf die Ütia Piz Arlara.

Unser Weg führt nun als Almsträßchen (Nr. 30) nach rechts und mäandert im weiteren Verlauf über die Almwiesen auf vielen Kurven und Kehren abwärts. Kein Wäldchen trübt unsere Weitsicht. Es ist eine wahre Freude, so aussichtsreich abzusteigen. Wieder geht es unter dem Lift hindurch und bereits in Talnähe wendet sich dann der Weg scharf nach rechts. Vorbei an der Talstation des Arlaralifts erreichen wir wenig später die ersten Häuser von Corvara und folgen für die letzten Minuten nur noch der Straße bergab. Vorbei an der Kirche kommen wir so ins Ortszentrum zurück.

Wandermuffeltipp

Wer noch mehr schöne Aussichten genießen möchte, der kann die Tour gerne zum Aussichtspunkt Pralongià verlängern. Dafür wendet man sich nach der Hütte I Tabla nach links und wandert aussichtsreich über die Almwiesen nach Süden. Am Pralongià mit seiner gleichnamigen Hütte steigen wir dann ab, halten uns rechts und passieren die Hütten Punta Trieste und La Baita. Auf dem Wanderweg 24 erreichen wir dann den oben beschriebenen Weg unweit der Talstation des Arlaralifts (zusätzlich 100 Höhenmeter Aufstieg und 1.20 Std. Gehzeit).

28 Col da Lè

Sanfte Gipfel, einsame Bergseen

mittel | 10 km | 700 Hm | 3.30 Std.

Tourencharakter
Eine Bergtour, die auf schattigen Waldwegen beginnt. Wiesenwege führen über den runden Gipfelhügel. Keinerlei schwierige technische Stellen.

Ausgangs-/Endpunkt
Parkplatz am Sportgelände in Welschellen

GPS-Daten
46.721417, 11.875141

Anfahrt
Auto: Welschellen erreicht man über das Pustertal und das Gadertal. Im Weiler Zwischenwasser geht es rechts nach Welschellen hinauf. An der Kirche erneut rechts, bis man nördlich des Dorfs nach zwei Kilometern das Sportplatzgelände erreicht.
Bahn und Bus: Mit dem Zug nach Bruneck, weiter mit dem Bus ins Gadertal nach Welschellen/Rina

Einkehr
Welschellen-Alm, die auch Munt di Rina genannt wird (Sommer und Winter geöffnet, Donnerstag Ruhetag), Turnaretschhütte

Karte
Kompasskarte Nr. 624, Gadertal

Information
Tourismusbüro San Vigilio & San Martin, www.sanvigilio.com

Der Col da Lè ist ein relativ unbekannter, aber wunderschöner Gipfel in den Pustertaler Bergen. Das sanft geschwungene Gipfelplateau weist keine Felsen auf, dafür einige klare, äußerst idyllische Bergseen, in denen sich die Wolken und so mancher Berg spiegeln. Dafür lohnen sich die 700 Höhenmeter Aufstieg!

Anton-Schwingshackl-Weg Wir starten vom Sportplatz von Welschellen und folgen zunächst der durch eine Schranke versperrten Almstraße ein Stück bergauf. Diese ist uns natürlich viel zu langweilig und so biegen wir nach nur 250 Metern rechts auf den schmalen Karrenweg ein, der uns gleich zum Schwitzen bringt. Zum Glück geht es schattig durch den Mischwald, aber etwas Motivation gehört nun mal dazu. Der Weg ist in den Karten als Anton-Schwingshackl-Weg verzeichnet, später treffen wir noch auf die dazugehörigen Wegweiser.
Anton Schwingshackl wirkte als Pfarrer in der Wallfahrtskirche Maria Saalen im nahen St. Lorenzen und war selbst begeisterter Wanderer. Überdies war er Autor mehrerer Bücher, die von Südti-

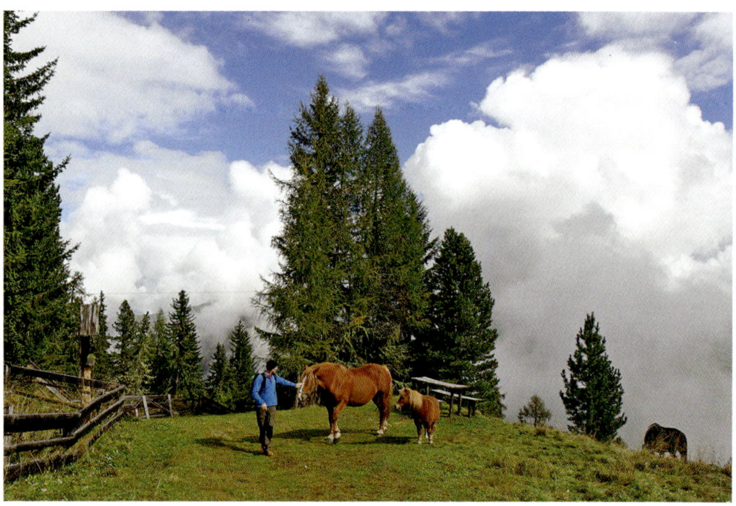

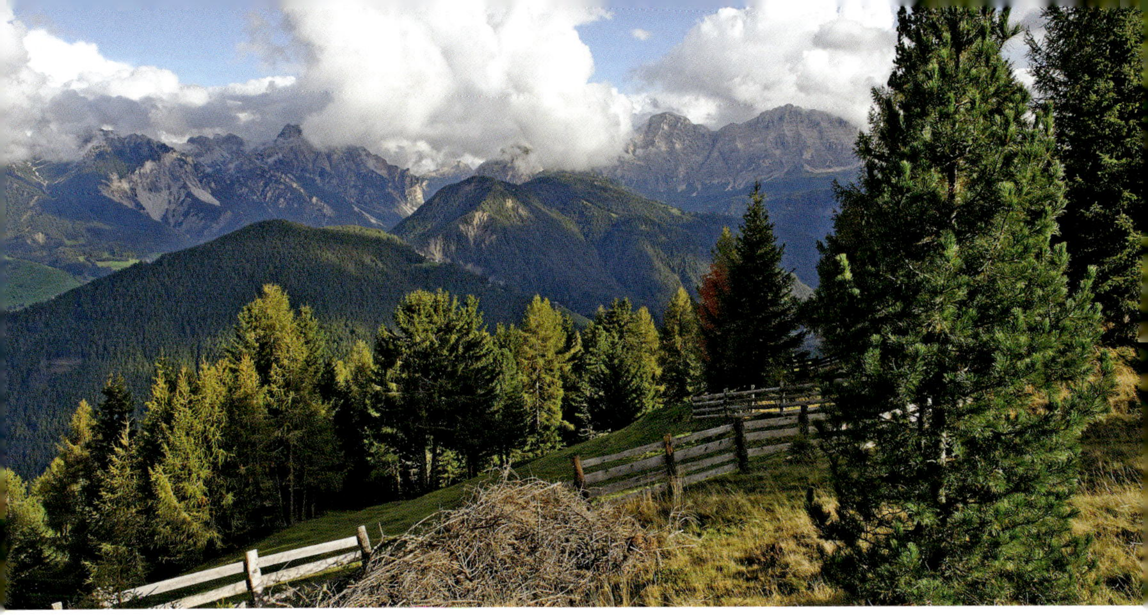

Vom Col da Lè über das Gadertal bei Welschellen

rol handelten, u. a. schrieb er einen Historienroman, der unter dem Titel *Ritter und Hirte* erschien. Ihm zu Ehren hat die AVS(Südtiroler Alpenverein)-Sektion St. Lorenzen den Wanderweg benannt.

Welschellen-Alm Bis die ersten Schilder auftauchen, folgen wir der Bezeichnung zur Welschellen-Alm. Dafür queren wir beim Aufstieg die Almstraße ein paarmal und schließlich erreichen wir an einem Weidezaun eine kleine Almwiese. Die Haflingerpferde und Ponys, die hier weiden, sind friedlich, aber sehr neugierig und begleiten uns bei der Wiesenquerung. Wieder kommen wir in den Wald und stoßen auf eine querende Almstraße. Auch diese überqueren wir geradeaus, halten uns dann rechts

Linke Seite: Auf den Almwiesen am Col da Lè dürfen auch Pferde ihre Sommerfrische verbringen.

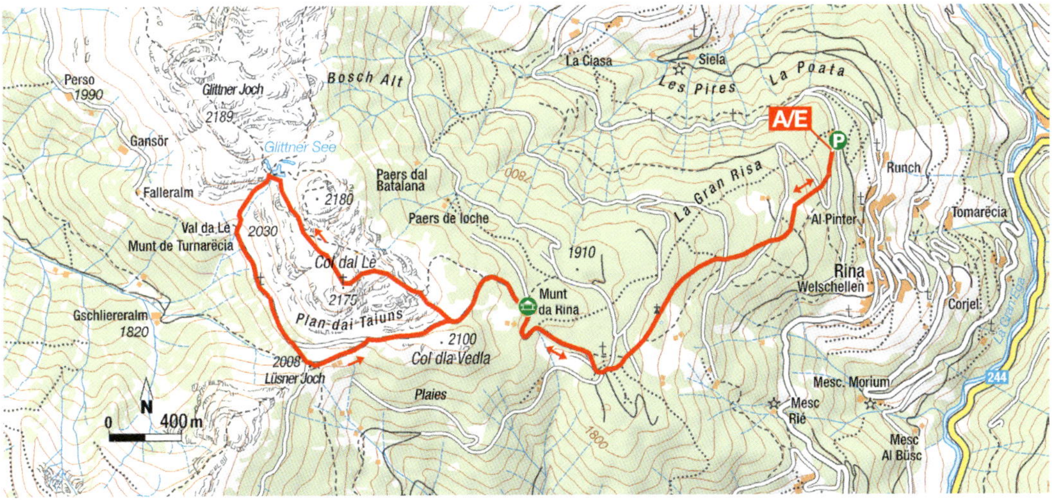

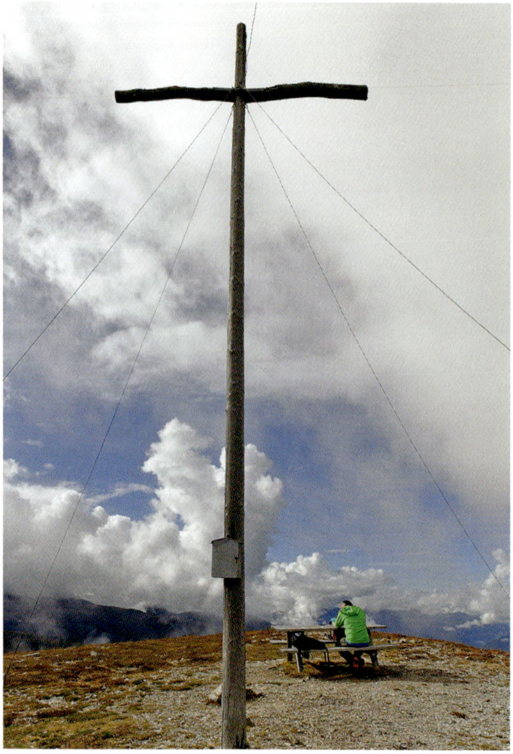

Südtiroler Spezialitäten

Die Welschellen-Alm eignet sich herrlich für eine Einkehr. Täglich wird frisch gekocht und es kommen vor allem lokale Spezialitäten auf den Tisch. Pressknödel mit Kraut, Schlutzkrapfen entweder süß mit Mohn und Zucker oder deftig mit Topfen-Kartoffelfüllung, dazu zum Nachtisch Kaiserschmarren oder hausgemachte Kuchen. Da lachen das Wandermuffelherz und der Magen!

und vollenden die letzten Höhenmeter auf einem breiteren Almsträßchen hinauf zur Welschellen-Alm. Die Alm liegt auf einer kleinen Wiese und ist nach Osten zum Gadertal hin ausgerichtet. Von den hölzernen Bänken haben wir einen herrlichen Blick auf die Sextner Dolomiten, der Elfer- und Zwölferkofel sind schnell ausgemacht. Aber auf dem Gipfel wird die Prachtkulisse noch besser und so sparen wir uns die Einkehr für den Rückweg auf. Jetzt gilt es, ein letztes Mal den inneren Schweinehund zu überwinden und zum finalen Gipfelsturm aufzubrechen.

Gipfelsturm Zunächst geht es auf der Almstraße hinter dem Haus nach links weiter. Immer noch steil wird der Wald lichter und auf einmal stehen wir fast unverhofft auf einer weiten sonnigen Almfläche. Nach wenigen Schritten erreichen wir an einem Sattel einen Bildstock mit der Figur des Gadertaler Lokalheiligen Josef Freinademetz, der in China als Missionar tätig war. An diese Stelle werden wir nach dem Gipfelrundweg zurückkommen. Das Gipfelkreuz im Visier, stiefeln wir nun nach rechts auf einem eben sichtbaren Pfad über die Wiesen. Die Aussicht wird mit jedem Schritt besser und erreicht an der Rastbank auf 2175 Metern unter dem Gipfelkreuz ihren Höhepunkt. Südlich von uns liegen der Peitlerkofel, die Geißlerspitzen und der Mauerberg. Im Westen sieht man hinter der Plose über das Eisacktal auf die Sarntaler und Stubaier Alpen. Im Norden tauchen schon die Zillertaler Berge auf.

Ein schlichtes Gipfelkreuz ziert den höchsten Punkt.

Glittner See Nach einer verdienten Pause wandern wir auf dem immer noch schlecht erkennbaren Pfad weiter Richtung Nordosten zum Glittner See. Auf dem Weg dorthin passieren wir einige weitere kleinere Wasserlöcher, in denen sich der Himmel endlos fortsetzt. Schließlich erreichen wir ca. 15 Minuten nach dem

Gipfelkreuz den Glittner See, der auch Lago di Rina genannt wird. Der Begriff See ist dabei zwar etwas übertrieben, aber es gibt sogar ein kleines Entenhäuschen auf dem Wasser. Auf jeden Fall ein netter Rastplatz.

Alternativstrecken

Wer mit öffentlichen Verkehrsmitteln anreist, wandert aus der Ortsmitte etwas aufwärts zur Strada Ciornadú und folgt dort der Beschilderung auf den Anton-Schwingshackl-Weg, und wer beim steilen Abstieg Probleme mit den Knien hat, kann als Alternative die flacher verlaufende Almstraße wählen. Auf diese Weise verlängert sich der Rückweg aber um ein gutes Stück.

Rückweg Vom See steigen wir links steil über die Wiese entlang eines Zauns abwärts. Unten wird der Weg wieder breiter und wir erreichen die Turnaretscher Hütte, wo wir ebenfalls einkehren können. Weiter geht es auf dem breiten Almweg hinter der Hütte und nun steigt der Weg nochmals leicht an. Wir umrunden nun den Col da Lè auf seiner Südseite. An der Weggabelung können wir rechts zum Lüsner Joch und einigen privaten Almhütten hinabsteigen, müssen dann aber wieder nach links aufwärts. Kürzer und ohne großen Gegenanstieg ist der linke Weg, wenn auch die Aussicht nicht ganz so gut ist. Beide Wege treffen unweit des Freinademetz-Bildstocks wieder zusammen. Nun geht es auf bekanntem Hinweg abwärts über die Welschellen-Alm in den Wald, wo wir erneut dem Karrenweg abwärts zum Sportplatz folgen.

Ruhe am Glittner See

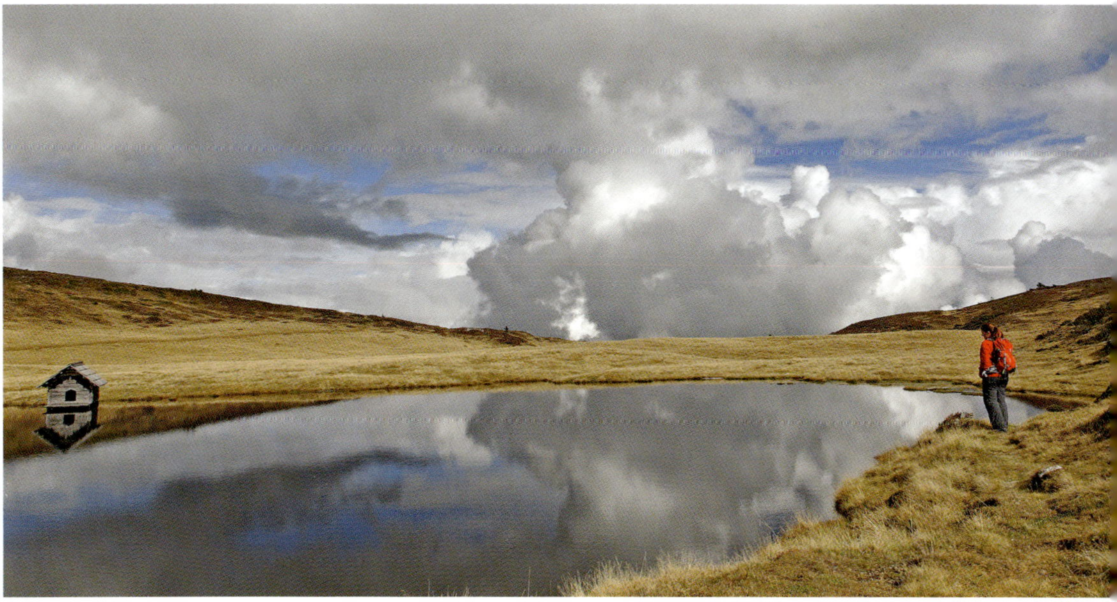

29 Über den Kronplatz

Panoramawege und Bergmuseen

leicht | 6 km | 220 Hm | 2 Std.

Tourencharakter
Ein sehr sonniger Panoramarundweg, der mit einem Abstieg beginnt. Dieser ist an manchen Stellen etwas steil und führt über Bergpfade. Der Aufstieg verläuft dann über breitere Almwege. Museumsbesuche möglich.

Ausgangs-/Endpunkt
Kronplatz Glocke Concordia

GPS-Daten
46.738826, 11.958292

Anfahrt
Auto: Durch das Pustertal nach Bruneck. Dort der Beschilderung zum Kronplatz/Seilbahn folgen. Großer Parkplatz an der Bahn. GPS-Daten der Talstation: 46.772838, 11.941236
Bahn und Bus: Mit dem Zug nach Bruneck, weiter mit dem Bus zur Talstation der Kronplatz-Seilbahn im Ortsteil Reischach/Reiperting

Einkehr
ACI-Hütte unter der Bergstation; Geiselberger Hütte; Bergrestaurant AlpiNN im Museum LUMEN am Gipfelplateau

Karte
Kompasskarte Nr. 624, Gadertal

Information
Ferienregion Kronplatz, www.kronplatz.com

Der Kronplatz hat sich definitiv eine Krone für seine gigantische Aussicht verdient. Auf seinem Gipfelplateau erleben wir einen unvergesslichen 360°-Rundblick, der seinesgleichen sucht. Daneben punktet er mit zwei interessanten Museen, perfekt für Wandermuffel, denn mit dieser kurzen Tour bleibt Zeit für deren Besuch.

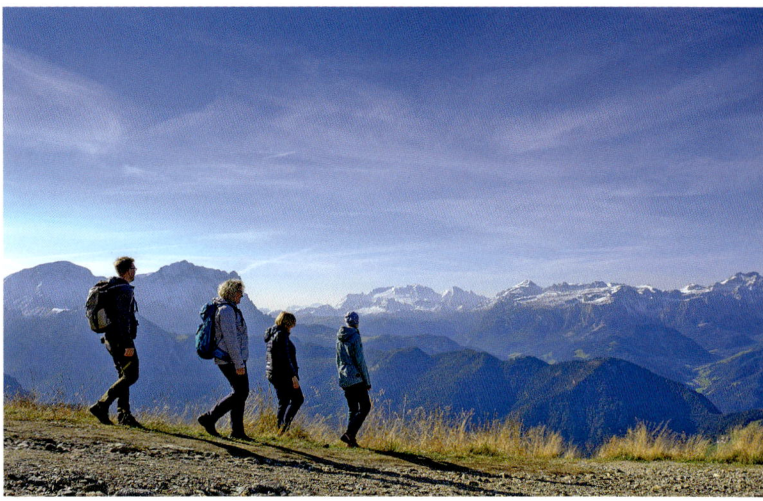

Bergmuseen Auf dem Kronplatz liegt eins der sechs Reinhold Messner Museen, deren Abkürzung MMM für Messner Mountain Museum steht. Der Extrembergsteiger hat sich dafür, wie bei all seinen anderen Museen, einen wirklich außergewöhnlichen Platz ausgesucht. Dabei ist nicht nur die Lage spektakulär, sondern auch die Architektur, die von keiner Geringeren als Zaha Hadid entworfen wurde. Ein echtes Meisterwerk, in dem sich alles um den traditionellen Alpinismus dreht. In der Nähe davon hat das LUMEN Museum seinen Platz gefunden. Es widmet sich der Geschichte der Bergfotografie und steht mit seiner schlichten und doch sensationellen Architektur, des Brunecker EM2 Architektenteams ebenfalls auf einem exponierten Aus-

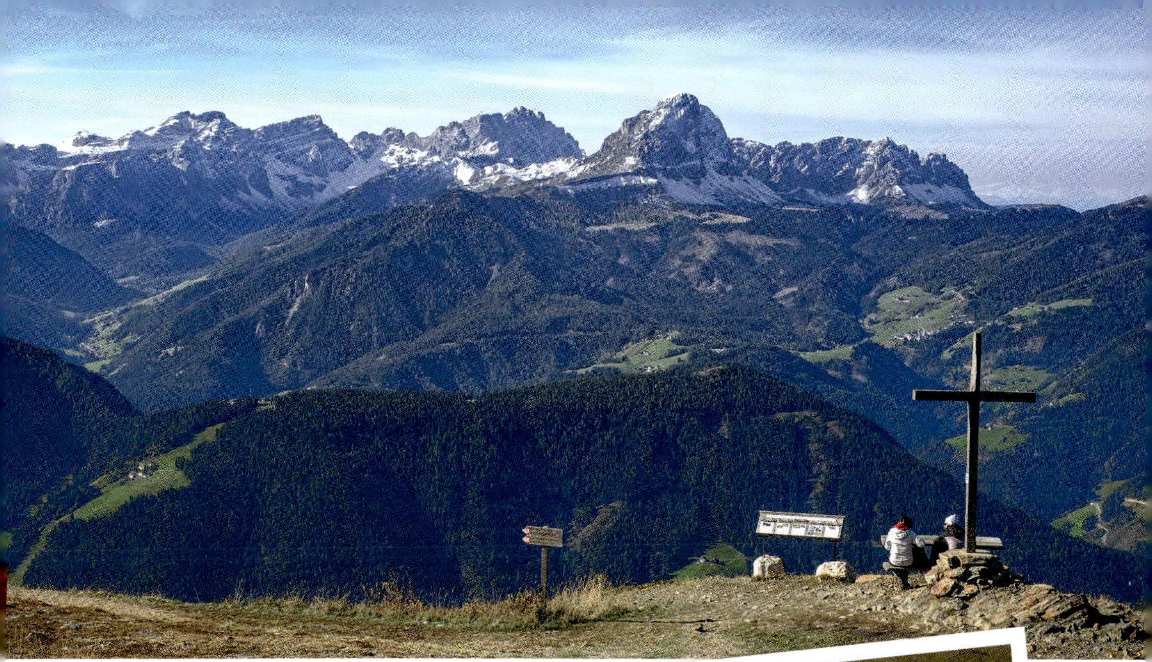

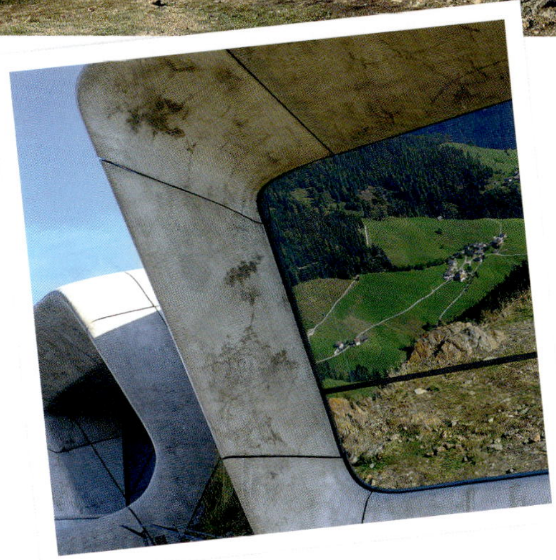

sichtsplatz. Beide Museen sind Grund genug, sich selbst zum Wandermuffel zu erklären. Gut, dass wir eine kurze Wanderung gefunden haben, die uns erlaubt, den Kronplatz in seiner Schönheit zu erleben, uns aber trotzdem genügend Zeit für die Museumsbesuche lässt.

Kronplatzlift Wir gönnen uns ein Berg-und-Talfahrt-Liftticket. Es gibt günstige Lift- und Museeen-Kombitickets. So schweben wir völlig entspannt auf über 2300 Metern hinauf und stehen auf dem riesigen Plateau des Kronplatzes. Hier oben treffen alle Aufstiegshilfen – vor allem die der Skiliftanlagen – zusammen. Das macht den eigentlichen Gipfel optisch nicht wirklich zu einem Berghighlight. Am Kronplatz dreht sich allerdings alles um die Aussicht und die ist schlichtweg unbeschreiblich. So lohnt es sich, über das Plateau zu spazieren und die große Concordia-Glocke zu besuchen, die den eigentlichen Gipfel markiert. Danach machen wir uns auf direktem Weg zum Messner Museum. Es liegt an der Westseite des Bergs, dahinter fällt der Kronplatz steil in das Gadertal ab. Ob wir jetzt oder später das Museum besuchen, darf jeder selbst entscheiden.

Zunächst abwärts Links vom Museum führt unser Wanderweg weiter. Wir steigen zum Aussichtspunkt mit Gipfelkreuz hinun-

Ganz oben: Am Gipfelrundweg gibt es einige Panoramatafeln und Rastbänke.

Oben: Eines der Highlights ist das Messner Mountain Museum, ein Bau von Zaha Hadid.

Linke Seite: Die Aussicht vom Kronplatz ist in jede Richtung überwältigend.

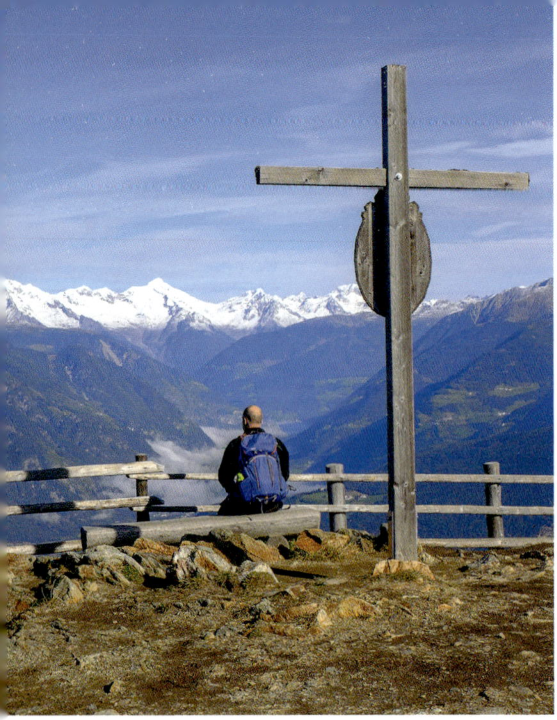

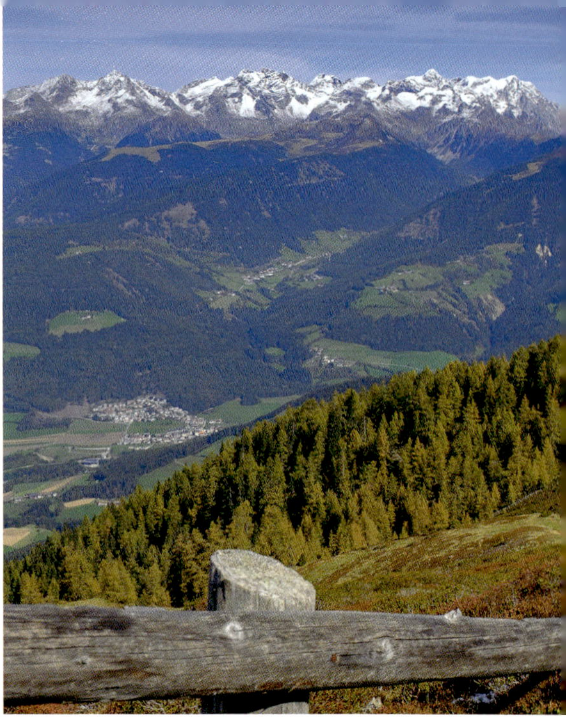

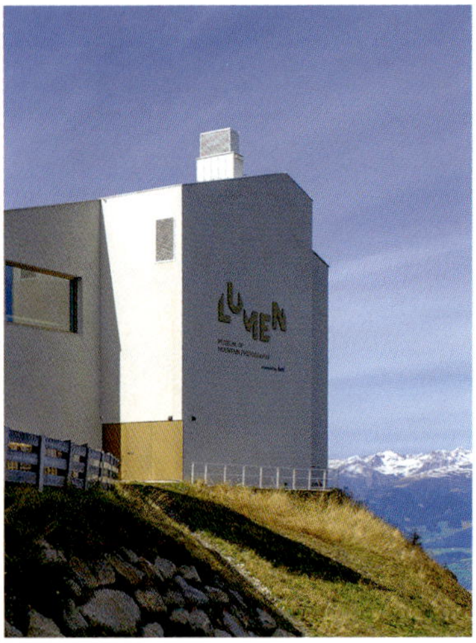

ter, das ebenfalls direkt an der Hangkante platziert ist. Dort wendet sich der Weg nach links und kreuzt die Trail-Linien der Mountainbike-Downhiller. Kurz darauf weist uns ein Wanderschild »Nr. 1 Furkelpass« nach rechts abwärts über die Almwiesen. Mit gigantischer Aussicht auf die schönsten Gipfelspitzen und Felsen der Dolomiten steigen wir abwärts. Der Duft von Wachholderbüschen vermischt sich langsam mit dem von Zirbelkiefern und Lärchen, denn etwas tiefer erreichen wir wieder die Baumgrenze. Wir werden unter der Bahn der Mountainbiker hindurchgelotst – dass wir ihre Trails nicht betreten, versteht sich von selbst. Auf unserem Bergsteig passieren wir die Graziani-Hütte und erreichen über einen Wiesenpfad kurz darauf eine quer verlaufende Almstraße.

Tipp

Mehr Infos zu beiden Museen am Gipfel des Kronplatzes findet man unter: www.messner-mountain-museum.it und www.lumenmuseum.it.

Panoramaweg Nun verlassen wir den Wanderweg Nr. 1 und folgen dem breiten Weg nach links. Dieser führt unterhalb der Panoramahütte vorbei und teilt sich gleich dahinter. Wir halten uns rechts und sind auf dem Panoramaweg unterwegs, auch wenn wir kein Wanderwegschild finden konnten. Der angenehm breitere Weg führt minimal abwärts durch den Wald und trifft dann auf eine weitere Almzufahrtsstraße. Dieser folgen wir nach links und wandern gleich darauf schon wieder in der Sonne. Zwei

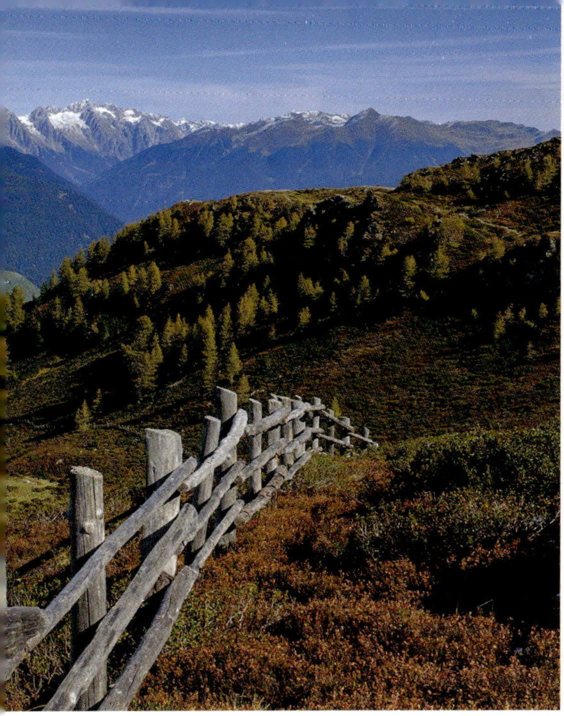

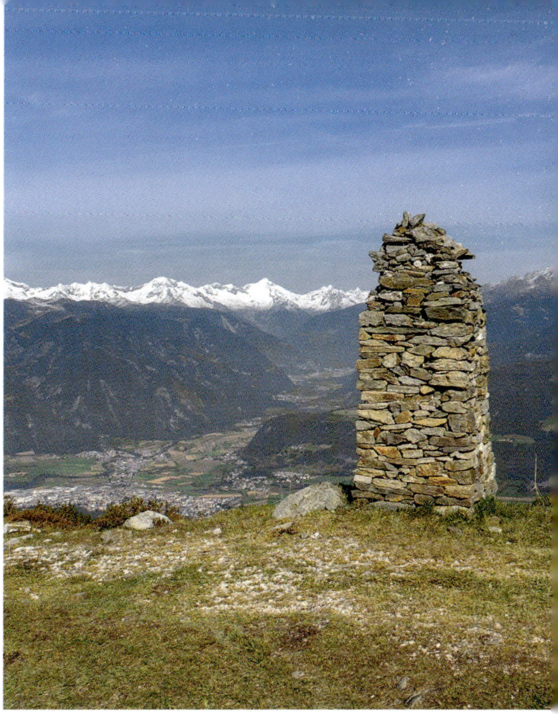

Kurven bringen uns höher, die Aussicht nach Osten auf die Sextner und die Lienzer Dolomiten ist einmalig. Nach einer kleinen Kuppe öffnet sich dann die Sicht nach Norden und spätestens an der Geiselberger Hütte haben wir freien Blick auf das Pustertal und die Zillertaler Alpen.

Linke Seite oben: Nach Norden blicken wir über Bruneck ins Tauferer Tal hinein.

Oben Mitte: Das abgeflachte Gipfelplateau lässt sich wandermuffelgerecht leicht umrunden.

Oben rechts: Ein großes Steinmännchen weist uns den Weg.

Linke Seite unten: Auch das LUMEN Museum für Bergfotografie lohnt einen längeren Besuch.

Almsträßchen oder Bergpfade? Nach der Geiselberger Hütte folgen wir der Almstraße nur noch bis zur Schoflocke, einem kleinen Rastplatz mit Weiher. Für den direkten Weg könnten wir der Straße weiter bergauf folgen. Viel schöner ist es allerdings, auf einem Bergpfad zu wandern. Deshalb wählen wir in der Serpentine einen der Pfade, die rechts davon aufwärtsführen. Sie verlaufen parallel zur Straße und stoßen gleich noch einmal darauf. Wir halten uns erneut rechts und wandern an dem Steinmännchen vorbei. Der Weg ist nun wieder als Panoramaweg ausgeschildert und führt uns etwas unterhalb des Gipfelplateaus nach Osten. Wieder passieren wir die Downhill-Strecken der Mountainbiker, die hier auf dem legendären Herrnsteig fahren. Dann erreichen wir die Kronplatzhütte des italienischen Alpenvereins. Dahinter ist es nur noch ein Katzensprung hinauf zum Museum LUMEN, von dem wir zurück zur Bergstation des Kronplatzes gehen. So entspannt wie unsere Wanderung begonnen hat, schweben wir nun wieder hinunter ins Tal.

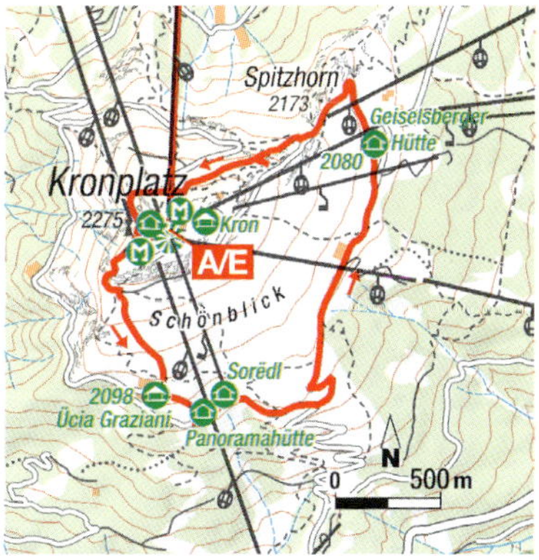

30 Über die Dürrensteinhütte zum Strudelkopf

Am Fuße des mächtigen Dürrensteins

leicht | 8,7 km | 350 Hm | 3 Std.

Tourencharakter
Einfache Wanderung auf breiten Wegen und schmalen Pfaden

Ausgangs-/Endpunkt
Parkplatz Plätzwiese (1991 m)

GPS-Daten
46.656550, 12.175229

Anfahrt
Auto: Von Brixen durch das Pustertal Richtung Toblach, kurz nach Welsberg rechts ins Pragsertal bis Weiler Säge, links über Altprags zum Wanderparkplatz (Auffahrt nur vor 9.30 Uhr und nach 16 Uhr, Abfahrt jederzeit möglich, Parkgebühr 4 €)
Bahn und Bus: Von Toblach mit der Linie 442 bis zur Haltestelle Säge nach Prags. Umstieg auf die Linie 443 und Weiterfahrt zur Bushaltestelle Plätzwiese. Die Linie 443 verkehrt nur von Mitte Juni bis Anfang Okt., ab 9.30 Uhr halbstündlich, letzte Rückfahrt 18 Uhr.

Einkehr
Dürrensteinhütte, www.vallandro.it

Karte
Tabacco Wanderkarte 1:25 000, Blatt 010, Sextener Dolomiten

Information
Tourismusverein Pragser Tal, www.pragsertal.info

Die Dürrensteinhütte steht inmitten einer großartigen Dolomitenlandschaft am Fuße des mächtigen Dürrensteins, einem der beherrschenden Gipfel in der Umgebung. Wandern wir weiter zum Strudelkopf, wird das Panorama noch einmal großartiger.

Gemütlicher Hüttenweg Der Zustieg zur Hütte ist denkbar einfach. Vom Parkplatz an der Plätzwiese (1991 m), den wir vom Pustertal auf schmaler Bergstraße erreichen, wandern wir in einer guten halben Stunde hinüber zur Dürrensteinhütte (2040 m).

Gemütliche Hütte Die Dürrensteinhütte liegt am Rande der Plätzwiese, einem Hochplateau am Fuße des mächtigen Dürrensteins. In der Nähe der Hütte befindet sich das Sperrwerk Plätzwiese. Es wurde von 1889 bis 1894 erbaut zur Sicherung

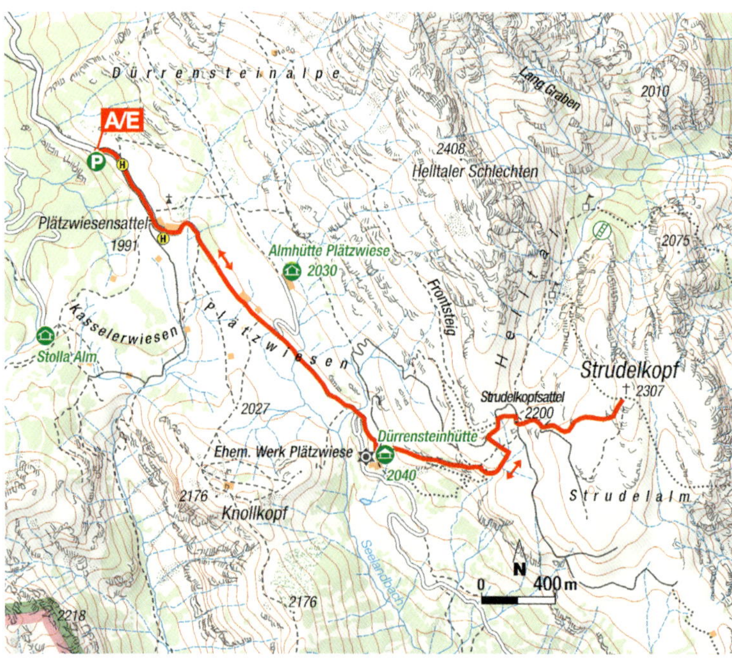

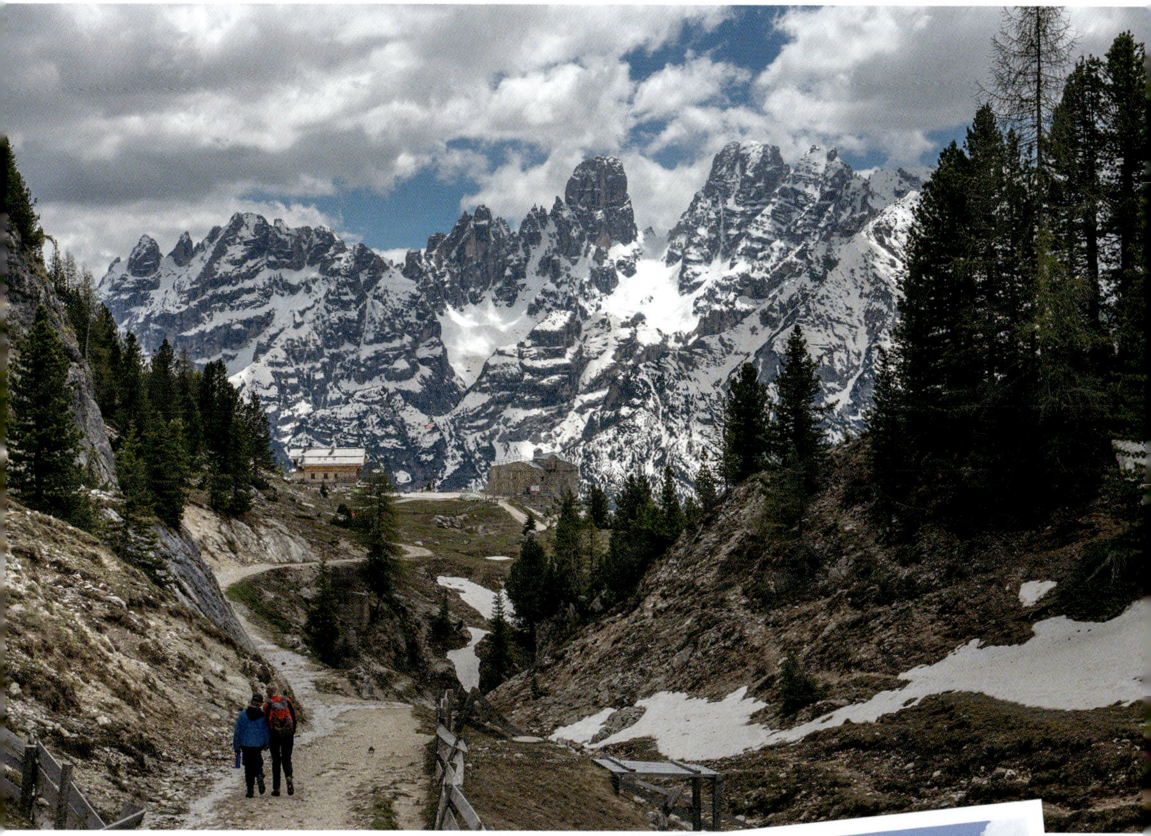

des Höhlensteintals. Hiermit sollte ein Zugang zum Pustertal aus dem Becken von Cortina d'Ampezzo verhindert werden. Es war allerdings nicht gebirgsgeschützsicher, weshalb ein Ersatzbau angedacht war, der jedoch nie verwirklicht wurde. Heute steht das Gebäude unter Denkmalschutz.

Die Dürrensteinhütte selbst erbaute man erst 1968. Dabei wurde eine Bombe aus dem Ersten Weltkrieg gefunden. Ab 1972 pachteten Ferdinand und Maria Mair die Hütte, sie kauften diese schließlich 1987. Im Jahre 2002 wurde die Hütte umfassend modernisiert und wird heute von Elisabeth Ferdick bewirtschaftet. Die Hütte bietet auch zwei gemütliche Schlaflager mit jeweils zehn Betten sowie komfortable Zimmer an. Warum nicht einmal auf einer leicht zu

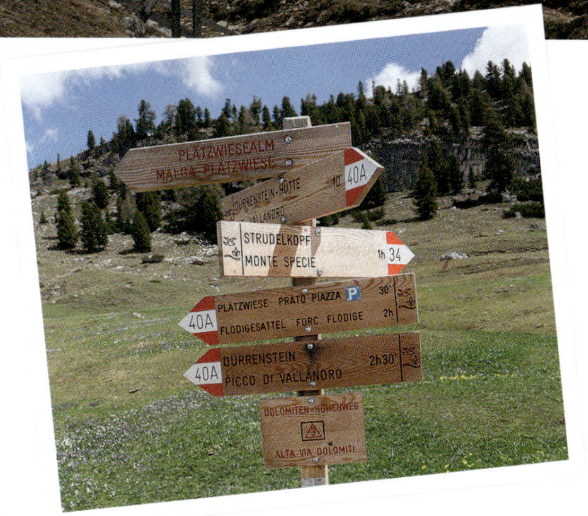

Ganz oben: Am Weg zur Dürrensteinhütte

Oben: Die Wegweiser leiten uns sicher ans Ziel.

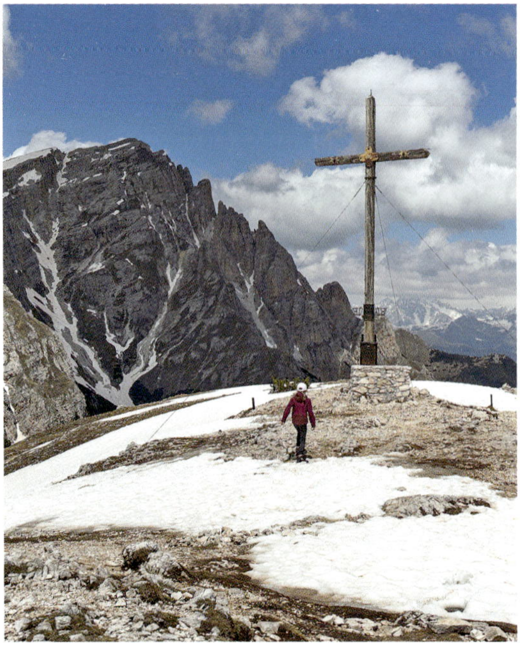

erreichenden Hütte in den Dolomiten nächtigen? Dabei die Schönheit der Natur in sich einsaugen und vielleicht sogar barfuß im Gras die Natur unter den Füßen spüren? Es gibt kaum schönere Erlebnisse.
Auf der Hütte selbst lassen wir uns von den Wirtsleuten mit leckerer Südtiroler und italienischer Kost verwöhnen.

Aussichtsreicher Weiterweg Hüttengipfel der Dürrensteinhütte ist der Strudelkopf (2307 m). Nicht einmal 300 Höhenmeter sind es bis zum Gipfelkreuz. Nach dem kurzen Hüttenzustieg ist ein Besuch dieses Panoramagipfels unbedingt noch zu empfehlen. Hierfür wandern wir auf dem breiten Schotterweg mit der Nr. 34 in den Strudelkopfsattel (2200 m) und weiter über leich-

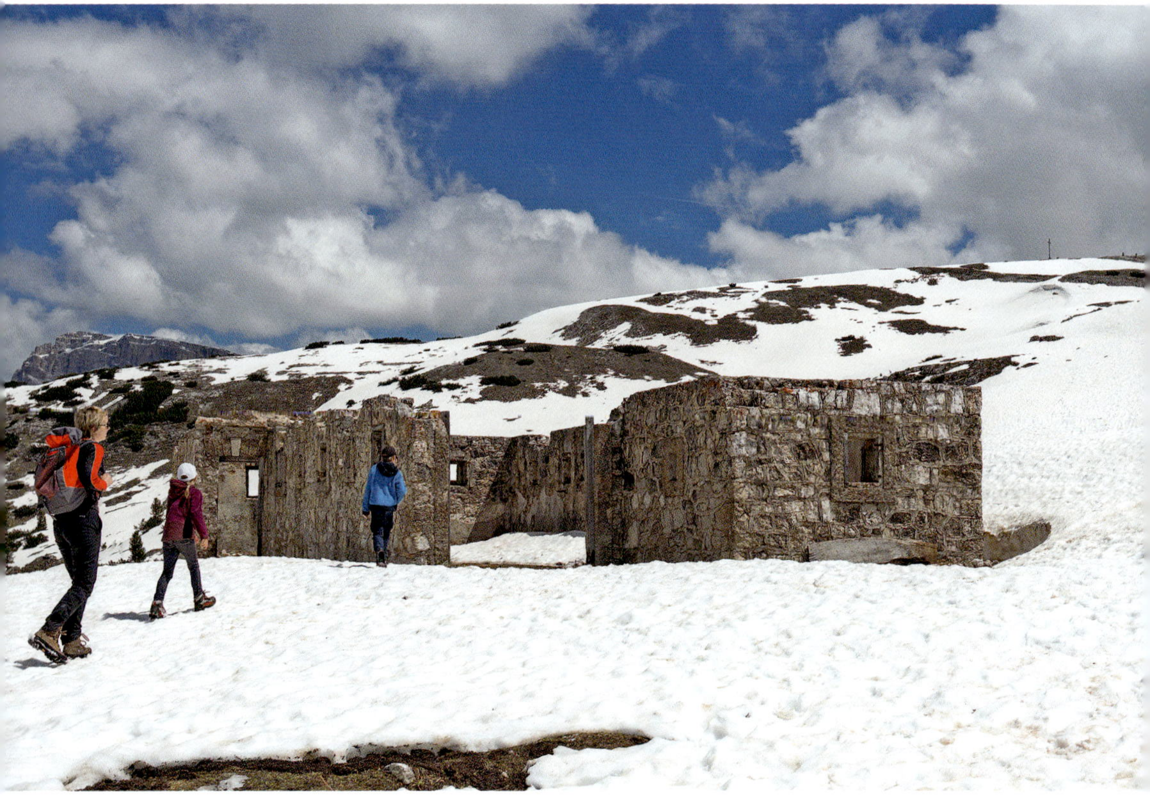

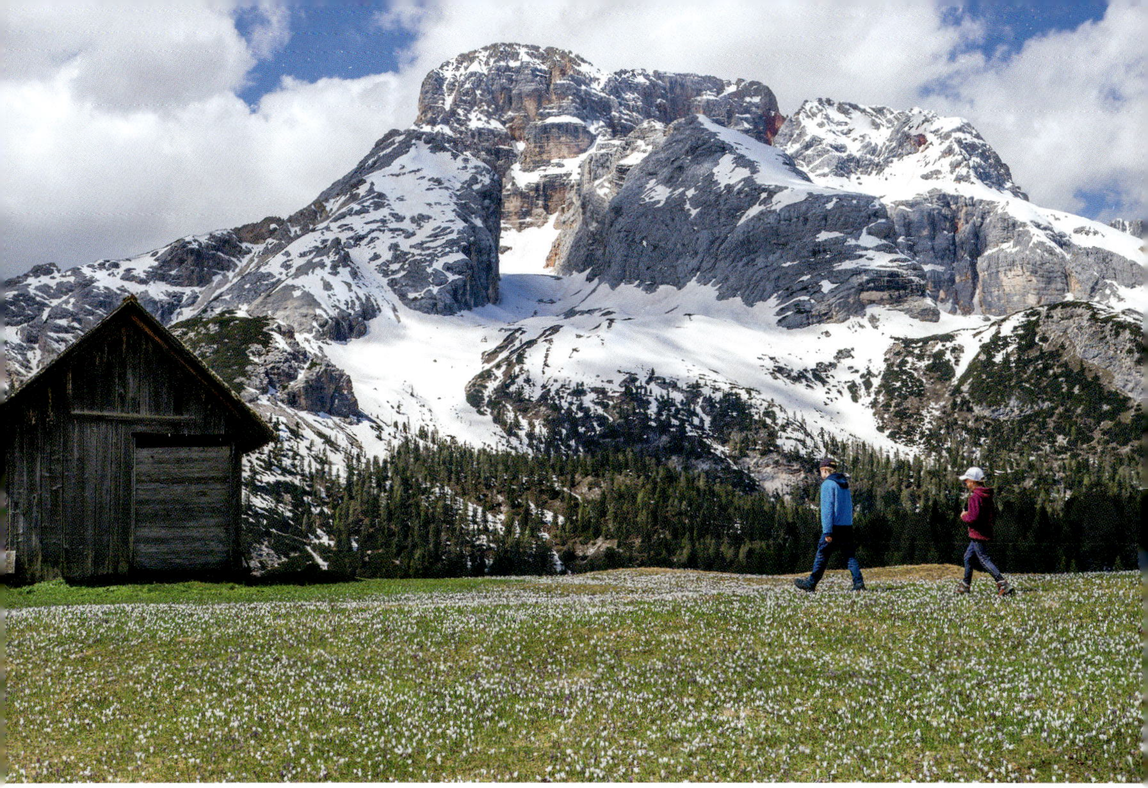

tes Gelände zum Gipfel des Strudelkopfs. Bereits während des gesamten Anstiegs genießen wir eine großartige Aussicht auf die mächtige Hohe Gaisl. Hier oben am Gipfel ist die Aussicht noch umfassender: Wir erblicken die Drei Zinnen, den Monte Cristallo, die Hohe Gaisl und die Tofanen. Kaum irgendwo bekommt man so viel Aussicht für so wenig Anstrengung. Nach der großartigen Gipfelschau wandern wir gemütlich zurück zur Dürrensteinhütte (2040 m). Hier genießen wir nochmals allerlei Leckereien und die wunderschöne Landschaft. Auf dem breiten Weg spazieren wir wieder zurück zum Parkplatz an der Plätzwiese.

Frühling in den Dolomiten

Linke Seite oben: Am Strudelkopf

Linke Seite unten: Der Weg führt an Überresten aus dem Ersten Weltkrieg vorbei.

Dürrenstein Er ist ein mächtiger Gipfel – der über 2800 Meter hohe Dürrenstein. Von der Hütte sind es gut 800 Höhenmeter, wobei der Weg im oberen Teil über etwas ausgesetzte Gipfelfelsen führt, die absolute Konzentration und Trittsicherheit erfordern. Besser konzentriert man sich auf niedrigere Ziele, wie den beschriebenen Strudelkopf. Auch ein Anblick von »unten« ist ein grandioses Erlebnis.

Wintererlebnis

Die Dürrensteinhütte ist auch im Winter ein beliebtes Ausflugsziel. Sie bietet sich für gemütliche Schneeschuhtouren wie auf den Strudelkopf an. Aber auch ohne Schneeschuhe kommen wir gut zur Hütte, ist doch der Hüttenweg vom Parkplatz Plätzwiese zur Hütte gut präpariert.

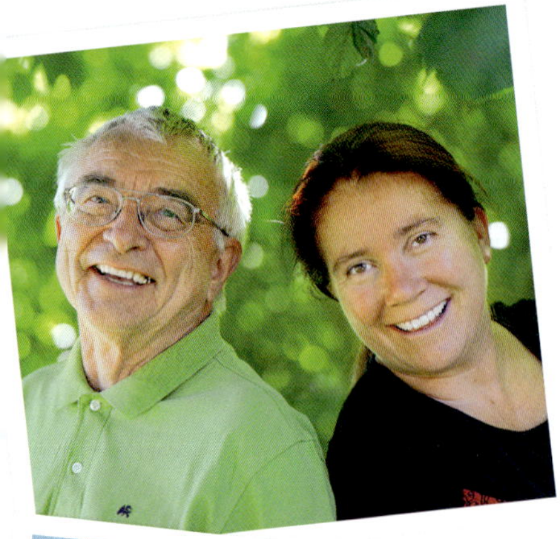

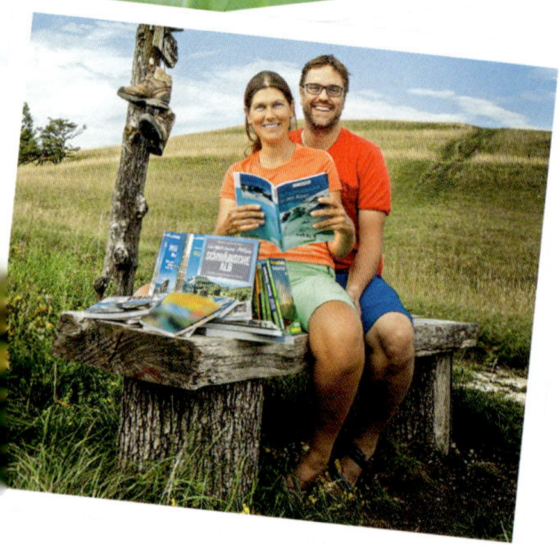

Zugabe

Ganz ehrlich – *wir selbst würden uns sicherlich nicht als Wandermuffel bezeichnen, denn wir sind das ganze Jahr über mit großer Leidenschaft unterwegs, um neue Touren für unsere Bücher zu erkunden. Aber auch bei uns gibt es Tage, an denen wir zwar an die frische Luft und in die wunderbare Bergwelt möchten, aber uns kaum dazu aufraffen können.*

Deshalb wissen wir gut, *dass jeder Mensch irgendwann einmal wanderfaul ist. Je nach Jahreszeit, Alter, Lust und Laune oder Kondition sind es die einen mal mehr, die anderen mal weniger. Aber selbst diejenigen, die der sportlichen Betätigung des Wanderns äußerst skeptisch gegenüberstehen, wissen doch um die wundervollen Momente dieser Freizeitbeschäftigung. Denn ohne ein paar Schritte zu gehen, würde man eine der reizvollsten Landschaften, die Berge Südtirols zwischen Ortler und Dolomiten, niemals richtig erleben. Aber, wie man in diesem Buch liest, geht das auch auf einfachen Wegen, locker und bequem.*

Und wer auf einem Gipfel *oder auf einer Alm die Schönheit der Berge für sich entdeckt und die Landschaft genießt, der wird seine Abneigung gegenüber dem Wandern schnell ablegen. So wird vielleicht aus einem Wandermuffel noch ein begeisterter Wanderfreund oder eine unternehmungslustige Wanderfreundin, die dann vielleicht auch größere und höhere Ziele anvisieren werden.*

Egal wie viele Ambitionen *jeder von uns in die Wanderungen legen wird, eines ist sicher: Muffelig wird keiner unterwegs sein, denn die Südtiroler Berge mit ihrer fantastischen Natur, den tollen Aussichten, den urigen Almen und den bunten Bergwiesen zaubern jedem von uns ein Lächeln auf die Lippen.*

Wir freuen uns *auf die netten Begegnungen mit einem freundlichen »Griaß eich« am Berg.*

Register

A
Acht-Kirchen-Wanderung 25
Adolf-Munkel-Weg 82
Algunder Waalweg 47
Anton-Schwingshackl-Weg 112
Arnikahütte 91
Astjoch 78
Auener Alm 52
Auener Joch 52

B
Brogleshütte 89
Burg Alt-Enn 71
Burg Hocheppan 58
Burgruine Boymont 59
Burgruine Rotund 24

C
Castelfeder 70
Christomannos-Denkmal 92
Cirspitze 104
Col da Lè 112
Comici-Hütte 100
Corvara 108

D
Dorf Tirol 47
Dürrenstein 123
Dürrensteinhütte 120
Dusler Alm 85

E
Edelweißtal 104
Eislöcher 63
Emilio-Comici-Hütte 100
End-der-Welt-Ferner 28
Enzianhütte 32
Erzherzog-Johann-Aussicht 67

F
Feldthurns 74
Feuchtgebiet Langsee 72
Flitzerscharte 88
Freiberger Alm 41
Freinademetz-Bildstock 115
Friedrich-August-Hütte 96
Friedrich-August-Weg 96

G
Gadertal 86
Geisler Kino 85
Geißlerspitzen 82
Genaideralm 80
Glatschalm 83
Glaubensweg 49
Gleifkapelle 62
Gletscherlehrpfad 15
Glittner See 114
Göflaner Alm 36
Göflaner Marmorweg 36
Göflaner Scharte 34
Göllerkreuz 91
Grödner Joch 104
Grohmannspitze 96
Gschnagenhardt-Alm 84

H
Haideralm 18
Haidersee 18
Haslhof 34
Hexenbänkle 91
Hintergrathütte 26
Hintergratkopf 28
Hirzelweg 92
Hochmuth 46
Höfer Alm 23

I
Innerraschötz 88

J
Jakobsstöckl 80

K
Kalvarienbergkirche 63
Keschtnweg 74
Kleiner Penegal 68
Kloster Säben 74
Kolfuschg 104
Kolfuschger Höhenweg 106
Kölner Hütte 92
Kompatsch 90
Königsspitze 26
Kreuzjöchl 34
Kreuzwiesenalm 78
Kronplatz 116

L
Lana 51
Langkofel 96
Langkofelscharte 98
Langtauferer Tal 14
Latschiniger Jägerhütte 41
Leiteralm 47
LUMEN Museum 116
Lüsener Almen 78
Lyfialm 33

M
Mahlknechthütte 98
Mahlknechtjoch 98
Malga di Malosco 69
Margarethenpromenade 55
Marteller Gletscherpfad 32
Marteller Hütt 33
Martelltal 30
Marzoner Alm 38
Melager Alm 15
Mendelbahn 67
Mendelpass 66

Meraner Höhenweg 46
Messner Mountain Museum Ortles 28
Möltner Kaser 53
Morosiniweg 26
Münstertal 24

N
Naturns 45
Nödersberg 34

O
Obervinschgau 20

P
Panoramahöhenweg 14, 16
Panoramaweg 118
Pardelhof 44
Pfaffensee 21
Plantapatschhütte 23
Plattkofel 96
Plattkofelhütte 97
Plätzwiese 120
Plimabach 30
Plima-Schluchtenweg 30
Pralongià-Hochebene 108
Prämajur 20
Puflatsch 90
Putschwaner See 61

R
Rablander Waalweg 42
Raschötz 86
Raschötzhütte 86
Regole di Malosco 69
Reinhold Messner Museum 116
Reschensee 16
Rifugio Regole 69
Rifugio-Resciesa-Hütte 86
Rodenecker Almen 80
Rotwandhütte 92
Ruine Maultasch 54
Ruine Neuhaus 54

S
Salurner Klause 72
Sarner Skihütte 53
Schafberg 22
Schliniger Alm 22
Schloss Englar 65
Schloss Gandegg 65
Schloss Korb 59
Schloss Moos-Schulthaus 64
Schöneben 16
Schöneben-Höhenweg 16
Schwarze Lacke 49
Schwarze Wand 22
Secedalift 89
Seebodenspitz 18
Seiser Alm 90, 97
Sellajoch 96, 100
Sesvennahütte 21
Sieben Brunnen 18
Sonnenberger Panoramaweg 42
Steinerne Stadt 100
St. Kassian 108
St. Mauritius 105
Stoanerne Mandln 52
St. Pauls 58
Strudelkopf 120
Strudelkopfsattel 122
St. Valentin 19
St.-Vigilius-Kirchlein 48
Sulden 27

T
Tellaalm 24
Tellajoch 24
Tellakopf 24
Terlan 54
Tranzi-Waldquelle 69
Turnaretscher Hütte 115

V
Verdings 77
Vigiljoch 48
Vinschger Nödersberg 38
Völser Weiher 91

W
Waalweg 42, 47
Wallfahrtskirche Heiligkreuz 87
Wallfahrtskirche Maria Saalen 112
Watles 20
Weißenbach 59
Weißkaser 37
Weißkugelhütte 14
Welschellen-Alm 113
Williamshütte 98

Z
Zahnkofel 96
Zanseralm 83
Zehnerkopf 17
Zirmtalalm 40
Zirmtalsee 40
Zufallhütte 30

Ebenfalls erhältlich ...

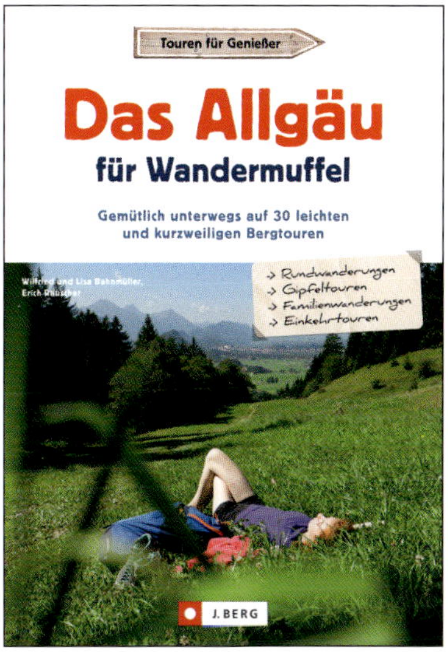

ISBN 978-3-86246-682-5

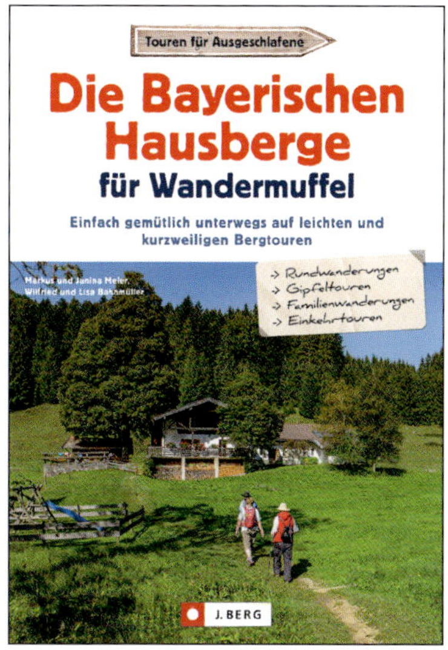

ISBN 978-3-86246-608-5

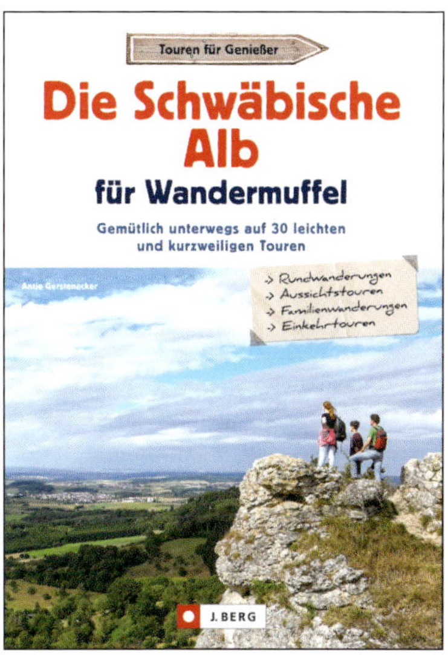

ISBN 978-3-86246-735-8

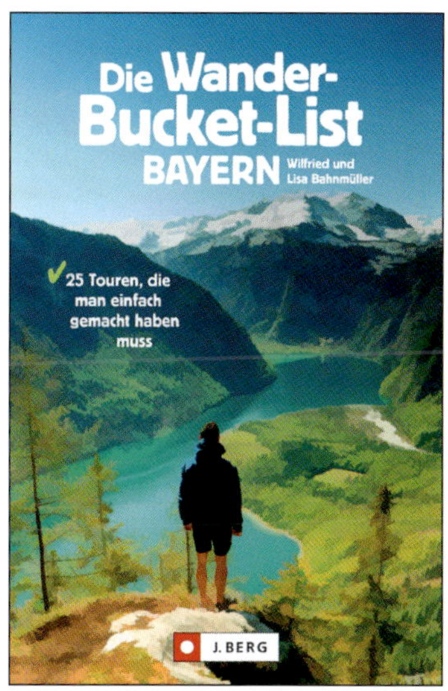

ISBN 978-3-86246-672-6

J. BERG

www.j-berg-verlag.de

Impressum

Verantwortlich: Miriam Gieler
Redaktion, Lektorat und Satz: mcp concept GmbH
Repro: LUDWIG:media
Kartografie: Bruckmann Verlag GmbH, Heidi Schmalfuß
Herstellung: Bettina Schippel
Printed in Slovenia by Florjancic

★★★★★

Sind Sie mit diesem Titel zufrieden? Dann würden wir uns über Ihre Weiterempfehlung freuen. Erzählen Sie es im Freundeskreis, berichten Sie Ihrem Buchhändler, oder bewerten Sie bei Onlinekauf. Und wenn Sie Kritik, Korrekturen, Aktualisierungen haben, freuen wir uns über Ihre Nachricht an Bruckmann Verlag, Postfach 40 02 09, D-80702 München oder per E-Mail an lektorat@verlagshaus.de.

Unser komplettes Programm finden Sie unter www.j-berg-verlag.de

Sie sind auf der Suche nach weiterführender Literatur? Dann empfehlen wir Ihnen den Titel *Die Wander-Bucket-List Bayern* von Lisa und Wilfried Bahnmüller. Oder Sie werfen einen Blick in die Zeitschrift *Bergsteiger*. Hier werden Sie bestimmt fündig.
Ihre Janina und Markus Meier und Wilfried und Lisa Bahnmüller

Bildnachweis: L. u. W. Bahnmüller: 2, 3 (u.), 4 (u.), 6, 7, 8, 9, 10, 11, 12/13, 43 (o., u.), 44, 45 (o., u.), 49 (o., u.), 50, 51, 55 (o., u.), 56 (o., u.), 57 (o., u.), 58, 59 (o., u.), 60 (l. r.), 61, 62, 63, 64 (o., u.), 65, 67, 68 (o., u.), 69, 70, 71, 73, 74, 75, 76 (o., u.), 77, 82, 83, 84 (l., r.), 85 (o., Mitte, u.), 86, 87, 88 (o., u.), 89, 101, 102, 103, 104, 105, 106, 107, 109 (o., u.), 110, 111, 112, 113, 114, 115, 116, 117 (o., u.), 118 (l., r. u.), 119; J. u. M. Meier: 4 (o.), 15, 20, 21, 22 (l., r.), 23, 25 (o., u.), 26, 27, 28, 29, 30, 31 (l., r.), 32 (o., u.), 33, 34, 35, 36, 37, 39 (o., u.), 40 (o., u.), 41, 47 (o., u.), 79 (o., u.), 90, 91 (o., u.), 92, 93, 94, 95, 96, 97, 98, 99; Manfred Kostner: 3 (o.), 52, 53, 121 (o., u.), 122 (o., u.), 123; Stefan Ranz: 16, 17, 18, 19

Umschlagvorderseite (Blick vom Sellajoch über die Steinerne Stadt auf den Langkofel und Plattkofel) : L. u. W. Bahnmüller
Umschlagrückseite (Die Stoanernen Mandln): Manfred Kostner

Die Deutsche Nationalbibliothek verzeichnet diese Publikation in der Deutschen Nationalbibliografie; detaillierte bibliografische Daten sind im Internet über http://dnb.d-nb.de abrufbar.

ISBN 978-3-86246-807-2